Texte zur Didaktik der Philosophie

Texte zur Didaktik der Philosophie

Herausgegeben von
Kirsten Meyer

Reclam

2., bibliographisch ergänzte Auflage 2019

RECLAMS UNIVERSAL-BIBLIOTHEK Nr. 18723
2010, 2019 Philipp Reclam jun. GmbH & Co. KG,
Siemensstraße 32, 71254 Ditzingen
Druck und Bindung: EsserDruck Solutions GmbH,
Untere Sonnenstraße 5, 84030 Ergolding
Printed in Germany 2022
RECLAM, UNIVERSAL-BIBLIOTHEK und
RECLAMS UNIVERSAL-BIBLIOTHEK sind eingetragene Marken
der Philipp Reclam jun. GmbH & Co. KG, Stuttgart
ISBN 978-3-15-018723-4
www.reclam.de

Inhalt

I. Der Wert des Philosophierens:
Klassische Überlegungen

II. Wozu Philosophie?

III. Philosophieren lernen

Einführung

Didaktik der Philosophie
Über den Wert des Philosophierens und die Kunst, es zu lehren

Die Didaktik der Philosophie beschäftigt sich mit der Kunst, das Philosophieren zu lehren. Um die Frage zu beantworten, *wie* das Philosophieren gelehrt werden sollte, muss sich die Didaktik zunächst über den Zweck dieses Unternehmens klar werden: Es geht darum, *wozu* das Philosophieren gelehrt und gelernt werden sollte. Am Anfang der didaktischen Überlegungen steht damit die Frage, wozu das Philosophieren überhaupt gut ist.

Philosophie ist nicht den Fachphilosophen vorbehalten. Menschen philosophieren, weil ihnen bestimmte grundlegende Fragen bedeutsam erscheinen und weil sie Antworten auf diese Fragen zu finden hoffen. Das alltägliche und das akademische Philosophieren haben eine gemeinsame Basis. Die akademische Philosophie nimmt letztlich von denselben Fragen ihren Ausgang, denen das alltägliche Philosophieren nachgeht – für sie ergeben sich aber weitere Fragen, die dem philosophischen Laien ungewöhnlich scheinen. Zudem entwickelt die akademische Philosophie das alltägliche Philosophieren methodisch weiter. Beides gilt ebenso für den schulischen Unterricht im Fach Philosophie: Er geht von den Fragen aus, die sich schon auf der Ebene des alltäglichen Philosophierens ergeben, gelangt dadurch zu neuen Fragen und vermittelt bestimmte Methoden zur Beantwortung dieser Fragen.

Um welche Fragen handelt es sich dabei? Bildet das Gebiet der Philosophie eine sachliche Einheit? Das ist selbst wiederum eine umstrittene philosophische Frage, und das spiegelt sich auch in den Beiträgen dieses Bandes wider. So bezweifelt Rüdiger Bittner die sachliche Einheit des Gebietes der Philosophie. Zwar nennt er Beispiele für philosophische Fragen, wie etwa, was Zahlen sind, ob jedes Geschehnis eine Ursache hat und worauf sich moralische Forderungen gründen. Allerdings gebe es kein allgemeines Kriterium philosophischer Fragen. Philosophie sei

> »ein bloßer Korb, in den man vom Beginn unserer Tradition an immer wieder neue Fragen gelegt und aus dem man alte entfernt hat, sei es, um sie ganz fallen zu lassen, sei es, um einen neuen Korb für sie zu eröffnen. Was bei diesem Vorgang herausgekommen ist, das ist das Gebiet der Philosophie. Es besitzt keine sachliche Einheit« (Bittner, S. 131 im vorliegenden Band).

Holmer Steinfath liefert hingegen einen Beitrag für die Suche nach einer solchen sachlichen Einheit. Er schlägt vor, an die »antike Tradition anzuknüpfen und wenn nicht die ganze Philosophie, so doch wichtige Bereiche von ihr wieder von der Frage nach dem guten Leben her zu verstehen« (Steinfath, S. 113 im vorliegenden Band). Auch wenn demnach das Problem einer sachlichen Einheit der Philosophie selbst Gegenstand philosophischer Überlegungen ist, besteht doch Einigkeit darüber, dass bestimmte Fragen zweifellos zu den (großen) philosophischen Fragen zu zählen sind.

Die Frage nach den Methoden des Philosophierens ist, wie die nach den Inhalten, ebenfalls Gegenstand innerphilosophischer Debatten. Auch hier wird man sich schwerlich auf *die* Methoden des Philosophierens einigen können. Ebenso wie man sich auf einen Kern bedeutender philosophischer Fragen einigen kann, sind jedoch auch bestimmte methodische Ansprüche an das Philosophieren wenig umstritten. So zeichnet sich gutes Philosophieren durch Klarheit und argumentative Schlüssigkeit aus. Daraus ergeben sich Kriterien für einen guten Philosophieunterricht: Der Philosophieunterricht sollte die Fähigkeit befördern, klar denken und sich ausdrücken sowie schlüssig argumentieren zu können. Die Vermittlung dieser zum Philosophieren notwendigen Fähigkeiten ist entsprechend ein wichtiges Ziel des Philosophieunterrichts an Schule und Hochschule.

Das Philosophieren gewinnt seinen Wert jedoch nicht allein aus dem Erwerb dieser Fähigkeiten. Dies wird auch von Autoren dieses Sammelbandes so gesehen. So betont Bittner zwar zunächst den Wert der Fähigkeiten, die man in einem Studium der Philosophie erwerbe. Philosophie erziehe insbesondere zu klarem Reden und Denken, und das helfe einem auch außerhalb der Philosophie. Nur sei das eben noch kein Grund, Philosophie zu studieren, denn dass man Klarheit in der Philosophie lerne, schließe nicht aus, dass man sie anderswo noch besser lerne. Zudem sei Klarheit nicht das Ziel des Philosophierens:

> »Man studiert nicht Philosophie, um klar zu sein, sondern mit Klarheit erreicht man das leichter, um dessentwillen man sie studiert; und wer dieses Ziel nicht teilt, hat in der Philosophie im wörtlichen Sinne nichts zu suchen und läuft orientierungslos im Wald herum« (Bittner, S. 131).

Auch Steinfath weist darauf hin, dass die Bestimmung der Philosophie über das argumentative Überlegen nur eine formale sei. Sie betreffe die Form, nicht den Inhalt der philosophischen Reflexion und sei als solche eine Unterbestimmung (vgl. Steinfath, S. 105).

Eine nähere Bestimmung des Zwecks des Philosophieunterrichts kann nicht vom Zweck des Philosophierens abstrahieren. Wer philosophiert, ist aber nicht in erster Linie darauf aus, sich bestimmte Fähigkeiten anzueignen. Der Wert des Philosophierens ist somit nicht allein in der Aneignung bestimmter Fähigkeiten zu suchen. Auch dann, wenn, wie oftmals betont wird, der Philosophieunterricht »Methodenkompetenzen« oder gar »Schlüsselkompetenzen« vermitteln kann, sollte man nicht aus dem Blick verlieren, dass nicht der Erwerb dieser Fähigkeiten, sondern die Suche nach einer Antwort auf philosophische Fragen das Ziel ist, von dem das Philosophieren seinen Ausgangspunkt nimmt. Doch warum sollte eine Beschäftigung mit philosophischen Fragen im Philosophieunterricht angeleitet und methodisch weiterentwickelt werden? Was ist gut an Philosophie?

Die Klassiker der Philosophie haben sich ihre jeweils eigenen Gedanken über den Wert des Philosophierens gemacht. Für die Philosophen des antiken Griechenlands stand die Bedeutung der Philosophie für die individuelle Lebensgestaltung im Vordergrund. So betont Sokrates, er gehe umher

> »um jung und alt unter euch zu überreden, für den Leib und das Vermögen nicht eher und nicht so angelegentlich zu sorgen wie für die Seele, daß diese so gut wie möglich werde, wobei ich sage, daß nicht aus dem Reichtum Tugend entsteht, sondern aus Tugend Reichtum und alle andern menschlichen Güter sowohl im Privat- wie im öffentlichen Leben« (Platon, S. 45 im vorliegenden Band).

Auch Epikur verweist auf den Zusammenhang zwischen Philosophie und gutem Leben. Er betont vor allem, dass das Philosophieren die Furcht nehmen und insofern zu einem glücklichen Leben verhelfen kann. Die lebenspraktische Bedeutung der Philosophie wurde also in der Antike unter anderem damit begründet, dass sie dazu verhilft, die wahrhaft erstrebenswerten Güter zu identifizieren und uns von irrationalen Wünschen oder irregeleiteten Emotionen zu befreien, die dem Glücklichsein im Wege stehen.[1]

Ein solches Lob der Philosophie ist insbesondere für die Antike charakteristisch. Es geht von dem Gedanken aus, dass jene uns bei dem Streben nach einem gelungenen und erfüllten Leben unterstützt oder dieses sogar selbst konstituiert. Allerdings sind auch in der zeitgenössischen Philosophie vermehrt Stimmen zu vernehmen, die meinen, dass sich die Philosophie (wieder stärker) der Untersuchung des guten Lebens zuwenden sollte.[2] Darüber hinaus ist wieder davon die Rede, dass das Philosophieren selbst zum guten Leben beiträgt. Unter den zeitgenössischen Autoren vertritt z. B. Steinfath eine solche Position. In Anlehnung an das sokratische Verständnis von Philosophie rückt er die Bedeutung des Philosophierens für ein selbstbestimmtes Leben in den Blick (vgl. Steinfath, im vorliegenden Band).

Auch über die Antike hinaus finden sich bei verschiedenen philosophischen Klassikern Antworten auf die Frage nach dem Wert des Philosophierens. Ein Beispiel dafür sind die diesbezüglichen Überlegungen David Humes. In *A Treatise of Human Nature* beschreibt Hume seine eigene Einstellung zum Philosophieren und erklärt den Affekt der »Liebe zur Wahrheit«. Diese Ausführungen können – so möchte ich im Folgenden zeigen – didaktische Überlegungen anregen. Dies gilt auch für die Ausführungen zum Wert des Philosophierens, die sich bei den anderen hier ausgewählten Klassikern finden (z. B. die Überlegungen Bertrand Russells). Nicht alle der in diesem Sammelband aufgenommenen Klassiker haben selbst (im engeren Sinne) didaktische, der Vermittlung von Philosophie gewidmete Überlegungen angestellt. Dennoch können alle hier ver-

---

1 Vgl. dazu auch Rapp (2003), S. 85–95. Für einen Überblick über antike Theorien der gelungenen und der angemessenen menschlichen Lebensführung siehe auch Horn (1998).
2 Siehe dazu z. B. Steinfath (1998).

sammelten Texte zum Wert des Philosophierens solche Überlegungen anregen. Anhand der für diesen Band ausgewählten Passagen aus Humes *Treatise* lässt sich dies beispielhaft verdeutlichen.

1. Hume über den Wert des Philosophierens

Am Ende des ersten Buches seines *Treatise* macht Hume einige interessante autobiographische Bemerkungen. Wenn er der Geselligkeit müde geworden sei und daher einen einsamen Spaziergang gemacht habe, fühle er sich innerlich wieder gesammelt und verspüre wieder eine natürliche Neigung zum Philosophieren. Würde er versuchen, dieser Neigung nicht nachzugeben und sich stattdessen einer anderen Beschäftigung oder Zerstreuung zuzuwenden, so würde er »eine Einbuße an innerer Befriedigung erleiden«. Dies, so gibt Hume an, sei »der Ursprung« (the origin) seiner Philosophie (Hume, S. 59 im vorliegenden Band).[3] Was die Liebe zur Wahrheit und die Freude am Philosophieren genau ausmacht, erklärt Hume dann am Ende des zweiten Buches des *Treatise* genauer – in dem Kapitel *Of curiosity, or the love of truth.*

Hume konfrontiert uns in diesem Kapitel mit einer er-

---

3 In seinem Essay *The Sceptic* (1985, S. 159–180, hier 180) spricht Hume sogar von der Philosophie als einer »unterhaltsamen« Beschäftigung: »While we are reasoning about life, life is gone; and death, though *perhaps* they receive him differently, yet treats alike the fool and the philosopher. [...] Even to reason so carefully concerning it, and to fix with accuracy its just idea, would be overvaluing it, were it not that, to some tempers, this occupation is one of the most amusing, in which life could possibly be employed« (»Während wir über das Leben nachdenken, verstreicht das Leben; und der Tod behandelt den Dummkopf und den Philosophen gleich, selbst wenn sie ihn *vielleicht* unterschiedlich annehmen. [...] Selbst das gründliche Nachdenken darüber und der Versuch, mit Exaktheit eine angemessene Vorstellung davon zu gewinnen, wäre zu hoch bewertet, wenn dies, für einige Gemüter, nicht selbst eine der unterhaltsamsten Beschäftigungen wäre, mit der sich das Leben wohl verbringen lässt«).

staunlichen Analogie. Er behauptet, keine zwei Affekte seien sich ähnlicher als der Affekt des Jagens und der des Philosophierens. Sowohl die Lust am Jagen als auch die Lust am Philosophieren seien auf die kraftvolle Betätigung des Geistes zurückzuführen (beim Jagen allerdings noch zusätzlich auf die Betätigung des Körpers). In beiden Fällen sind, so Hume, Bewegung und Aufmerksamkeit erforderlich. Beide Tätigkeiten seien schwierig und von Unsicherheit begleitet. Außerdem ist uns in beiden Fällen das Erreichen des Ziels unserer Tätigkeit sehr wichtig, und daher sind wir enttäuscht, wenn wir unser Ziel verfehlen. Beim Jagen also ist man enttäuscht, wenn man das Wild verfehlt, und beim Philosophieren, wenn man in einen Irrtum gerät. Zwar ist die Wichtigkeit dieser Ziele (von außen betrachtet) nicht immer nachvollziehbar – zumindest im Eifer der Tätigkeiten messen wir dem Erreichen unserer Ziele jedoch eine sehr hohe Bedeutung bei. Und daraus resultiert, so Hume, die große Enttäuschung beim Verfehlen dieser Ziele (vgl. S. 67).

Die erste Gemeinsamkeit zwischen dem Philosophieren und dem Jagen besteht in der Betätigung der geistigen Kraft. Hume meint, die Entdeckung der Wahrheit allein könne uns keine Befriedigung verschaffen, sondern eine solche Befriedigung stelle sich nur ein, wenn bei der Auffindung und Entdeckung dieser Wahrheit geistige Kraft aufgewendet werden musste. Hume erläutert dies am Beispiel der Mathematik: Er behauptet, dass wir es lieben, den Beweisen der Mathematiker zu folgen, aber wenn uns ein Mathematiker, von dessen Scharfsinn wir überzeugt sind, das Ergebnis seines Beweises einfach nur mitteilt, würde uns das wenig ansprechen, selbst wenn wir den Beweis für wahr hielten. Denn in diesem Fall werden wir, so Hume, nicht gezwungen, selbst unseren Geist anzustrengen, und es ist gerade diese Anstrengung, an der wir Gefallen finden (S. 64).

Humes Behauptung mag nicht auf alle Einsichten zu-

treffen. An der Entdeckung mancher Wahrheiten finden
wir auch ohne Anstrengung Gefallen. Dies ist insbesondere dann der Fall, wenn diese Einsichten einen hohen instrumentellen Wert haben (z. B. wenn jemand zufällig die
Wirksamkeit eines Medikamentes herausgefunden hat).
Gerade in Bezug auf das Philosophieren ist aber Humes
Gedanke, dass die damit verbundene geistige Anstrengung
dessen Wert mit konstituiert, gut nachvollziehbar. Das
liegt schon daran, dass derjenige, der etwas ohne jegliche
geistige Anstrengung herausgefunden hat, schlechterdings
nicht philosophiert hat. Zum anderen ist gerade die besondere geistige Anstrengung, die das Philosophieren mit sich
bringt, ein Grund dafür, dass uns das Philosophieren
Freude bereitet.

Hume behauptet außerdem, dass die Betätigung der
geistigen Kraft allein nicht ausreicht, um uns zu erfreuen,
denn es sei dazu außerdem nötig, dass uns das Ziel dieser
Tätigkeit tatsächlich wichtig ist. Auch dies verdeutlicht er
zunächst am Beispiel der Mathematik: Zwar gebe es kein
Ende in der Auffindung der Verhältnisse von Kegelschnitten, aber wenige Mathematiker fänden Freude an solchen
Untersuchungen (S. 64). Damit uns der Wissenserwerb erfreut, so Hume, müssen wir dem Erkannten einige Wichtigkeit beimessen. Je wichtiger uns das Erreichen dieses
Zieles sei, desto eher sei bereits der Weg dorthin schon erfüllend, also die zielgerichtete Tätigkeit selbst. Hume betont, dass die Wichtigkeit der Wahrheit zwar nicht *an sich*
die Freude am Philosophieren vergrößert, aber dass sie erforderlich ist, um unsere Aufmerksamkeit zu fesseln.[4]
Diese Aufmerksamkeit ist wiederum direkt mit der Freude an bestimmten Tätigkeiten (wie dem Jagen oder dem

---

4 »Wenn die Wichtigkeit der Wahrheit erforderlich ist, um die Lust vollkommen zu machen, so geschieht dies nicht, weil diese Wichtigkeit an und für
sich der Lust einen erheblichen Zuwachs verschafft, sondern weil sie gewissermaßen notwendig ist, um unsere Aufmerksamkeit zu fesseln« (Hume,
S. 66 im vorliegenden Band).

Philosophieren) verbunden. Wären wir bei diesen Tätigkeiten achtlos und unaufmerksam, so würden sie uns keine Freude bereiten.

Eine Gemeinsamkeit zwischen der Jagd und dem Philosophieren besteht, so Hume, auch darin, dass man in beiden Fällen enttäuscht ist, wenn man sein Ziel verfehlt. Doch warum setzen wir diese Tätigkeiten ungeachtet solcher Enttäuschungen fort? Wer stundenlang Jagen geht und dabei nichts erlegt, versucht es dennoch oftmals weiter. Das ist damit zu erklären, dass das Jagen eine bereits in ihrem Vollzug erfüllende Tätigkeit für den Ausübenden ist. Dennoch geht es dem Jäger nicht primär um diese Erfüllung. Das lässt sich an seiner Enttäuschung ablesen, die sich einstellt, wenn er das Wild verfehlt. Eine solche Enttäuschung muss ihn aber keineswegs davon abbringen, sein Ziel dennoch weiter zu verfolgen, denn gerade die Tatsache, dass es sich bei der Jagd um eine bereits in ihrem Vollzug erfüllende Tätigkeit handelt, kann erklären, warum er es dennoch immer wieder versucht. Da es sich allerdings um eine zielgerichtete Tätigkeit handelt, muss er das Erreichen seines Ziels immerhin für möglich halten. Der Jagd nach Hasen muss also die Annahme zugrunde liegen, dass es irgendwann gelingen könnte, einen Hasen zu erlegen. Kurz: Wer meint, sein Ziel nicht erreichen zu können, wird die zielgerichtete Tätigkeit aufgeben. Und das gilt nicht nur für die Jagd, sondern auch für das Philosophieren. Zwar ist auch das Philosophieren eine Tätigkeit, die in ihrem Vollzug erfüllend ist, aber es handelt sich um eine zielgerichtete Tätigkeit, deren Erfolg nicht völlig ausgeschlossen sein darf.

Hume selbst scheint immer wieder an dem Erfolg seines Philosophierens gezweifelt zu haben. So schreibt er im letzten Kapitel des ersten Buches seines *Treatise*, die intensive Betrachtung der Widersprüche und Unvollkommenheiten der menschlichen Natur führe zuweilen zu einer Stimmung, in der er geneigt sei, »allen Glauben und alles Vertrauen auf unsere Schlüsse wegzuwerfen und keine Meinung für möglicher und wahrscheinlicher anzusehen als jede beliebige andere« (Hume, 1983, S. 346). Eine solche Stimmung werde jedoch dadurch beendet, dass er sich anderen Tätigkeiten zuwende, wie dem Essen, dem Spiel und der Unterhaltung mit Freunden. Hume begrüßt es, dass die Natur auf diese Weise seiner philosophischen Melancholie ein Ende bereite (ebd. S. 347). Allerdings beschreibt er auch die umgekehrte Entwicklung: Nach dem Vergnügen und der Geselligkeit kehren auch seine philosophischen Interessen zurück. Er kann dann nicht umhin,

> »Verlangen zu tragen nach der Erkenntnis der Grundlagen des moralisch Guten und Schlechten, nach der Erkenntnis des Wesens und der Bedingungen des Staates, nach einer Einsicht in die Ursache der verschiedenen Affekte und Neigungen, die mich bewegen und beherrschen« (S. 58).

Humes Verlangen nach Erkenntnis ist nicht von der Aussicht auf Erfolg zu trennen – er hält seine Bemühungen nicht von vornherein für aussichtslos. Zwar gibt es eine Stimmung, so Hume, in der er geneigt ist, alle seine Bücher und Papiere ins Feuer zu werfen, aber diese Stimmung bezeichnet Hume selbst als »hypochondrisch« (Hume, 1983, S. 347). Zu anderen Zeiten setzt sich dann eher seine Einsicht durch, dass ein richtiger Skeptiker seinen philosophischen Zweifeln ebenso sehr misstraut wie seinen philosophischen Überzeugungen (S. 62). Zudem setzt sich Hume offenbar bescheidene Ziele:

> »Ich meinesteils hoffe hier nur zur Förderung der Erkenntnis ein klein wenig beizutragen, dadurch nämlich, daß ich den Spekulationen der Philosophen in einigen Beziehungen eine andere Richtung gebe und etwas

deutlicher die Punkte aufzeige, in denen sie allein Gewißheit und sichere Überzeugung zu gewinnen erwarten können« (S. 61).

Das Erreichen *solcher* Ziele muss dann trotz Humes aus-
geprägter Skepsis bezüglich der Erträge des eigenen Philosophierens nicht von vornherein als illusorisch erscheinen.
Anders als gelegentlich behauptet, ist Humes Verweis auf
seine Freude am Philosophieren deshalb keineswegs als
Ersatz für dessen fehlende Erfolgsaussichten zu deuten.[5]
Der Erfolg ist beim Philosophieren weit weniger offensichtlich als bei der Jagd nach Hasen und Hirschen. Er ist
bereits in einer bloßen Verfeinerung der Fragestellung zu
finden, dem Erkennen von argumentativen Voraussetzungen, dem Erreichen größerer argumentativer Schärfe oder
dem Erfassen von Zusammenhängen. Dazu kommen die
seltenen Momente, in denen man meint, tatsächlich eine
tiefere Einsicht in ein philosophisches Problem gewonnen
zu haben. Dass es sich beim Philosophieren um eine bereits in ihrem Vollzug erfüllende Tätigkeit handelt, kann
erklären, warum uns die Seltenheit dieser Momente nicht
vom Philosophieren abbringt. Dennoch lässt sich das Philosophieren von solchen Tätigkeiten abgrenzen, bei denen

---

5 Eine solche Deutung findet sich bei Oliver A. Johnson: »Although he
[Hume] can offer no rational support for his philosophical theories, he en-
joys philosophy« (»Obwohl er [Hume] keinerlei vernünftigen Rückhalt für
seine philosophischen Theorien anbieten kann, erfreut er sich an der Philosophie«) (Johnson, 1995, S. 327 f.). Johnsons Interpretation überzeugt jedoch deshalb nicht, weil Hume den »Affekt der Liebe zur Wahrheit« am
Ende des zweiten Buches des *Treatise* gänzlich anders charakterisiert. Don
Garrett bringt dies sehr gut auf den Punkt: »[T]he very taking of pleasure
in philosophy through the satisfaction of the passions of curiosity (see T
2.3.10, ›Of curiosity, or love of truth‹) [...] requires taking oneself to be dis-
covering philosophical *truths* in the process« (»Das Vergnügen, welches die
Philosophie durch die Befriedigung der Leidenschaften der Neugier bereitet (siehe dazu T 2.3.10, ›Of curiosity, or love of truth‹) [...] stellt sich nur
ein, wenn man meint, dass man in diesem Prozess philosophische Wahrheiten entdeckt«) (Garrett, 2006, S. 170).

es ausschließlich um ihren Vollzug geht (wie z. B. das Musizieren »um des Musizierens willen«). Auch wenn man bei der Beantwortung der großen Fragen, von denen das Philosophieren seinen Ausgangspunkt nimmt, auf Schwierigkeiten stößt, so bleibt das Philosophieren dennoch eine zielgerichtete Tätigkeit. Aus diesen allgemeinen Überlegungen lassen sich nun konkrete Schlüsse für den Philosophieunterricht ziehen.

2. Konsequenzen für den Philosophieunterricht

Hume beschreibt eine natürliche Neigung zum Philosophieren, die er auch an sich selbst feststellt. An eine solche Neigung kann und sollte meines Erachtens auch der Philosophieunterricht anknüpfen. Auch, oder vielleicht besonders Jugendliche sind für das Staunen, die Beunruhigung und die Neugier empfänglich, von denen das Philosophieren seinen Ausgangspunkt nimmt. Jugendliche fragen von sich aus nach den Grundlagen des Denkens, Wissens und Handelns. Der Philosophieunterricht muss diese Fragen nur aufgreifen und den Versuch, sie zu beantworten, methodisch anleiten.

Der Philosophieunterricht sollte seinen Ausgangspunkt von Fragen nehmen, die den Schülerinnen und Schülern von sich aus wichtig sind. Im Zuge der Beantwortung dieser Fragen kann sich das ursprüngliche Erkenntnisinteresse allerdings verschieben. Es können andere Fragen und deren Beantwortung in den Vordergrund rücken, denn die Schülerinnen und Schüler werden auf dem Weg zu einer Antwort auf die Ausgangsfragen auf Teilprobleme stoßen, deren Beantwortung eine Voraussetzung dafür ist, im Denken weiter voranzuschreiten zu können. Wie bei der Jagd kann man sich der Lösung dieser Probleme auch dann verschreiben, wenn der Nutzen im Vergleich zum Aufwand nur sehr gering zu sein scheint. Das Interesse an deren Lösung muss darum aber nicht geringer sein, sondern kann sich sogar weiter verstärken, je länger man sich der philosophischen Lösung dieser Probleme verschreibt. Gerade dadurch, dass dieses Ziel eine so große Wichtigkeit bekommt, wird das Philosophieren zu einer erfüllenden Tätigkeit.

Dabei macht Hume klar, dass das Philosophieren deshalb eine erfüllende Tätigkeit darstellt, weil es eine Anstrengung des Geistes bedeutet. Auch der Philosophieunterricht sollte daher anstrengend sein, und dies ist er in der Regel dann, wenn wirklich nachgedacht wird und nicht bloß Meinungen kundgetan werden oder (unreflektiert) das wiedergegeben wird, was andere bereits vorgedacht haben. Es wird also im Philosophieunterricht entscheidend darum gehen müssen, bestimmte methodische Ansprüche an das Philosophieren einzulösen und die gedankliche Herausforderung aufzuzeigen, die das Philosophieren bedeutet. Die Schülerinnen und Schüler müssen dazu mit bestimmten Methoden des Philosophierens vertraut gemacht werden. Sie müssen die Gültigkeit bestimmter Grundannahmen überprüfen können, indem sie z. B. prüfen, ob sie mit anderen solchen Grundannahmen vereinbar sind, ob sie tatsächlich das erklären, was sie erklären sollen und ob sie zu Konsequenzen führen, die wir ablehnen müssen.

Der Philosophieunterricht hat auch die Aufgabe, an die Grenzen heranzuführen, auf die man bei dem Versuch der Beantwortung philosophischer Fragen stößt. Zugleich sollte er den Schülerinnen und Schülern ihre eigenen Erfolge verdeutlichen, etwa dann, wenn sie eine Fragestellung verfeinert, argumentative Voraussetzungen erkannt oder einen bestimmten Zusammenhang erfasst haben. Sie müssen zwar die Grenzen dessen erkennen, was sie philosophierend erreichen können, doch wenn ihnen dabei zugleich klar wird, dass sie auch innerhalb dieser Grenzen etwas erreichen können, wird das Philosophieren seinen

Wert als zielgerichtete Tätigkeit auch dann behalten können, wenn eine Klärung der großen Fragen scheitert.

Wer philosophieren kann, dem steht eine geistige Tätigkeit offen, die in ihrem Vollzug erfüllend ist. Diese Tätigkeit ist *an sich* wertvoll wegen der damit verbundenen, für
den Einzelnen wertvollen Erfahrungen. Daher sollte der
Philosophieunterricht (unter anderem) das Ziel verfolgen,
den Schülerinnen und Schülern solche Erfahrungen zu ermöglichen. Falls diese Zielvorstellung einleuchtet, sind die
damit verbundenen Überlegungen nicht nur für den Philosophieunterricht an der Schule, sondern auch für die
Lehramtsausbildung wichtig. Gerade den Lehramtsstudie-
renden sollte dann in ihrem Studium eine Begeisterung für
das Philosophieren vermittelt werden, die sich später auf
ihre Schülerinnen und Schüler übertragen lässt. Diese
Freude am Philosophieren müsste also letztlich die Frage,
inwiefern es für die spätere Lehrtätigkeit in der Schule
wichtig ist, sich in einem Philosophieseminar mit bestimmten philosophischen Fragen beschäftigt zu haben, in
den Hintergrund treten lassen.

Zwar ist es richtig, dass die Lehramtstudierenden auch
lernen müssen, wie man Schülerinnen und Schülern bei-
bringt zu philosophieren, und dazu sind didaktische Überlegungen wichtig. Ebenso wichtig ist es jedoch, dass die
Lehramtstudierenden das Philosophieren lernen und dass
ihnen diese anstrengende geistige Tätigkeit selbst Freude
bereitet oder – weniger hedonistisch ausgedrückt – *wertvolle Erfahrungen* ermöglicht. Es wäre zu wünschen, dass
dies auch bei der Lektüre dieses Sammelbandes der Fall ist,
dessen Beiträge nun kurz vorgestellt werden sollen.

3. Die Beiträge dieses Sammelbandes

3.1 Der Wert des Philosophierens: Klassische Überlegungen

Im ersten Teil dieses Bandes finden sich Beiträge philosophischer Klassiker, in denen sich diese zum Wert des Philosophierens äußern. Am Anfang steht Platon (428/427–348/347 v. Chr.) mit seiner *Apologie des Sokrates*. 399 v. Chr. wurde Sokrates zum Tode verurteilt. Die gerichtlichen Anklagepunkte lauteten, dass Sokrates die Jugend verderbe und nicht an die Existenz der offiziellen Götter glaube. Einige Jahre nach Sokrates' Tod schrieb Platon dessen Verteidigungsrede vor Gericht.[6] In seiner Verteidigungsrede weist Sokrates die Anklagepunkte zurück und rechtfertigt seine Lebensführung. Ein wichtiger Teil dieser Rechtfertigung besteht darin, auf einen delphischen Orakelspruch zu verweisen, demzufolge niemand weiser sei als Sokrates. Sokrates betont, dass seine Weisheit darin bestehe, sich über seine Unwissenheit im Klaren zu sein (z. B. nicht zu wissen, was der Tod und ob dieser ein Übel sei). Seinen (göttlichen) Auftrag sieht Sokrates darin, andere Menschen an eine ebensolche Klarheit heranzuführen und sie zu ermahnen, sich um ihre Seele zu sorgen.[7]

In dem für diesen Band ausgewählten Textauszug betont Sokrates, dass er selbst im Falle eines Freispruchs nicht aufhören wird, nach Weisheit zu forschen und ande-

---

6 Es ist in der Sekundärliteratur wenig umstritten, dass Platon damit der ursprünglichen Verteidigungsrede des Sokrates sowohl stilistisch als auch inhaltlich vermutlich ziemlich nahe kommt. Vgl. dazu z. B. Brickhouse/Smith (1990), S. 9.

7 Die Verbindung zwischen dem Orakelspruch und dem göttlichen Auftrag ist nicht offensichtlich und unter den Interpreten umstritten. Für eine Darstellung verschiedener Positionen siehe Brickhouse/Smith (1990), S. 87–100.

re Menschen zu ermahnen und zu unterweisen. Wenn er also nur unter der Bedingung freigelassen würde, seine spezifische philosophische Lebensform aufzugeben, könne er auf diese Bedingung nicht eingehen. Er wird, so Sokrates, auch weiterhin die Bürger Athens fragen, prüfen und ausforschen und weiterhin umhergehen, um jung und alt zu überreden, »für den Leib und das Vermögen nicht eher und nicht so angelegentlich zu sorgen wie für die Seele, daß diese so gut wie möglich werde [...]« (Platon, S. 45 im vorliegenden Band). Sokrates betont, dass er damit den Befragten einen großen Dienst erweist, denn wer richtig leben will, muss über sein Leben reflektieren. Für Sokrates ist die gute Verfassung der Seele also in erster Linie davon abhängig, sich selbst und anderen Rechenschaft abzulegen und kritisch über die eigenen Werte und Überzeugungen reflektieren zu können.

Im Unterschied dazu steht bei Aristoteles (384–322 v. Chr.) das geistige Tätigsein als solches, sowie die »Schau ewiger Wahrheiten«, auf das es zielt, im Vordergrund.[8] Aristoteles führt im siebten Kapitel des zehnten Buches der Nikomachischen Ethik zugunsten der »theoria« eine ganze Reihe von Erwägungen an.[9] Die »theoria« versteht er dabei als ein philosophisch-wissenschaftliches Forschen, welches auf die Erkenntnis der obersten Prinzipien alles Seienden zielt. Für Aristoteles ist das Philosophieren das gesuchte oberste Gut oder die Glückseligkeit (»eudaimonia«). Es gibt also, so Aristoteles, für den Menschen

8 Diesen Unterschied zwischen Sokrates und Aristoteles betont auch Steinfath: »Das Ideal, das Sokrates vorschwebt, ist nicht das Ideal der Schau ewiger Wahrheiten oder der Aufschluss darüber, was die Welt im Innersten zusammenhält, sondern das Ideal eines selbstverantwortlichen Lebens, in dem der einzelne Klarheit über sich selbst und die ihn prägende Realität gewonnen hat« (Steinfath, S. 116 im vorliegenden Band).

9 Wörtlich lässt sich »theoria« mit *Betrachtung* oder *geistiger Schau* übersetzen. Aristoteles denkt dabei jedoch nicht an einen in sich ruhenden, eher passiven Geisteszustand, sondern meint stattdessen eine Form intensiven Nachdenkens.

nichts Höheres, als philosophisch-wissenschaftlich tätig zu sein. Dafür nennt er eine ganze Reihe von Gründen, die letztlich darauf hinauslaufen, dass ein solches Philosophieren alle allgemeinen Kriterien für die »eudaimonia« erfüllt. Diese Kriterien rekapituliert er im sechsten Kapitel des zehnten Buches. Das Philosophieren ist, so Aristoteles, eine Tätigkeit, die allein um ihrer selbst willen betrieben wird. Außerdem bedarf derjenige, der philosophiert, zum Philosophieren selbst keiner äußeren Güter. Weiterhin ist die »theoria« die Aktualisierung einer Tugend, und zwar der der Weisheit, und diese ist die vollkommenste Tugend. Schließlich ist mit der Tätigkeit des Philosophierens Lust bzw. Freude verbunden. Die Freuden des Philosophierens seien von »wunderbarer Reinheit und Beständigkeit« (Aristoteles, S. 49 im vorliegenden Band). Zwar ist das Philosophieren für Aristoteles nicht deshalb gut, weil es Freude bereitet, aber für ihn zeigt sich an der Freude, die wir an einer Tätigkeit haben, dass die Tätigkeit eine wertvolle ist. Außerdem sei die »theoria« eine göttliche Tätigkeit, und sie habe Göttliches zum Gegenstand.

Während Aristoteles die »theoria« also als eine selbstzweckhafte Tätigkeit auszeichnet, betont Epikur (um 341–271/270 v. Chr.) demgegenüber stärker den instrumentellen Wert des Philosophierens. Für Epikur verhilft das Philosophieren zum Glücklichsein im Sinne der Freude bzw. Abwesenheit von Schmerz. Das Philosophieren ist also Mittel zum Zweck des Glücklichseins, indem es über den richtigen Weg zum Glücklichsein aufklärt. Epikur nimmt in einem Lehrbrief (*Brief an Menoikeus*) Stellung zu der Frage, ab wann man im richtigen Alter zum Philosophieren sei. In seiner Antwort wird deutlich, dass er das Philosophieren in jeder Altersstufe für wichtig hält: »Weder soll, wer noch ein Jüngling ist, zögern zu philosophieren, noch soll, wer schon Greis geworden, ermatten im Philosophieren« (Epikur, S. 52 im vorliegenden Band).

Philosophieren verhelfe zum Glücklichsein. Wer daher behaupte, zum Philosophieren sei das geeignete Alter noch nicht gekommen, der gleiche einem, der behaupte, das geeignete Alter für das Glücklichsein sei noch nicht gekommen.

Für den Zusammenhang zwischen Philosophie und Glücklichsein nennt Epikur in seinem Lehrbrief mehrere Gründe: Die Philosophie ermöglicht uns, so Epikur, die richtige Einstellung zu unserer eigenen Sterblichkeit, indem sie die Furcht vor dem Tod nimmt. Außerdem führe die Philosophie zu der Einsicht, dass die Lust (bzw. die Abwesenheit von Schmerz) zwar das grundsätzliche Kriterium für ein gutes Leben ist, dass aber andererseits nicht alle Lüste wählenswert sind. So preist Epikur die Genügsamkeit. Es sei beispielsweise gut, sich an einfache und nicht zu aufwendige Mahlzeiten zu gewöhnen, denn dann könne man aufwendige Mahlzeiten erst richtig genießen. Außerdem sorge die Genügsamkeit dafür, dass man unbeschwerter durchs Leben gehen kann und weniger Angst vor Rückschlägen hat. Insgesamt lehre die Philosophie, dass es nicht möglich ist, lustvoll zu leben, ohne einsichtsvoll, vollkommen und gerecht zu leben.

An dieser Stelle macht der Band einen zeitlichen Sprung, nämlich von der Antike zu David Hume (1711–1776) und dessen Ausführungen zum Ursprung seines Philosophierens in *A Treatise of Human Nature*. Will man eine inhaltliche Brücke schlagen, so liegt es nahe, zunächst an Epikur zu denken, weil Hume wie Epikur meint, die Philosophie trage zu einem befriedigenden Leben bei. Allerdings betont Hume, wie oben bereits ausgeführt wurde, nicht nur den instrumentellen Wert des Philosophierens. Er charakterisiert das Philosophieren auch als eine bereits in ihrem Vollzug erfüllende Tätigkeit. Zwar schreibt Hume, dass er »eine Einbuße an innerer Befriedigung« erleiden würde, wenn er sich, statt zu philosophieren, einer anderen Beschäftigung zuwen-

dete (Hume, S. 59 im vorliegenden Bd.).[10] Allerdings ist
Hume nicht so zu verstehen, dass das Philosophieren als
Mittel zum Zweck einer solchen inneren Befriedigung
erfolgt.

Immanuel Kant (1724–1804) stellt explizit Überlegungen darüber an, wie das Philosophieren unterrichtet werden sollte. In diesem Zusammenhang ist auch bei ihm sein
Philosophieverständnis wegweisend. In seiner berühmten
Antwort auf die Frage, was Aufklärung sei, führt er aus:

> »Aufklärung ist der Ausgang des Menschen aus seiner
> selbstverschuldeten Unmündigkeit. Unmündigkeit ist
> das Unvermögen, sich seines Verstandes ohne Leitung
> eines anderen zu bedienen« (1912, S. 35).

Auch in Bezug auf seine Studenten geht es Kant darum,
diese in die Lage zu versetzen, sich ihres eigenen Verstandes zu bedienen. In seiner »Nachricht von der Einrichtung seiner Vorlesungen in dem Winterhalbenjahre von
1765–1766« gibt Kant an, die Studierenden sollten nicht
Philosophie lernen, sondern *philosophieren lernen* (Kant,
S. 73 im vorliegenden Band). Letztlich liegt dem das Ziel
zugrunde, »die Verstandesfähigkeit der anvertrauten Jugend zu erweitern und sie zur künftig reifern *eigenen* Einsicht auszubilden« (S. 74). Dies hat Folgen für die Lehre –
so z. B. für die Frage, wie mit Texten philosophischer
Klassiker umzugehen ist. Kant führt dazu aus, der philosophische Verfasser, den man bei der Unterweisung zugrunde legt, solle

> »nicht wie das Urbild des Urtheils, sondern nur als eine
> Veranlassung selbst über ihn, ja sogar wider ihn zu ur-
> theilen angesehen werden, und die Methode *selbst* nach-

---

10 Für »innere Befriedigung« steht im englischen Original schlicht »pleasure«.

zudenken und zu schließen ist es, deren Fertigkeit der Lehrling eigentlich sucht [...]« (S. 74).[11]

Kant betont, dass der Unterricht sich allgemein an dem natürlichen Fortschritt der menschlichen Erkenntnis orientieren soll. Es müsse sich also zuerst der Verstand ausbilden, indem er durch Erfahrung zu anschauenden Urteilen und durch diese zu Begriffen gelangt. Dann erst könnten diese Begriffe im Verhältnis zu ihren Gründen und Folgen durch Vernunft und schließlich in einem wohlgeordneten Ganzen vermittels der Wissenschaft erkannt werden. Von einem Lehrer sei also zu erwarten, dass er

> »an seinem Zuhörer erstlich den *verständigen*, dann den *vernünftigen* Mann und endlich den *Gelehrten* bilde. [...] Wenn man diese Methode umkehrt, so erschnappt der Schüler eine Art von Vernunft, ehe noch der Verstand an ihm ausgebildet wurde, und trägt erborgte Wissenschaft, die an ihm gleichsam nur geklebt und nicht gewachsen ist, wobei seine Gemütsfähigkeit noch so unfruchtbar wie jemals, aber zugleich durch den Wahn von Weisheit viel verderbter geworden ist« (S. 72).

Georg Wilhelm Friedrich Hegel (1770–1831) hat demgegenüber andere Befürchtungen und warnt davor, zu sehr auf die natürliche Vernunft der Schüler zu vertrauen. In seiner Vorrede zur *Phänomenologie des Geistes* setzt er sich das Ziel, »daran mitzuarbeiten, dass die Philosophie der Form von Wissenschaft näher komme – dem Ziele, ihren Namen der *Liebe* zum *Wissen* ablegen zu können und *wirkliches Wissen* zu sein« (1987, S. 12). Er kritisiert in der Vorrede das verbreitete Vorurteil, dass jeder »unmittelbar

---

11 Auch Patzig (S. 178 im vorliegenden Band) betont, eine Lektüre klassischer Autoren solle sich von der Frage leiten lassen, ob *es stimmt*, was der Autor sagt.

zu philosophieren und die Philosophie zu beurteilen verstehe, weil er den Maßstab an seiner natürlichen Vernunft dazu besitze« (ebd., S. 58).

Diese Kritik ist auch für seine Überlegungen zum Philosophieunterricht an Gymnasien wichtig. In einem Privatgutachten »Über den Vortrag der Philosophie auf Gymnasien«, das er 1812 für den bayerischen Zentralschulrat Niethammer angefertigt hatte, äußerte er sich zu den Zielen und Methoden des Philosophieunterrichts.[12] Er hebt dort hervor, das philosophische Studium in Gymnasien sei wesentlich auf den Gesichtspunkt zu richten, »daß dadurch *etwas gelernt*, die *Unwissenheit verjagt*, der *leere Kopf mit Gedanken und Gehalt* erfüllt und jene *natürliche Eigentümlichkeit des Denkens*, d. h. die Zufälligkeit, Willkür, Besonderheit des Meinens vertrieben werde« (Hegel, S. 78 f. im vorliegenden Band).

Hegel betont in diesen Überlegungen, die Philosophie enthalte »die höchsten *vernünftigen Gedanken über die wesentlichen Gegenstände*«, und daher sei es »von großer Wichtigkeit, mit diesem Inhalt bekanntzuwerden und diese *Gedanken in den Kopf zu bekommen*« (S. 76). Die »*allgemeinen wahren* Gedanken« als »das resultierende Erzeugnis der Arbeit der denkenden Genies aller Zeiten« übertreffen, so Hegel, bei weitem das, was ein ungebildeter junger Mensch mit seinem Denken hervorbringen kann (S. 78). Die Schüler sollten daher mit einer inhaltsvollen Philosophie bekannt gemacht werden – die Philosophie müsse also (wie jede andere Wissenschaft auch) gelehrt und gelernt werden:

»Sosehr an und für sich das philosophische Studium Selbsttun ist, ebensosehr ist es ein *Lernen* – das Lernen

---

12 Hegel wurde 1808 Professor und Rektor des (humanistischen) Ägidien-Gymnasiums in Nürnberg. Er lehrte dort »philosophische Vorbereitungswissenschaften«, die letztlich dem Ziel dienten, die Schüler auf das Studium an der Universität vorzubereiten.

einer *bereits vorhandenen*, ausgebildeten Wissenschaft. Diese ist ein Schatz von erworbenem, herausbereitetem, gebildetem Inhalt; dieses vorhandene Erbgut soll vom Einzelnen erworben, d. h. *gelernt* werden. Der Lehrer besitzt ihn; er denkt ihn vor, die Schüler denken ihn nach« (S. 78).

Den hier letztlich zugrunde liegenden Ansprüchen auf Wissenschaftlichkeit des Philosophierens steht Friedrich Wilhelm Nietzsche (1844–1900) dagegen skeptisch gegenüber. So lege »jedes vorwiegend aesthetische oder religiöse Verlangen nach einem Abseits, Jenseits, Ausserhalb, Oberhalb« die Frage nahe, »ob nicht die Krankheit das gewesen ist, was den Philosophen inspirirt hat« (Nietzsche, S. 86 im vorliegenden Band). Insbesondere die metaphysischen Antworten auf die Frage nach dem Wert des Daseins seien als Ausdruck leiblicher Befindlichkeiten anzusehen. Nietzsche meint, diesen Antworten wohne wissenschaftlich gesehen »nicht ein Korn von Bedeutung« inne (S. 87). Gleichwohl geben sie dem Historiker und Psychologen wertvolle Hinweise über den Zustand derjenigen, die hier Philosophie betreiben. Diese Überlegungen münden schließlich in Nietzsches allgemeinen Verdacht, dass es sich bei allem bisherigen Philosophieren gar nicht um »Wahrheit« handelte, »sondern um etwas Anderes, sagen wir um Gesundheit, Zukunft, Wachsthum, Macht, Leben …«[13] (S. 87).

Auch für sein eigenes Philosophieren stellt Nietzsche einen Bezug zur Krankheit her. So schreibt er in dieser Vorrede zur zweiten Ausgabe der *Fröhlichen Wissenschaft*,

---

13 Seine Wahrheitskritik entfaltet Nietzsche an anderen Stellen ausführlicher – und diese Kritik scheint sehr radikal zu sein. Bittner z. B. interpretiert Nietzsche so, dass dieser nicht bloß die These vertrete, dass das bisher für wahr Gehaltene nicht wahr sei, sondern dass es überhaupt nichts Wahres geben könne, da »Wahrheit« ein widersinniger Begriff sei. Vgl. dazu Bittner (1987), S. 70–90.

diesem Buch liege seine Genesung zugrunde. Dabei betont er, dass er »nicht mit Undankbarkeit von jener Zeit schweren Siechthums Abschied nehmen möchte« (S. 87). Er sieht diese Zeit letztlich als gewinnbringend an:

> »Erst der grosse Schmerz, jener lange langsame Schmerz, der sich Zeit nimmt, in dem wir gleichsam wie mit grünem Holze verbrannt werden, zwingt uns Philosophen, in unsre letzte Tiefe zu steigen [...]« (S. 88).

Aus solchen Abgründen komme man schließlich

> »*neugeboren* zurück, gehäutet, kitzlicher, boshafter, mit einem feineren Geschmacke für die Freude, mit einer zarteren Zunge für alle guten Dinge, mit lustigeren Sinnen, mit einer zweiten gefährlicheren Unschuld in der Freude, kindlicher zugleich und hundert Mal raffinirter als man jemals vorher gewesen war« (S. 89).

Damit deutet er an, inwiefern der Zwang, in die Tiefe zu steigen, schließlich eine befreiende Wirkung entfalten kann.[14]

Bertrand Arthur William Russell (1872–1970) listet eine ganze Reihe von Gründen für den Wert des Philosophierens auf. Die Frage, welchen Wert die Philosophie hat und warum man sich mit ihr beschäftigen sollte, stellt sich für ihn auch deshalb, weil viele Menschen »dazu neigen, in der Philosophie nicht mehr als ein harmloses, aber auch nutzloses Spiel zu sehen, das aus begrifflichen Haarspaltereien und Streitigkeiten über Dinge besteht, über die wir ohnehin nichts wissen können« (Russell, S. 92 im vorlie-

---

14 Nietzsches Wahrheitskritik provoziert die Frage, wie die Absicht seines eigenen Schreibens zu verstehen ist. Bittner schlägt vor, Nietzsches Willen zur Wahrheit mit dessen Wunsch nach »weitem Blick und klarer Luft« zu identifizieren. Nietzsches Wille zur Wahrheit sei also: »im Offenen zu leben« (Bittner, 1987, S. 90 [Anm. 42]).

genden Band). Diese Schwierigkeit setzt Russell in ein anderes Licht. Zwar räumt er ein, dass selbst die alltäglichsten Dinge zu Fragen führen, die man nur sehr unvollständig beantworten kann, sobald wir damit anfangen zu philosophieren. Der Wert der Philosophie bestehe aber gerade in der Ungewissheit, die sie mit sich bringe. Dadurch schlage die Philosophie die »etwas arrogante Gewißheit jener nieder, die sich niemals im Bereich des befreienden Zweifels aufgehalten haben« (S. 96).

Philosophie befreit also, und damit ist für Russell ein wichtiger Wert des Philosophierens genannt. Wer sich ausschließlich von den Vorurteilen des gesunden Menschenverstandes und von den habituellen Meinungen seines Zeitalters leiten lasse, sei wie in einem Gefängnis eingeschlossen. Das Ziel der Philosophie sei dagegen eine Art von Erkenntnis, die sich aus einer kritischen Überprüfung der Gründe für unsere Überzeugungen, Vorurteile und Meinungen ergebe. Die Freiheit, zu der Philosophie verhelfe, bestehe zudem in einer Befreiung von zu engen und persönlichen Zwecken. Der ruhige, leidenschaftslose Wunsch nach Erkenntnis, der die philosophische Kontemplation auszeichnet, führt Russell zufolge zu einer Erweiterung unseres Selbst. Dies habe positive Auswirkungen auch auf das Handeln. Russell meint, dass derjenige, der sich an die Freiheit und Unparteilichkeit der philosophischen Kontemplation gewöhnt hat, sich auch in der Welt des Fühlens und Handelns etwas von dieser Freiheit und Unparteilichkeit erhalten wird:

> »So vergrößert die Kontemplation nicht nur die Gegenstände unseres Denkens, sondern auch die unseres Handelns und unserer Neigungen: sie macht uns zu Bürgern der Welt und nicht nur zu Bewohnern einer ummauerten Stadt, die mit der Welt vor ihren Toren im Kriege liegt« (S. 100).

3.2 Wozu Philosophie?

Im zweiten Teil dieses Bandes äußern sich zeitgenössische Denker zum Wert des Philosophierens und zum Zweck des Philosophie- und Ethikunterrichts. In diesen Beiträgen finden sich viele der klassischen Überlegungen wieder. Diese werden um zeitgenössische Aspekte der Diskussion (z. B. um die Wertneutralität des Ethikunterrichts) bereichert. Dabei knüpft auch hier die Begründung für bestimmte Thesen oftmals an klassische Überlegungen an (z. B. im Zusammenhang mit der Bedeutung einer kritischen Reflektiertheit).

Holmer Steinfath (Jg. 1961) hebt hervor, dass das philosophische Überlegen ursprünglich, bei Sokrates und in der Antike, als ein Überlegen gedacht war, das sich auf das Leben dessen, der mit ihm in Berührung kommt, auswirkt. Diese Verbindung dränge sich jedoch erst dann wirklich auf, »wenn die in der Frage, wie zu leben gut ist, zum Ausdruck kommende Beunruhigung über das eigene Leben zum entscheidenden Motiv für das Philosophieren wird und sich mit der zum Philosophieren gehörenden Vorbehaltlosigkeit des Begründens vereint« (Steinfath, S. 111 im vorliegenden Band). So sei es bei Sokrates und in großen Teilen der antiken Philosophie gewesen, welche die Frage nach dem guten Leben zur Grundfrage der Philosophie erklärte und alle wichtigen philosophischen Probleme von dieser Frage her motivierte.

Wie stark die Motivation zum Philosophieren aus einer Beunruhigung über die Problematik des guten Lebens sei, hänge dabei einerseits von der Stärke der Beunruhigung selbst ab – also davon, wie sehr sich uns die Frage nach dem guten oder gelungenen Leben tatsächlich aufdränge. Andererseits hängt sie Steinfath zufolge davon ab, für wie einleuchtend man den Gedanken hält, dass das Philosophieren selbst für ein gutes Leben bedeutsam ist. Steinfath kann diesem Gedanken durchaus einiges abgewinnen: Zwar weist er Aristoteles' Versuch zurück, die Philosophie im Sinne der »theoria« als beste Lebensform auszuweisen. Halte man sich aber an ein sokratisches Philosophieverständnis, so werde die Verbindung zwischen Philosophie und gutem Leben durchaus nachvollziehbar.

Rüdiger Bittner (Jg. 1945) weist dagegen die Auffassung, Philosophie zu treiben sei Bedingung für ein gutes Leben, ausdrücklich zurück:

> »Sokrates sagte nach Platons Bericht, ein Leben ohne Prüfung dieses Lebens, und gemeint ist: Prüfung durch philosophische Reflexion, sei für einen Menschen nicht lebenswert. Aber das ist falsch, und dazu arrogant. Viele Menschen, auch hier bei uns, haben menschlich und würdig gelebt, denen Philosophie nie irgendetwas bedeutete« (Bittner, S. 128 im vorliegenden Band).

Bittner betont, wem an dem für das Philosophieren charakteristischen Versuch eines »durchgängigen Verstehens« nichts liege, dem habe er nichts entgegen zu halten. Ihm geht es aber anders, ihm erscheint es »etwas Schönes, nämlich Befreiendes zu sein, wenn man in seinem Verständnis von Dingen nicht vor Gräben steht, und dies Schöne ist es, was philosophische Einsicht, wenn sie denn gelingt, einem verschafft« (S. 137). Bittner nimmt an, dass es nicht nur denjenigen, die Philosophie studieren, letztlich so geht, sondern dass sich das von ihm charakterisierte Bedürfnis nach einem durchgängigen Verstehen auch bei Jugendlichen findet. Daher könne Philosophie für Menschen in den letzten Jahren ihrer Schulzeit besonders hilfreich sein. Weil man sich gerade in diesem Alter in der Welt zurechtzufinden sucht, werden die philosophischen Angebote »belebend und befreiend« wirken, denn sie sorgen dafür, »dass man sich im Verständnis auf eigenen Füßen durch die Welt bewegen kann« (S. 138).

Peter Schaber (Jg. 1958) betont ebenfalls, dass der Philosophie- und Ethikunterricht dazu verhelfen sollte, sich auf eigenen Füßen durch die Welt zu bewegen. Ihm geht es hier um eine bestimme Form der kritischen Reflektiertheit. In diesem Zusammenhang verweist er auf den Wert einer sich entwickelnden Autonomie, zu der die schulische Erziehung und eben auch der Philosophie- und Ethikunterricht beitragen sollte. Schaber setzt sich in seinem Beitrag mit der Forderung nach Wertneutralität auseinander, die an den Ethikunterricht herangetragen wird: Wie sollte der Ethikunterricht mit der Pluralität verschiedener Wertvorstellungen umgehen? Warum und inwiefern ist diesbezüglich Neutralität zu wahren? In seiner Antwort auf diese Fragen verweist Schaber auf den Wert eben dieser Autonomie und deren Bezug zum guten Leben. Die Chancen, ein gutes Leben zu leben, seien zumindest in westlichen Gesellschaften für jemanden, der nicht in der Lage ist, sich selbst zu bestimmen und verschiedene Lebensformen kritisch zu bewerten, äußerst gering.

Es gehört zur Autonomie einer Person, über gegebene, traditionelle Werte und Lebensformen zu reflektieren. Die hierfür erforderliche Distanz zu Gegebenem ist jedoch, so Schaber, nur dann möglich, wenn man unterschiedliche Werte, Lebensformen und Einstellungen auch tatsächlich kennt. Deshalb ist es für die Entwicklung der persönlichen Autonomie von Kindern und Jugendlichen wichtig, dass ihnen unterschiedliche Wertoptionen vermittelt werden. Schaber plädiert damit für einen Unterricht, in dem die Auseinandersetzung mit unterschiedlichen Ansichten eine zentrale Rolle spielt. Allerdings sollten Lehrerinnen und Lehrer durchaus für bestimmte Werte wie Respekt, Toleranz und Solidarität einstehen. Dies begründet Schaber damit, dass ein autonomes Leben, zu dem die liberale Erziehung beitragen soll, soziale Bedingungen hat und diese wiederum von der Akzeptanz dieser Werte abhängen.

Auch Ekkehard Martens (Jg. 1943) bezieht sich in seinen Überlegungen zu den Zwecken des Philosophie- und Ethikunterrichts auf den Wert der Autonomie. Philosophieren als Kulturtechnik solle in der Schule zur Verbesserung der Reflexionsfähigkeit und somit der Persönlichkeitsbildung unterrichtet werden, da dies eine notwendige Voraussetzung für eine autonome Lebensführung sei. Philosophieren als elementare Kulturtechnik und Bildungsprinzip gewinnt so seine Legitimation aus dem immanenten Selbstverständnis der Schule in einer demokratischen Gesellschaft. Dieses Selbstverständnis impliziert, dass in der Schule nicht nur Wissen vermittelt, sondern die Kinder und Jugendlichen dazu befähigt werden sollen, ihr persönliches, berufliches und politisches Leben selbstverantwortlich und autonom zu gestalten. Philosophieren soll, so Martens, also deshalb in der Schule unterrichtet werden, weil die Schule insgesamt das Ziel hat, die Reflexionsfähigkeit und Persönlichkeitsbildung zu befördern, und weil das Philosophieren als Kulturtechnik hierfür ein wirksames Mittel darstellt.

Der Text von Martens leitet inhaltlich gesehen zum dritten Teil dieses Bandes über, indem er die Frage nach den Zwecken des Philosophieunterrichts mit Fragen zu dessen Methoden verknüpft. So beschreibt Martens Denkmethoden des Philosophierens, die mit Hilfe allgemeiner Unterrichtsmethoden praktisch umgesetzt werden können. Er betont dabei, dass das Einüben dieser Methoden ein selbstständiges Denken, Urteilen und Handeln autonomer Personen vorbereitet. Der Lehrer soll dabei an das natürliche Philosophieren der Kinder und Jugendlichen anknüpfen, ihr Vertrauen auf die Denkmöglichkeiten ihres gesunden Menschenverstandes bestärken und diese mit Hilfe des philosophischen Expertenwissens weiterentwickeln (vgl. Martens, S. 166 f. im vorliegenden Band). Ob und wie dies im Einzelnen gelingen kann, sollen die Beiträge im dritten Teil dieses Sammelbandes zeigen.

3.3 Philosophieren lernen

Im dritten Teil machen Fachphilosophen jeweils konkrete Vorschläge für die Methoden des Philosophieunterrichts an Schule und Hochschule. So lobt Günther Patzig (Jg. 1926) seinen akademischen Lehrer Josef König für dessen Umgang mit klassischen Texten. Was ihn beispielsweise an Königs Kolleg zu Kants *Kritik der praktischen Vernunft*

> »besonders fesselte und beeindruckte, war die Art, in der König sich mit Kant in eine kritische Sachdiskussion einließ. Er fragte an wichtigen Textstellen schlicht, ob das, was Kant da sage, einleuchte, und – eine andere Frage –, ob Kants Argumente ausreichten, um seine These hinreichend zu sichern« (Patzig, S. 177 im vorliegenden Band).

Patzig geht es in seinem Text darum zu zeigen, dass der Wahrheitsanspruch, der in den philosophischen Texten der Überlieferung gestellt wird, ernst zu nehmen ist. Man solle sich daher

> »bei der Lektüre fragen, ob die Thesen, die von den Verfassern der Texte vertreten werden, als Beiträge zu unserem Weltverständnis akzeptabel sind, und ob die Argumente, die die Autoren für die Richtigkeit – oder wenigstens Plausibilität – ihrer Auffassungen anführen, überzeugen können« (S. 181).

Die Behauptung, eine solche Forderung an den heutigen Leser z. B. Platons und Aristoteles', Kants oder Hegels sei allenfalls eine »rührende Naivität«, weist Patzig dabei entschieden zurück. In diesem Zusammenhang diskutiert er in seinem Beitrag einflussreiche, aber seiner Ansicht nach nicht haltbare konkurrierende Vorstellungen davon, wie mit philosophischen Texten umzugehen ist. So sei z. B. Nietzsche dahingehend zuzustimmen, dass man durch das Studium philosophischer Texte in geeigneten Fällen auch einen starken Eindruck von der Persönlichkeit des Autors erhält, von dem dieser Text stammt. Aber dies sei nur ein möglicher *Nebeneffekt* der Beschäftigung mit philosophischen Texten der Tradition.

Holm Tetens (Jg. 1948) konkretisiert wichtige Aspekte des von Patzig geforderten Umgangs mit philosophischen Texten anhand einer Fallstudie. Er zeigt dabei auf, wie im Philosophieunterricht eine besondere Einübung in die Kunst des Argumentierens gelingen kann. Die für das Argumentieren nötige Urteilskraft erwirbt man, so Tetens, nur im längeren Umgang mit guten und schlechten Argumenten. Deshalb müssten Beispiele und eben gerade nicht schematische Regeln und ihre schematische Anwendung im Mittelpunkt des Argumentationsunterrichts stehen. Diesen Grundsatz beherzigt Tetens in seinem Beitrag und führt an einem Beispiel vor, wie man die Argumente einer kontroversen Debatte aufarbeiten und darstellen kann.

Sein Beispiel ist die Debatte um den Kreationismus und deren Behandlung im Philosophieunterricht. Tetens zeigt in seinem Beitrag auf, wie eine Diskussion des teleologischen Gottesbeweises für diese Debatte fruchtbar gemacht werden kann. Dabei wird von Kants Formulierung des teleologischen Gottesbeweises ausgegangen. Kant hat in seiner *Kritik der reinen Vernunft* den teleologischen Gottesbeweis in eine bestimmte Form eines Argumentes gegossen, um es anschließend scharf zu kritisieren. Allerdings hat Kant dieses Argument auf eine nicht unmittelbar zugängliche Weise präsentiert. Tetens plädiert daher dafür, Kants Text so durchzuarbeiten, dass erkennbar wird, dass und wie hier aus den Prämissen die Konklusion folgt. Auch anhand weiterer Argumente in der Debatte um den Kreationismus macht Tetens deutlich, wie im Philosophieunterricht die Rekonstruktion und Kritik von Argumenten gelingen kann und wie dabei methodisch vorzugehen ist. Die daraus gewonnenen Überlegungen werden anhand einiger didaktischer Faustregeln zusammengefasst.

Dieter Birnbacher (Jg. 1946) beschreibt eine Methode des Philosophierens, die gänzlich auf die Arbeit mit philosophischen Texten verzichtet, und zwar die Methode des *Sokratischen Gesprächs*. Die Konzeption dieser Methode geht in erster Linie auf Leonard Nelson (1882–1927) zurück, der diese als die Kunst beschreibt, Schüler zu Philosophen zu machen, anstelle lediglich über Philosophien zu unterrichten (vgl. Birnbacher, S. 219 im vorliegenden Band). In einem Sokratischen Gespräch geht es darum, die Lernenden ein ohne textliche Hilfsmittel lösbares Problem weitgehend selbstständig und aufgrund eigener Anschauung und eigener Einsicht bearbeiten zu lassen. Birnbacher erörtert in seinem Beitrag den ursprünglichen Ansatz Nelsons und dessen Weiterentwicklung. Außerdem beschreibt er die für das Sokratische Gespräch charakteristischen Regeln und diskutiert Modifikationen dieser Regeln, um den spezifischen Anforderungen unterschiedlicher Anwendungskontexte gerecht zu werden.

Zur Anwendung kommt die Methode des Sokratischen Gesprächs gegenwärtig auch im schulischen Philosophie- und Ethikunterricht. Birnbacher betont, dass das Sokratische Gespräch im schulischen Philosophie- und Ethikunterricht insbesondere ein Gegengewicht zu einem einseitig textorientierten Unterricht sein kann. Mit ihm lässt sich der Philosophieunterricht lebens- und erfahrungsnäher gestalten, ohne dass dabei Einbußen an intellektueller und kommunikativer Disziplin hingenommen werden müssen. Ein Sokratisches Gespräch lässt die Teilnehmer erfahren, wie weit sie – unterstützt durch die jeweils anderen – durch eigenes Reflektieren kommen und wie viele der Gedanken philosophischer Klassiker sie sich aus eigener Kraft erarbeiten können.

Johannes Rohbeck (Jg. 1947) beleuchtet in seinem Beitrag eine Reihe weiterer Methoden des Philosophieunterrichts. Aus fachdidaktischer Perspektive schlägt er vor, auch im Philosophie- und Ethikunterricht spezifisch philosophische Methoden zu Grunde zu legen. So macht er beispielsweise Vorschläge in Bezug auf das Schreiben philosophischer Essays im Philosophieunterricht, die sich an dem Vorbild bestimmter philosophischer Denkrichtungen orientieren. Auch die Textlektüre hält Rohbeck ausdrücklich für einen unverzichtbaren Bestandteil des Philosophie- und Ethikunterrichts.[15] Auf diese Weise würden die Schülerinnen und Schüler mit Gedanken konfrontiert, die ihnen in der Regel nicht selbst einfallen. Außerdem gebiete es der Bildungsauftrag der Schule, auch Philosophiegeschichte zu vermitteln. Letztlich gehe es dabei um die Teilhabe an einer kulturellen Tradition.

Derartige Überlegungen rücken einmal mehr die notwendige Verbindung zwischen einer Reflexion über die Ziele und einer Reflexion über die Methoden des Philosophieunterrichts in den Blick. Dies gilt auch für Rohbecks didaktische Grundidee, die darin besteht, die Methoden der Philosophie in philosophische Verfahren des Unterrichts zu übertragen. Die von Rohbeck skizzierten verschiedenen Denkmethoden der Philosophie unterscheiden sich auch deshalb voneinander, weil sie auf einem unterschiedlichen Philosophieverständnis fußen und unterschiedliche Antworten auf die Frage nach dem Zweck des Philosophierens geben. Fragt man nach der Angemessenheit der daraus extrahierten unterschiedlichen Methoden des Philosophie- und Ethikunterrichts, wird man erneut

---

15 Allerdings meint Rohbeck, dass sich nicht alle Textsorten gleichermaßen für den Philosophieunterricht eignen. So könnten Ausschnitte aus längeren Traktaten problematisch sein; gut geeignet für den Philosophieunterricht seien hingegen philosophische Essays, autobiographische Erzählungen und Briefe.

genauer zu umreißen versuchen müssen, welchen Charakter der Philosophieunterricht in der Schule haben sollte – und was *gut* ist an Philosophie.[16]

Kirsten Meyer

Literatur

Bittner, Rüdiger: Nietzsches Begriff der Wahrheit. In: Nietzsche-Studien 16 (1987) S. 70–90.

Brickhouse, Thomas C. / Smith, Nicholas D.: Socrates on Trial. Princeton 1990.

Garrett, Don: Hume's Conclusions in »Conclusion of this Book«. In: Saul Traiger (Hrsg.): The Blackwell Guide to Hume's *Treatise*. Oxford 2006. S. 151–175.

Hegel, Georg Wilhelm Friedrich: Phänomenologie des Geistes. Stuttgart 1987.

Horn, Christoph: Antike Lebenskunst. Glück und Moral von Sokrates bis zu den Neuplatonikern. München 1998.

Hume, David: The Sceptic. In: D. H.: Essays. Moral, Political and Literary. Hrsg. von Eugene F. Miller. Revised Edition. Indianapolis 1985. S. 159–180.

– Über den Verstand. Hrsg. von Reinhard Brandt. Hamburg 1983.

Johnson, Oliver A.: The Mind of David Hume. A Companion to Book I of ›A Treatise of Human Nature‹. Urbana/Chicago 1995.

Kant, Immanuel: Beantwortung der Frage: Was ist Aufklärung? In: I. K.: Gesammelte Schriften. Akademie-Ausgabe VIII. Berlin 1912.

Rapp, Christof: Wozu Philosophie? In: Florian Keisinger / Timo Lang / Markus Müller [u. a.]: Wozu Geisteswissenschaften? Kontroverse Argumente für eine überfällige Debatte. Frankfurt a. M. 2003.

Steinfath, Holmer (Hrsg.): Was ist ein gutes Leben? Philosophische Reflexionen. Frankfurt a. M. 1998.

---

16 Ich möchte mich an dieser Stelle herzlich bei Jakob Reckhenrich und Nadine Köhne bedanken, deren Anregungen zu dieser Einleitung und deren Mithilfe bei der Erstellung des Literaturverzeichnisses (die ausgewählte Literatur findet sich am Ende dieses Bds.) sehr hilfreich waren.

I. Der Wert des Philosophierens: Klassische Überlegungen

PLATON/SOKRATES

Für die Seele sorgen

Platon, *Apologie des Sokrates*, 28d–30c

Ich also hätte Arges getan, Männer von Athen, wenn ich zwar damals, als die Befehlshaber, die ihr zu meinen Vorgesetzten gewählt hattet, bei Potidäa, Amphipolis und Delion*, wenn ich damals also eben dort, wo jene mich hingestellt hatten, geblieben wäre wie irgendein anderer und dem Tode getrotzt hätte, wenn ich aber dort, wo mich der Gott hinstellte, wie ich doch glaubte und annahm, damit ich in Erforschung der Wahrheit und in Prüfung meiner selbst und anderer mein Leben hinbrächte, wenn ich also dort aus Furcht vor dem Tode oder sonst einem Schrecknis von meinem Posten gewichen wäre. Wahrlich arg wäre das, und dann könnte man mich in Wahrheit und mit Recht hier vor Gericht fordern, daß ich nicht an Götter glaubte, indem ich dem Orakel unfolgsam sei und den Tod fürchtete und mich weise dünkte, ohne es zu sein. Denn den Tod fürchten, ihr Männer, das ist nichts anderes, als sich dünken weise zu sein und es doch nicht zu sein. Es heißt nämlich soviel wie sich einbilden zu wissen, was man nicht weiß. Denn niemand weiß, was der Tod ist, ob er nicht etwa gar für den Menschen das größte von allen Gütern ist. Sie fürchten ihn aber, als wüßten sie gewiß, daß er das größte Übel ist. Und was wäre dies anderes als jene verrufene Unwissenheit, die Einbildung nämlich, et-

---

* Die Schlacht bei Potidäa auf der Chalkidike war im Jahre 432 v. Chr., die bei Amphipolis am Strymon in Thrakien im Jahre 422 und die bei Delion in Böotien im Jahre 424. Bei Potidäa hatte Sokrates dem Alkibiades das Leben gerettet, und auch bei Delion hatte er sich durch Tapferkeit ausgezeichnet.

was zu wissen, was man nicht weiß? Ich nun, ihr Männer, unterscheide mich vielleicht auch hierin von den meisten Menschen. Und wollte ich behaupten, ich sei in irgend etwas weiser als ein anderer, so wäre es darin, daß, da ich nichts Genaues weiß von den Dingen im Hades, ich es mir auch nicht zu wissen einbilde. Gesetzwidrig handeln aber und dem Besseren – sei er Gott oder Mensch – ungehorsam sein, das, weiß ich, ist nichtswürdig und schändlich. Im Vergleich also mit den Übeln, die ich als wirkliche Übel kenne, werde ich niemals Dinge, von denen ich nicht weiß, ob sie nicht vielleicht gerade Güter sind, fürchten oder fliehen. Also auch dann nicht, wenn ihr mich jetzt freisprechen solltet – ohne Anytos zu folgen, der da sagt, entweder hätte man mich gar nicht hierher bringen sollen oder, nachdem ich einmal hier sei, sei es ganz unmöglich, mich nicht hinzurichten; denn, sagte er zu euch, wenn ich nun durchkäme, dann erst würden eure Söhne das recht betreiben, was Sokrates lehrt, und somit alle ganz und gar verderbt werden; – wenn ihr mir nämlich dabei sagtet: »Jetzt, Sokrates, wollen wir zwar Anytos nicht folgen, sondern dich freilassen, unter der Bedingung jedoch, daß du diese Nachforschung nicht weiter betreibst und nicht mehr nach Weisheit suchst. Wirst du aber noch einmal über solchem Tun betroffen, so mußt du sterben« – wenn ihr mich also, wie gesagt, auf diese Bedingung freisprechen wolltet, so würde ich zu euch sagen: Ich bin euch, Männer von Athen, zwar zugetan in Achtung und Liebe, gehorchen aber werde ich dem Gotte mehr als euch, und solange ich noch atme und es irgendwie vermag, werde ich nicht aufhören, nach Weisheit zu forschen und euch zu ermahnen und zu unterweisen, und wen ich von euch antreffe, mit meinen gewohnten Worten anzusprechen: »Wie, bester Mann, als ein Mann aus Athen, der größten und in bezug auf Weisheit und Macht ruhmreichsten Stadt, schämst du dich nicht für Geld zu sorgen, wie du möglichst viel davon bekommst, sowie für Ruhm und

Ehre, für Einsicht und Wahrheit, für deiner Seele bestes Befinden aber nicht zu sorgen und darauf nicht bedacht zu sein?« – Und wenn jemand unter euch dies bestreitet und behauptet, er sei wohl darauf bedacht, so werde ich ihn nicht gleich loslassen und fortgehn, sondern ihn fragen und prüfen und ausforschen. Und wenn mich dünkt, er besitze keine Tugend, behaupte es aber, so werde ich es ihm vorhalten, daß er das Schätzenswerteste am geringsten achtet und das Wertlose höher.

So werde ich mit Jungen und Alten, wie ich sie eben treffe, verfahren und mit Fremden und Bürgern, am meisten aber mit euch Bürgern, die ihr mir als Stammverwandte näher steht. Denn so, wißt es wohl, befiehlt es mir der Gott. Und ich meinesteils glaube, daß noch nie ein größeres Glück dem Staate zuteil geworden ist als dieser Dienst, den ich dem Gotte leiste. Denn nichts anderes tue ich, als daß ich umhergehe, um jung und alt unter euch zu überreden, für den Leib und das Vermögen nicht eher und nicht so angelegentlich zu sorgen wie für die Seele, daß diese so gut wie möglich werde, wobei ich sage, daß nicht aus dem Reichtum Tugend entsteht, sondern aus Tugend Reichtum und alle andern menschlichen Güter sowohl im Privat- wie im öffentlichen Leben. Wenn ich nun durch solche Reden die Jugend verderbe, so müßten sie ja schädlich sein; wenn aber jemand sagt, ich redete etwas anderes als dies, so sagt er die Unwahrheit. Unter diesen Umständen, Männer von Athen, würde ich sagen, schenkt Anytos Glauben oder nicht, sprecht mich frei oder nicht, ich werde auf keinen Fall anders handeln, und müßte ich noch so oft sterben.

Philosophie und das beste Leben

Aristoteles, *Nikomachische Ethik*, 10. Buch,
Kap. 6 und 7

Sechstes Kapitel

Unsere Erörterung über die Tugenden, die Freundschaft
und die Lust ist nun zu Ende, und so bleibt noch *die
Glückseligkeit* im Umriß zu behandeln, die uns Ziel und
Ende alles menschlichen Tuns bedeutet. Unser Vortrag
über sie wird an Kürze gewinnen, wenn wir uns auf das
Vorausgehende zurückbeziehen.

Wir haben gesagt, die Glückseligkeit sei kein Habitus.
Sonst könnte ja auch derjenige sie besitzen, der sein Leben
lang schläft und so ein bloß vegetatives Dasein führt, oder
auch ein Mensch, den die größten Unglücksfälle träfen.
Wenn uns dies nun nicht befriedigen kann, und wir sie
vielmehr, wie in den früheren Ausführungen gesagt worden ist, in eine gewisse Tätigkeit setzen müssen, und wenn
ferner die Tätigkeiten teils notwendig und als Mittel, teils
an sich begehrenswert sind, so ist die Glückseligkeit offenbar für eine von den Tätigkeiten zu erklären, die an
sich, und nicht für eine von denen, die bloß als Mittel begehrenswert sind. Sie ist ja keines anderen Dinges bedürf-
tig, sondern sich selbst genug.

An sich begehrenswert aber sind die Tätigkeiten, bei denen man nichts weiter sucht als die Tätigkeit selbst. Diesen Charakter scheinen einmal die tugendgemäßen Handlungen zu haben, da es an sich begehrenswert ist, schön
und tugendhaft zu handeln, sodann die Unterhaltungen,
die dem Genuß dienen, da man sie nicht als Mittel zum

Zweck begehrt. Man hat ja mehr Schaden als Nutzen von ihnen, indem man ihretwegen Gesundheit und Vermögen vernachlässigt. Zu solchem Zeitvertreib nimmt die Mehrheit derer, die die Welt glücklich preist, ihre Zuflucht. Darum stehen bei den Großen der Erde diejenigen, die dererlei Kurzweil gut zu veranstalten wissen, in so hoher Gunst. Sie machen sich ihnen angenehm in dem, wonach ihr Sinn steht; nun sind es aber gerade solche Dinge, die sie zu bedürfen glauben. So gewinnt es denn den Anschein, als ob derartiges ein notwendiger Bestandteil der Glückseligkeit wäre, da die Machthaber ihre Mußestunden damit zubringen. Indessen dürfte das Verhalten solcher Männer wohl nichts beweisen. Denn Tugend und Verstand, diese Quellen jeder schönen Tat, beruhen nicht auf dem Besitz der Macht. Und wenn jene Menschen, da der Geschmack für reine und edle Freude ihnen fehlt, ihre Zuflucht zu den sinnlichen Ergötzungen nehmen, so darf man darum nicht glauben, daß diese begehrenswerter sind. Glauben doch auch Kinder, das sei das Höchste, was bei ihnen etwas gilt. So ist es denn begreiflich, daß, so wie für Kinder andere Dinge Wert haben als für Erwachsene, so auch für schlechte Menschen andere Dinge als für tugendhafte. Wie wir also schon oft wiederholt haben, wertvoll und genußreich zugleich ist das, was dem guten Mann solches ist. Nun ist aber einem jeden diejenige Tätigkeit am liebsten, die seiner eigentümlichen Beschaffenheit entspricht. Also kann das für den guten Mann nur die der Tugend gemäße Tätigkeit sein.

Die Glückseligkeit besteht mithin nicht in den Vergnügungen, nicht in Spiel und Scherz. Es wäre ja ungereimt, wenn unsere Endbestimmung Spiel und Scherz wäre, und wenn die Mühe und das Leid eines ganzen Lebens das bloße Spiel zum Ziel hätten. Fast alles begehren wir als Mittel, ausgenommen die Glückseligkeit, die ja Zweck ist. Nun erscheint es doch als töricht und gar zu kindisch, kindischen Spieles wegen zu arbeiten und sich anzustrengen; dagegen der Spruch des *Anacharsis:* »Spielen, um zu arbeiten«, darf als die richtige Maxime gelten. Das Spiel ist ja eine Art Erholung, und der Erholung bedürfen wir darum, weil wir nicht ununterbrochen arbeiten können. Nun ist aber die Erholung nicht Zweck, weil sie der Tätigkeit wegen da ist.

Auch scheint das glückselige Leben ein tugendhaftes Leben zu sein. Dieses aber ist ein Leben ernster Arbeit, nicht lustigen Spiels. Das Ernste nennen wir ja besser als das Scherzhafte und Lustige, und die Tätigkeit des besseren Teiles und Menschen nennen wir immer auch ernster. Nun ist aber die Tätigkeit des Besseren vorzüglicher und so denn auch seliger. Auch kann die sinnliche Lust der erste beste genießen, der Sklave nicht minder als der ausgezeichnetste Mensch. Die Glückseligkeit aber erkennt niemand einem Sklaven zu, außer, es müßte auch sein Leben dem entsprechen. Denn die Glückseligkeit besteht nicht in solchen Vergnügungen, sondern in den tugendgemäßen Tätigkeiten, wie wir schon früher erklärt haben.

Siebentes Kapitel

Ist aber die Glückseligkeit eine der Tugend gemäße Tätigkeit, so muß dieselbe natürlich der vorzüglichsten Tugend gemäß sein, und das ist wieder die Tugend des Besten in uns. Mag das nun der Verstand oder etwas anderes sein, was da seiner Natur nach als das Herrschende und Leitende auftritt und das wesentlich Gute und Göttliche zu erkennen vermag, sei es selbst auch göttlich oder das Göttlichste in uns: *– immer wird seine seiner eigentümlichen Tugend gemäße Tätigkeit die vollendete Glückseligkeit sein.*

Daß diese Tätigkeit *theoretischer* oder *betrachtender* Art ist, haben wir bereits gesagt. Man sieht aber auch, daß das sowohl mit unseren früheren Ausführungen wie mit der Wahrheit übereinstimmt.

Denn zunächst ist diese Tätigkeit die vornehmste. Der Verstand oder die Vernunft ist nämlich das Vornehmste in uns, und die Objekte der Vernunft sind wieder die vornehmsten im ganzen Feld der Erkenntnis.

Sodann ist sie die anhaltendste. Anhaltend betrachten oder denken können wir leichter, als irgend etwas Äußerliches anhaltend tun.

Ferner geht die gemeine Meinung dahin, daß die Glückseligkeit mit Lust verbunden sein muß. Nun ist aber unter allen tugendgemäßen Tätigkeiten die der Weisheit zugewandte eingestandenermaßen die genußreichste und seligste. Und, in der Tat bietet das Studium der Weisheit Genüsse von wunderbarer Reinheit und Beständigkeit, selbstverständlich ist aber der Genuß noch größer, wenn man schon weiß, als wenn man erst sucht.

Auch was man Genügsamkeit nennt, findet sich am meisten bei der Betrachtung. Was zum Leben erforderlich ist, dessen bedarf auch der Weise und der Gerechte und die Inhaber der anderen sittlichen Tugenden. Sind sie aber mit dergleichen ausreichend versehen, so bedarf der Gerechte noch solcher, gegen die und mit denen er gerecht handeln kann, und das gleiche gilt von dem Mäßigen, dem Mutigen und jedem anderen; der Weise dagegen kann, auch wenn er für sich ist, betrachten, und je weiser er ist, desto mehr; vielleicht kann er es besser, wenn er Mitarbeiter hat, aber immerhin ist er sich selbst am meisten genug.

Und, von ihr allein läßt sich behaupten, daß sie ihrer selbst wegen geliebt wird. Sie bietet uns ja außer dem Denken und Betrachten sonst nichts; vom praktischen Handeln dagegen haben wir noch einen größeren oder kleineren Gewinn außer der Handlung.

Und, die Glückseligkeit scheint in der Muße zu bestehen. Wir opfern unsere Muße, um Muße zu haben, und wir führen Krieg, um in Frieden zu leben. Die praktischen Tugenden nun äußern ihre Tätigkeit im bürgerlichen Leben oder im Krieg. Die Aktionen auf diesen Gebieten aber dürften sich mit der Muße kaum vertragen. Die kriegerische Tätigkeit schon gar nicht. Niemand will Krieg und Kriegsrüstungen des Krieges wegen. Denn man müßte als ein ganz blutdürstiger Mensch erscheinen, wenn man sich seine Freunde zu Feinden machte, nur damit es Kampf und Blutvergießen gäbe. Aber auch die friedliche Tätigkeit im Dienst des Gemeinwesens verträgt sich nicht mit der Muße und verfolgt neben der Besorgung der öffentlichen Angelegenheiten selbst den Besitz der Macht und den Genuß der Ehren oder doch das wahre Lebensglück für die eigene Person und die Mitbürger als ein Ziel, das vom Staatsdienst verschieden ist, und das wir Menschen auch durch das Leben in der staatlichen Gemeinschaft zu erreichen suchen, selbstverständlich als etwas von diesem Leben selbst Verschiedenes. Wenn also nun zwar unter allen tugendhaften Handlungen diejenigen, die sich um Staat und Krieg drehen, an Schönheit und Größe obenan stehen, und sie gleichwohl mit der Muße unvereinbar und auf ein außer ihnen liegendes Ziel gerichtet sind und also nicht ihrer selbst wegen begehrt werden, und wenn dagegen die Tätigkeit der Vernunft, die denkende, ebensowohl an Ernst und Würde hervorragt, als sie keinen anderen Zweck hat, als sich selbst, auch eine eigentümliche Lust und Seligkeit in sich schließt, die die Tätigkeit steigert, so sieht man klar, daß in dieser Tätigkeit, soweit es menschenmöglich ist, sich die Genügsamkeit, die Muße, die Freiheit von Ermüdung und alles, was man sonst noch dem Glückseligen beilegt, finden muß. *Und somit wäre dies die vollendete Glückseligkeit des Menschen, wenn sie außerdem noch die volle Länge eines Lebens dauert, da nichts, was zur Glückseligkeit gehört, unvollkommen sein darf.*

Aber das Leben, in dem sich diese Bedingungen erfüllen, ist höher, als es dem Menschen als Menschen zukommt. Denn so kann er nicht leben, insofern er Mensch ist, sondern nur insofern er etwas *Göttliches* in sich hat. So groß aber der Unterschied ist zwischen diesem Göttlichen selbst und dem aus Leib und Seele zusammengesetzten Menschenwesen, so groß ist auch der Unterschied zwischen der Tätigkeit, die von diesem Göttlichen ausgeht, und allem sonstigen tugendgemäßen Tun. Ist nun die Vernunft im Vergleich mit dem Menschen etwas Göttliches, so muß auch das Leben nach der Vernunft im Vergleich mit dem menschlichen Leben göttlich sein.

Man darf aber nicht jener Mahnung Gehör geben, die uns anweist, unser Streben als Menschen auf Menschliches und als Sterbliche auf Sterbliches zu beschränken, sondern wir sollen, soweit es möglich ist, uns bemühen, unsterblich zu sein, und alles zu dem Zweck tun, dem Besten, was in uns ist, nachzuleben. Denn wenn es auch klein ist an Umfang, so ist es doch an Kraft und Wert das bei weitem über alles Hervorragende. Ja, man darf sagen: dieses Göttliche in uns ist unser wahres Selbst, wenn anders es unser vornehmster und bester Teil ist. Mithin wäre es ungereimt, wenn einer nicht sein eigenes Leben leben wollte, sondern das eines anderen. Und was wir oben gesagt haben, paßt auch hierher. Was einem Wesen von Natur eigentümlich ist im Unterschied von anderen, ist auch für dasselbe das Beste und Genußreichste. Also ist dies für den Menschen das Leben nach der Vernunft, wenn anders die Vernunft am meisten der Mensch ist. Mithin ist dieses Leben auch das glückseligste.

Philosophieren, um glücklich zu werden

Epikur, *Brief an Menoikeus*

Epikur wünscht dem Menoikeus Glück.

Weder soll, wer noch ein Jüngling ist, zögern zu philosophieren, noch soll, wer schon Greis geworden, ermatten im Philosophieren. Denn weder ist jemand zu unerwachsen noch bereits entwachsen im Blick auf das, was in der Seele gesunden läßt. Wer aber sagt, zum Philosophieren sei noch nicht das rechte Alter, oder, vorübergegangen sei das rechte Alter, ist dem ähnlich, der sagt, für das Glück sei das rechte Alter noch nicht da oder nicht mehr da. Philosophieren also muß der Jüngling wie der Greis, der eine, um alternd jugendfrisch zu bleiben an seinen Gütern aus Dankbarkeit für das Vergangene, der andere, um zugleich jung und altersweise zu sein aus mangelnder Furcht vor dem Künftigen. Zu beherzigen gilt es denn, was das Glück verschafft; denn ist es anwesend, haben wir alles, ist es abwesend, tun wir alles, damit wir es haben.

Wozu ich dich beständig mahnte, dies tu und übe ein, weil du darin die Elemente des vollkommenen Lebens klar erfaßt. Zuallererst: wenn du die Gottheit für ein unvergängliches und glückseliges Wesen hältst, wie die allgemeine Anschauung der Gottheit vorgeprägt wurde, dann hänge ihr nichts an, was ihrer Unvergänglichkeit fremd oder mit ihrer Glückseligkeit unvereinbar ist. Vermute dagegen alles über sie, was ihre mit Unvergänglichkeit verbundene Glückseligkeit unversehrt zu bewahren vermag. Denn Götter gibt es tatsächlich: unmittelbar einleuchtend ist deren Erkenntnis. Wofür sie jedoch die Masse hält, so geartet sind sie nicht. Denn sie bewahrt dabei gerade das nicht unversehrt, wofür sie sie eigentlich hält. Ehrfurchtslos aber ist nicht der, der die Götter der Masse abschafft, sondern der, der die Vermutungen der Masse den Göttern anhängt. Denn nicht unmittelbare Vor-Begriffe, sondern trügerische Vorstellungen bilden die Urteile der Masse über die Götter. Daher kommt es, daß der größte Schaden von seiten der Götter ebenso durch die schlechten Menschen herbeigeführt wird wie der größte Nutzen durch die guten. Denn indem die Menschen sie ihren eigenen Vorzügen ganz und gar angleichen, entdecken sie nur ihnen ähnliche Wesen wieder, weil sie alles, was nicht gleichartig ist, für fremd halten.

Gewöhne dich ferner daran zu glauben, der Tod sei nichts, was uns betrifft. Denn alles Gute und Schlimme ist nur in der Empfindung gegeben; der Tod aber ist die Vernichtung der Empfindung. Daher macht die richtige Erkenntnis – der Tod sei nichts, was uns betrifft – die Sterblichkeit des Lebens erst genußfähig, weil sie nicht eine unendliche Zeit hinzufügt, sondern die Sehnsucht nach der Unsterblichkeit von uns nimmt. Denn es gibt nichts Schreckliches im Leben für den, der im vollen Sinne erfaßt hat, daß nichts Schreckliches im Nicht-Leben liegt. Darum schwätzt der, der sagt, er fürchte den Tod nicht, weil er ihn bedrücken wird, wenn er da ist, sondern weil er ihn jetzt bedrückt, wenn er noch aussteht. Denn was uns, wenn es da ist, nicht bedrängt, kann uns, wenn es erwartet wird, nur sinnlos bedrücken. Das Schauererregendste aller Übel, der Tod, betrifft uns überhaupt nicht; wenn »wir« sind, ist der Tod nicht da; wenn der Tod da ist, sind »wir« nicht. Er betrifft also weder die Lebenden noch die Gestorbenen, da er ja für die einen nicht da ist, die andern aber nicht mehr für ihn da sind. Doch die Masse flieht bisweilen den Tod als das größte aller Übel, bisweilen ersehnt sie ihn als Erholung von allen Übeln im Leben. Der Weise indes weist weder das Leben zurück, noch fürchtet er das Nicht-Leben; denn weder ist ihm das Leben zuwider, noch vermutet er, das Nicht-Leben sei ein Übel. Wie er als Speise nicht in jedem Fall die größere, sondern die am meisten lustspendende vorzieht, so schöpft er auch nicht eine möglichst lange, sondern eine möglichst lustspendende Zeit aus. Wer nun mahnt, der Jüngling solle vollendet leben, der Greis vollendet scheiden, der ist naiv, nicht nur wegen der Annehmlichkeit des Lebens, sondern auch, weil das Einüben des vollkommenen Lebens und des vollkommenen Sterbens ein und dasselbe ist. Noch weit minderwertiger ist der, der sagt, es sei gut, nicht geboren zu sein,

> »einmal geboren, dann schleunigst des Hades Tor zu durchmessen«.

Denn wenn er darauf vertraut und es deshalb behauptet: warum scheidet er dann nicht aus dem Leben? Das steht ihm ja frei, wenn es doch von ihm unumstößlich geplant war. Wenn er aber bloß spottet, so ist er ein Schwätzer unter jenen, die dies nicht zugeben.

Wir müssen uns ferner daran erinnern, daß das Künftige weder ganz und gar in unserer Macht liegt noch ganz und gar nicht in unserer Macht: wir wollen weder erwarten, daß das Künftige ganz und gar so kommen wird, noch davor verzweifeln, daß es ganz und gar nicht so kommen wird.

Wir müssen ferner berücksichtigen, daß die Begierden zum einen anlagebedingt, zum andern ziellos sind. Und zwar sind von den anlagebedingten die einen notwendig, die andern nur anlagebedingt; von den notwendigen wiederum sind die einen zum Glück notwendig, die andern zur Störungsfreiheit des Körpers, die dritten zum bloßen Leben. Denn eine unbeirrte Beobachtung dieser Zusammenhänge weiß ein jedes Wählen und Meiden zurückzuführen auf die Gesundheit des Körpers und die Unerschütterlichkeit der Seele: denn dies ist das Ziel des glückseligen Lebens. Um dessentwillen tun wir ja alles, damit wir weder Schmerz noch Unruhe empfinden. Sooft dies

einmal an uns geschieht, legt sich der ganze Sturm der
Seele, weil das Lebewesen nicht imstande ist, weiterzuge-
hen wie auf der Suche nach etwas, was ihm mangelt, und
etwas anderes zu erstreben, wodurch sich das Wohlbefin-
den der Seele und des Körpers erfüllen würde. Denn nur
dann haben wir ein Bedürfnis nach Lust, wenn wir deswegen, weil uns die Lust fehlt, Schmerz empfinden; wenn
wir aber keinen Schmerz empfinden, bedürfen wir auch
der Lust nicht mehr.

Gerade deshalb ist die Lust, wie wir sagen, Ursprung
und Ziel des glückseligen Lebens. Denn sie haben wir als
erstes und angeborenes Gut erkannt, und von ihr aus beginnen wir mit jedem Wählen und Meiden, und auf sie gehen wir zurück, indem wir wie mit einem Richtscheit mit
der Empfindung ein jedes Gut beurteilen. Und gerade
weil dies das erste und in uns angelegte Gut ist, deswegen
wählen wir auch nicht jede Lust, sondern bisweilen übergehen wir zahlreiche Lustempfindungen, sooft uns ein
übermäßiges Unbehagen daraus erwächst. Sogar zahlreiche Schmerzen halten wir für wichtiger als Lustempfindungen, wenn uns eine größere Lust darauf folgt, daß wir
lange Zeit die Schmerzen ertragen haben. Jede Lust also
ist, weil sie eine verwandte Anlage hat, ein Gut, jedoch
nicht jede ist die ist wählenswert; wie ja auch jeder Schmerz ein
Übel ist, aber nicht jeder ist in sich so angelegt, daß er immer vermeidenswert wäre. Doch durch vergleichendes
Messen und den Blick auf Zuträgliches und Unzuträgli-
ches ist dies alles zu beurteilen. Denn wir verfahren mit
dem Gut zu bestimmten Zeiten wie mit einem Übel, mit
dem Übel ein andermal wie mit einem Gut.

Auch die Selbstgenügsamkeit halten wir für ein großes
Gut, nicht damit wir es ganz und gar mit dem Wenigen
genug sein lassen, sondern um uns dann, wenn wir das
Meiste nicht haben, mit dem Wenigen zu begnügen, da
wir im vollen Sinne überzeugt sind, daß jene am lustvoll-
sten den Aufwand genießen, die seiner am wenigsten be-

dürfen, und daß alles Anlagebedingte leicht, das Ziellose aber schwer zu beschaffen ist. Denn bescheidene Suppen verschaffen eine ebenso starke Lust wie ein aufwendiges Mahl, sooft das schmerzhafte Gefühl des Mangels aufgehoben wird; auch Brot und Wasser spenden höchste Lust, wenn einer sie aus Mangel zu sich nimmt. Sich also zu gewöhnen an einfache und nicht aufwendige Mahlzeiten befähigt zu voller Gesundheit, macht den Menschen unbeschwert gegenüber den notwendigen Anforderungen des Lebens, stärkt unsere Verfassung, wenn wir uns in Abständen zu aufwendigen Mahlzeiten aufmachen, und entläßt uns angstfrei gegenüber dem Zufall.

Wenn wir also sagen, die Lust sei das Ziel, meinen wir damit nicht die Lüste der Hemmungslosen und jene, die im Genuß bestehen, wie einige, die dies nicht kennen und nicht eingestehen oder böswillig auffassen, annehmen, sondern: weder Schmerz im Körper noch Erschütterung in der Seele zu empfinden. Denn nicht Trinkgelage und aneinandergereihte Umzüge, auch nicht das Genießen von Knaben und Frauen, von Fischen und allem übrigen, was eine aufwendige Tafel bietet, erzeugen das lustvolle Leben, sondern ein nüchterner Verstand, der die Gründe für jedes Wählen und Meiden aufspürt und die bloßen Vermutungen vertreibt, von denen aus die häufigste Erschütterung auf die Seelen übergreift.

Für all dies ist die Einsicht Ursprung und höchstes Gut. Daher ist die Einsicht sogar wertvoller als die Philosophie: ihr entstammen alle übrigen Tugenden, weil sie lehrt, daß es nicht möglich ist, lustvoll zu leben, ohne einsichtsvoll, vollkommen und gerecht zu leben, ebensowenig, einsichtsvoll, vollkommen und gerecht zu leben, ohne lustvoll zu leben. Denn die Tugenden sind ursprünglich verwachsen mit dem lustvollen Leben, und das lustvolle Leben ist von ihnen untrennbar.

Denn wer, glaubst du, ist stärker als jener, der über die Götter ehrfürchtige Vermutungen hegt, der gegenüber dem Tod ganz und gar angstfrei ist, der das Ziel unserer Veranlagung durchdacht hat und klar erfaßt, daß das Höchstmaß der Güter leicht zu erfüllen und leicht zu beschaffen ist, das Höchstmaß der Übel aber flüchtige Phasen oder Qualen aufweist? Das von manchen als Herrin über alles eingeführte Schicksal verspottet er. Denn er bestimmt sich selbst als Verantwortlichen für seine Handlungen, indem er festsetzt, daß manches mit Notwendigkeit eintritt, manches infolge des Zufalls, manches in unserer Hand liegt, weil die Notwendigkeit verantwortungsfrei ist und weil er sieht, daß der Zufall unstet und das, was in unserer Hand liegt, herrenlos ist: ihm folgt ja auch zwingend der Tadel und sein Gegenteil. Denn es wäre besser, dem Mythos über die Götter zu folgen, als dem »Schicksal« der Naturphilosophen sklavisch ergeben zu sein. Denn der Mythos entwirft eine Aussicht auf Erhörung von seiten der Götter auf dem Wege ihrer Verehrung, das Schicksal aber weist eine unerbittliche Notwendigkeit auf. Den Zufall faßt er weder als einen Gott auf, wie die Masse meint – denn nichts wird von der Gottheit ungeordnet vollbracht – noch als eine unausgewiesene Ursache: er glaubt nämlich nicht, von ihm werde Gutes oder Übles den Menschen zum glückseligen Leben gegeben, vielmehr würden nur die Anfänge großer Güter oder Übel von ihm gelenkt. Für besser hält es er, trotz richtiger Überlegung einen Mißerfolg als trotz verkehrter Überlegung einen Zufallserfolg zu haben; denn es ist eher angemessen, wenn sich beim Handeln ein gutes Urteil nicht bestätigt, als wenn sich ein schlechtes Urteil nur durch den Zufall bestätigt.

Dies also und was dazugehört bedenke Tag und Nacht bei dir selbst und zusammen mit dem, der dir gleicht. Dann wirst du dich niemals, weder wachend noch schlafend, erschüttern lassen, und du wirst leben wie ein Gott unter den Menschen. Denn es gleicht keinem sterblichen Wesen der Mensch, der inmitten unsterblicher Güter lebt.

DAVID HUME

Die Liebe zur Wahrheit

Hume, *Ein Traktat über die menschliche Natur.* Erstes
Buch: *Über den Verstand,* »Schluß dieses Buches«
(1.4.7, Auszug), und Zweites Buch: *Über die Affekte,*
»Von der Wißbegierde oder der Liebe zur Wahrheit«
(2.3.10)

Wenn ich des Vergnügens und der Geselligkeit müde bin,
und mich in meinem Zimmer oder auf einem einsamen
Spaziergang an dem Ufer eines Flusses in Träumereien er-
gangen habe, so fühle ich mich innerlich wieder ganz gesammelt; ich verspüre wieder eine natürliche Neigung,
meinen Blick den Dingen zuzuwenden, die mir in Bü-
chern und in der Unterhaltung vorgekommen und da Gegenstand von allerlei Meinungsverschiedenheiten gewesen
sind. Ich kann nicht umhin, Verlangen zu tragen nach der
Erkenntnis der Grundlagen des moralisch Guten und
Schlechten, nach der Erkenntnis des Wesens und der Bedingungen des Staates, nach einer Einsicht in die Ursache
der verschiedenen Affekte und Neigungen, die mich bewegen und beherrschen. Es ist mir unbehaglich, zu denken, daß ich eine Sache billige, eine andere mißbillige, ein
Ding schön und ein anderes häßlich nenne, über Wahrheit
und Unwahrheit, Vernunft und Torheit entscheide, ohne
zu wissen, aus was für Gründen ich den Entscheid fälle.
Es tut mir leid um die wissenschaftliche Welt, die sich in
allen diesen Punkten in so beklagenswerter Unwissenheit
befindet. Ich fühle den Ehrgeiz sich in mir regen, zur Belehrung der Menschheit etwas beizutragen und durch Erfindungen und Entdeckungen mir einen Namen zu erwerben. Diese Gedanken kommen mir in der Verfassung, in

der ich mich jetzt befinde, von selbst; ich fühle, wenn ich versuchen wollte, mich einer anderen Beschäftigung oder Zerstreuung zuzuwenden und dadurch jene Gedanken zu verbannen, so würde ich eine Einbuße an innerer Befriedigung erleiden. Dies ist der Ursprung meiner Philosophie.

Angenommen aber selbst, diese Wißbegierde und dieser Ehrgeiz wären nicht imstande, mich in solche außerhalb der Sphäre des alltäglichen Lebens liegende Spekulationen hineinzuziehen, so würde schon meine Schwäche mich in dergleichen Untersuchungen verwickeln müssen. Der Aberglaube tritt ohne Zweifel in seinen Lehren und Annahmen viel kühner auf als die Philosophie. Während die letztere sich damit begnügt, für die Erscheinungen der sichtbaren Welt bis dahin unbekannte Gründe zu statuieren, eröffnet uns der erstere eine völlig neue Welt und führt uns Szenen, Wesen und Gegenstände vor, die sonst vollständig unbekannt sind. Nun ist es dem menschlichen Geist fast unmöglich, Tieren gleich in dem engen Kreise der Dinge, welche den Gegenstand der täglichen Unterhaltung und Tätigkeit bilden, sich zu beruhigen. Wir müssen uns nur über die Wahl unseres Führers entscheiden. Dabei gebührt aber dem der Vorzug, der am sichersten und angenehmsten leitet. Ich erkühne mich nun zu solcher Führerschaft die Philosophie zu empfehlen; ich trage kein Bedenken, ihr vor dem Aberglauben, welcher Art er auch sei und wie er sich nenne, den Vorzug zu geben. Da der Aberglaube in völlig natürlicher Weise, ohne besondere geistige Bemühung aus den alltäglichen Anschauungen der Menschen entspringt, so erfaßt er den Geist mächtiger als die Philosophie, und kann darum gar leicht uns in unserer Lebensführung und unseren Handlungen stören. Dagegen führt die Philosophie, wenn sie echt ist, zu einer milden und maßvollen Denkweise; und ist sie falsch und überspannt, so sind ihre Anschauungen nur Sache einer kühlen und allgemeinen Spekulation und gehen selten so weit, unseren natürlichen Neigungen ein Hindernis in den Weg

zu setzen. Bei den Cynikern freilich begegnen wir dem
außergewöhnlichen Fall, daß Philosophen aus rein philosophischen Überlegungen heraus zu einer Lebensweise
gelangten, so extravagant, wie sie nur irgend ein Mönch
oder Derwisch je gezeigt hat. Im allgemeinen aber sind die
Irrtümer in der Religion gefährlich, die Irrtümer in der
Philosophie lediglich lächerlich.

Wenn ich hier darauf hinweise, wie sowohl die Stärke
als die Schwäche des menschlichen Geistes zur Philosophie hinführt, so weiß ich freilich, daß manche weder auf
die eine noch auf die andere Weise zu ihr hingeführt werden. Besonders in England gibt es viele biedere Herren,
die stets mit ihren häuslichen Angelegenheiten beschäftigt
und ihr Vergnügen in den alltäglichen Erholungen su-
chend, ihre Gedanken wenig über die Dinge hinaus-
schweifen lassen, die sich Tag für Tag ihren Sinnen dar-
bieten. Aus diesen Leuten verlange ich aber auch nicht
Philosophen zu machen. Ich erwarte nicht, daß sie unsere
Untersuchungen mitmachen oder auch nur von ihren Ergebnissen Notiz nehmen. Sie tun wohl daran, zu bleiben,
was sie sind. Anstatt sie zu Philosophen zu verfeinern,
möchte ich vielmehr, ich könnte den Begründern unserer
philosophischen Systeme etwas von dieser groben erdigen
Mischung, aus der sie bestehen, zu teil werden lassen. Das
wäre ein Ingrediens, das sie in der Regel sehr gut brauchen
könnten, und das dazu dienen würde, die Wirkung der
feurigen Teilchen, aus denen sie zusammengesetzt sind, zu
mäßigen. Solange es dem Feuer der Einbildungskraft erlaubt ist, in der Philosophie mitzureden, und Annahmen
Zustimmung finden, bloß weil sie bestechend und angenehm sind, können wir niemals zu festen Prinzipien gelangen, nie Anschauungen gewinnen, die mit der Praxis
des Lebens und der Erfahrung übereinstimmen. Wären
jene Annahmen einmal abgetan, so könnten wir hoffen,
eine Lehre oder ein System von Anschauungen aufzustel-
len, die, wenn nicht wahr (das ist vielleicht mehr als wir

hoffen können), so doch wenigstens für den menschlichen Geist befriedigend wären und der kritischsten Untersuchung standhielten. Wir dürfen aber auch trotz der vielen eiteln Lehren, die nacheinander unter den Menschen emporgekommen und wiederum in nichts zergangen sind, angesichts der Kürze des Zeitraumes, während dessen bis jetzt das Studium und die Untersuchung dieser Fragen getrieben worden ist, an der Erreichung dieses Zieles nicht verzweifeln. Zweitausend Jahre sind, bei so langen Unterbrechungen und bei so vielem, was den Forscher entmutigen konnte, für die Vollendung der Wissenschaften, wenn dies Ziel auch nur einigermaßen erreicht werden soll, eine kurze Spanne Zeit. Wir befinden uns vielleicht noch in einem zu frühen Weltzeitalter, um Prinzipien zu entdecken, die der Prüfung der letzten Generationen standhalten. Ich meinesteils hoffe hier nur zur Förderung der Erkenntnis ein klein wenig beizutragen, dadurch nämlich, daß ich den Spekulationen der Philosophen in einigen Beziehungen eine andere Richtung gebe und etwas deutlicher die Punkte aufzeige, in denen sie allein Gewißheit und sichere Überzeugung zu gewinnen erwarten können. Die menschliche Natur ist der einzige eigentliche Gegenstand menschlicher Wissenschaft; und doch ist ihr Studium bis jetzt am meisten vernachlässigt worden. Es genügt mir, wenn ich sie ein bischen mehr in die Mode bringen kann; diese Hoffnung dient dazu, mein Gemüt vor jener Hypochondrie zu schützen, und es gegen jene Indolenz* zu stärken, die mich bisweilen beherrschen. Wenn der Leser sich in der gleichen glücklichen Gemütsverfassung befindet, so mag er mir in meinen weiteren Spekulationen folgen; wenn nicht, so folge er seiner Neigung und warte ab, bis ihm Interesse und gute Laune wiederkehren. Das Verhalten eines Menschen, der in dieser sorglosen Weise Philosophie studiert, ist in Wahrheit in höherem Grade ein

---

* Trägheit, Antriebslosigkeit, Gleichgültigkeit

echt skeptisches als das eines Menschen, der Neigung zur Philosophie in sich verspürt, und doch von Zweifeln und Gedanken so überwältigt wird, daß er sie schließlich ganz und gar abweist. Ein richtiger Skeptiker wird seinen philosophischen Zweifeln ebenso sehr mißtrauen, wie seiner philosophischen Überzeugung, er wird aber zugleich die unschuldige Befriedigung, die sich ihm, sei es aus dem Zweifel, sei es aus seiner positiven Überzeugung ergibt, nicht abweisen.

Wir sollten aber nicht nur, trotz unserer skeptischen Grundsätze, unsere philosophische Neigung *im allgemeinen* in wohldurchdachten philosophischen Untersuchungen befriedigen, sondern auch dem Drang nachgeben, der uns antreibt, in *bestimmten einzelnen Punkten*, so wie dieselben in einem *bestimmten einzelnen Falle* sich uns darstellen, eine feste und sichere Einsicht zu gewinnen. Es ist leichter, alles Forschen und alle Untersuchung aufzugeben, als uns gegenüber dieser so natürlichen Neigung Zwang aufzuerlegen. Es gelingt uns aber, wenn wir ihr folgen, nur schwer, uns vor der Zuversichtlichkeit in Acht zu nehmen, die stets aus einer genauen und vollständigen Betrachtung eines Gegenstandes fließt. Bei einer solchen sind wir vielmehr geneigt, nicht nur unseren Skeptizismus, sondern auch unsere Bescheidenheit zu vergessen. Wir gebrauchen dann Ausdrücke, wie »*es ist augenscheinlich, es ist sicher, es läßt sich nicht leugnen,*« Ausdrücke, welche gebührende Achtung vor dem Publikum am Ende verhindern sollte. Auch ich bin vielleicht, nach dem Vorbild anderer, in diesen Fehler verfallen; aber ich verwahre mich hier gegen alle Einwände, die auf Grund davon gegen mich erhoben werden könnten und erkläre, daß mir solche Ausdrücke nur durch die augenblickliche Betrachtung des Gegenstandes abgenötigt wurden. Sie beruhen weder auf dogmatischer Gesinnung, noch darauf, daß ich mir allzuviel auf meine Urteile einbilde; Dinge, die, wie ich wohl weiß, niemand anstehen, einem Skeptiker weniger als irgend jemand sonst.

Zehnter Abschnitt.

Von der Wißbegierde oder der Liebe zur Wahrheit.

Wir haben uns, so scheint mir, einer kleinen Unachtsamkeit schuldig gemacht, in dem wir den menschlichen Geist nach so vielen Seiten hin betrachteten und insbesondere so vielerlei Affekte untersuchten, ohne auch nur einmal der Liebe zur Wahrheit zu gedenken, die doch die erste Quelle aller unserer Untersuchungen war. Es ist wohl am Platze, daß wir, ehe wir unser Thema verlassen, diesem Affekt besonderes Nachdenken zuwenden und seinen Ursprung in der menschlichen Natur aufzeigen. Derselbe ist ein Affekt von so eigener Art, daß es unmöglich gewesen wäre, ihn in irgend einer der Rubriken, die wir untersucht haben, zu behandeln, ohne die Gefahr der Unklarheit und Verwirrung heraufzubeschwören.

Die Wahrheit ist von zweierlei Art; sie besteht entweder in der Entdeckung einer Beziehung der Vorstellungen an sich betrachtet, oder in der Übereinstimmung unserer Vorstellungen von den Dingen mit deren wirklicher Existenz. Sicher wird die erstere Art der Wahrheit nicht allein um der Wahrheit willen gewünscht; nicht die Richtigkeit unserer Schlußfolgerungen für sich allein gewährt uns Lust. Unser Schluß ist ja ebenso richtig, wenn wir die Gleichheit zweier Körper vermittelst des Zirkels kennen lernen, als wenn wir sie durch mathematische Demonstration feststellen. In dem letzteren Fall ist der Beweis ein demonstrativer, im ersteren nur ein Beweis für die Sinne, aber der Geist gewinnt, allgemein gesprochen, in dem einen wie in dem anderen Falle eine gleich sichere Überzeugung. Und bei einfachen arithmetischen Operationen, bei denen die Wahrheit, ebenso wie unsere Gewißheit von völlig derselben Art sind, wie bei dem tiefsten algebraischen Problem, ist trotzdem die Lust sehr unbedeutend, wenn sie nicht gar in Unlust umschlägt. Dies ist ein deutlicher Beweis dafür, daß die Befriedigung, die uns da und dort die Entdeckung der Wahrheit gibt, nicht aus dieser als solcher entspringt, sondern nur sich einstellt, weil dieselbe von gewissen Umständen begleitet ist.

Die erste und wichtigste Bedingung nun, die erfüllt sein muß, wenn die Wahrheit erfreulich sein soll, ist das Genie oder die geistige Kraft, welche bei ihrer Auffindung und Entdeckung aufgewandt wird. Was leicht und ohne weiteres einleuchtend ist, wird nicht geschätzt, und selbst was *an sich* schwierig ist, wird wenig geachtet, wenn wir mühelos und ohne Anspannung des Denkens und der Urteilskraft zur gesuchten Einsicht gelangen. Wir lieben es, den Demonstrationen der Mathematiker zu folgen. Aber jemand, der uns einfach über die Verhältnisse zwischen irgend welchen Linien und Winkeln Mitteilung machte, würde uns wenig interessieren, auch wenn wir das größte Vertrauen sowohl zu seinem Scharfsinn wie zu seiner Wahrhaftigkeit hätten. In diesem Fall genügt es, Ohren zu haben, damit man die Wahrheit sich aneignet. Wir werden nicht gezwungen, scharf aufzumerken oder unsern Geist anzustrengen. Dies aber ist die erfreulichste und angenehmste Art der Betätigung unseres Denkvermögens.

So gewiß aber die Betätigung der geistigen Kraft Hauptquelle der Befriedigung ist, welche uns die Wissenschaften gewähren, so bezweifle ich doch, ob sie allein ausreicht, um uns ein erhebliches Lustgefühl zu gewähren. Die Wahrheit, die wir entdecken, muß auch einigen Wert haben. Algebraische Probleme kann man leicht ins Unbegrenzte vermehren. Es gibt kein Ende in der Auffindung der Verhältnisse von Kegelschnitten; aber wenige Mathematiker finden Freude an solchen Untersuchungen. Sie richten ihre Gedanken lieber auf Etwas, das wichtiger und nützlicher ist.

Es ist aber die Frage, in welcher Weise diese Nützlichkeit und Wichtigkeit auf uns einwirkt? Das Problem bei dieser Frage liegt darin, daß viele Philosophen einerseits ihre Zeit verbracht, ihre Gesundheit zerstört, ihr Vermögen vernachlässigt haben, um Wahrheiten zu finden, von denen sie glaubten, daß dieselben nützlich und wichtig für die Welt seien, andererseits aber in ihrer ganzen Lebensführung und ihrem Verhalten keinen Gemeinsinn zeigten und keine Teilnahme für das Wohl der Menschheit verrieten. Wären sie überzeugt gewesen, daß ihre Entdeckungen ohne Bedeutung seien, so hätten sie allen Geschmack an ihren Studien verloren. Und doch waren ihnen die Folgen derselben völlig gleichgültig. Hierin scheint ein Widerspruch zu liegen.

Um denselben zu beseitigen, müssen wir in Erwägung ziehen, daß es gewisse Wünsche und Neigungen gibt, die nur in der Einbildung bestehen, und die mehr schwache Schatten und Abbilder von Affekten sind, als wirkliche Affekte. Denken wir uns einen Menschen, der die Befestigungen einer Stadt betrachtet, ihre Stärke und die Vorteile, die sie bieten, die natürlichen wie die künstlichen, erwägt, und die Anordnung und Einrichtung der Bollwerke, Wälle, Minen und anderer militärischer Werke wohl ins Auge faßt. Es liegt auf der Hand, daß ein solcher, je nachdem dies alles zweckmäßig ist, Befriedigung und entsprechende Lust empfinden wird. Da diese Lust nicht aus der Form der Gegenstände, sondern aus ihrer Brauchbarkeit entspringt, so kann sie nichts anderes sein als Mitgefühl mit den Bewohnern, zu deren Sicherheit all diese Kunst aufgewandt ist. Dabei aber kann dieser Mensch ein Fremder oder Feind sein, und demgemäß in seinem Herzen kein Wohlwollen, ja sogar eine Art von Haß gegen jene empfinden.

Nun kann hier eingeworfen werden, daß ein solches weiter abliegendes Mitgefühl eine schwache Grundlage für einen Affekt sei, und daß der Fleiß und die Mühe, die wir häufig bei Philosophen beobachten, niemals aus einem so unbedeutenden Ursprung abgeleitet werden könne. Aber hier komme ich zunächst auf das zurück, was ich schon bemerkt habe, daß nämlich die Lust am Studium hauptsächlich in der Tätigkeit des Geistes und dem Gebrauch der geistigen Kraft und des Verstandes bei der Auffindung und dem Verständnis einer Wahrheit besteht. Wenn die Wichtigkeit der Wahrheit erforderlich ist, um die Lust vollkommen zu machen, so geschieht dies nicht, weil diese Wichtigkeit an und für sich der Lust einen erheblichen Zuwachs schafft, sondern weil sie gewissermaßen notwendig ist, um unsere Aufmerksamkeit zu fesseln. Sind wir achtlos und unaufmerksam, so hat dieselbe Tätigkeit des Geistes keine Wirkung auf uns; sie ist unfähig, uns die Befriedigung zu bereiten, die aus ihr entspringt, wenn wir anders disponiert sind.

Aber außer der Betätigung der geistigen Kraft, die die Hauptgrundlage der Lust ist, muß auch noch ein gewisser Erfolg mit der Erreichung des Ziels oder der Auffindung der gesuchten Wahrheit verbunden sein. Bei diesem Anlaß will ich eine allgemeine Bemerkung machen, die in vielen Fällen von Nutzen sein kann, nämlich: Wenn der Geist einem Zweck mit Affekt nachstrebt, so stammt vielleicht dieser Affekt ursprünglich nicht von dem Zwecke her, sondern hat seinen Grund einzig in unserer Tätigkeit und Bemühung. Dennoch gewinnen wir in solchem Falle, vermöge des natürlichen Verlaufs der Affekte, auch ein Interesse für den Zweck selbst und sind unbefriedigt bei jeder Enttäuschung, die uns in unserem Streben nach demselben begegnet. Dies hat seinen Grund in dem Zusammenhang und der gleichen Richtung der erwähnten Affekte.

Um dies alles durch ein Analogon zu veranschaulichen, bemerke ich, daß keine zwei Affekte sich mehr gleichen können, als der Affekt des Jagens und der des Philosophierens; so viel Ungleichheit auch auf den ersten Blick zwischen ihnen zu bestehen scheint. Offenbar beruht ja auch die Lust am Jagen auf der kraftvollen Betätigung des Geistes und des Körpers, der Bewegung, der Aufmerksamkeit, auf der Schwierigkeit und der Ungewißheit. Zugleich ist klar, daß diese Tätigkeiten mit der Vorstellung der Nützlichkeit verbunden sein müssen, wenn sie auf uns wirken sollen. Ein sehr reicher, vom Geiz sehr weit entfernter Mensch findet Vergnügen an der Jagd auf Rebhühner und Fasanen, würde aber keine Befriedigung fühlen, wenn er Krähen und Elstern schösse, und zwar weil er die ersteren für die Tafel geeignet findet und die letzteren ihm dafür ganz unbrauchbar erscheinen. Sicher erzeugt hier die Nützlichkeit oder Wichtigkeit durch sich selbst keinen wirklichen Affekt, sondern sie ist nur erforderlich, um die Einbildungskraft anzuregen; derselbe Mensch, der einen zehnmal größeren Nutzen in allen anderen Dingen übersieht, freut sich, wenn er ein halbes Dutzend Waldschnepfen oder Regenpfeifer nach Hause bringen kann, nachdem er mehrere Stunden damit verbracht hat, ihnen nachzujagen. Um den Vergleich zwischen der Jagd und dem Philosophieren noch zu vervollständigen, bemerken wir, daß in beiden Fällen das Ziel unserer Tätigkeit an sich als geringfügig erscheinen kann, wir aber im Eifer der Tätigkeit eine solche Wertschätzung dieses Zieles gewinnen können, daß wir bei Enttäuschungen sehr unbefriedigt sind, d. h. daß wir ärgerlich werden, wenn wir unser Wild verfehlen bezw. bei unserem Nachdenken in Irrtum geraten.

Suchen wir noch ein anderes Analogon für die in Rede stehenden Affekte, so können wir auch den Affekt des Spiels heranziehen, der eine Lust gewährt, die auf denselben Gründen beruht, wie die Lust am Jagen und Philosophieren. Es wurde schon bemerkt, daß die Lust am Spiel nicht allein am Gewinn haftet; denn viele lassen um dieser Unterhaltung willen eine sichere Einnahme fahren. Ebenso gewiß aber haftet sie nicht allein am Spiel; denn dieselben Menschen empfinden keine Befriedigung, wenn sie um nichts spielen. Sondern der Affekt entsteht aus der Vereinigung dieser beiden Ursachen, während jede einzelne keine Wirkung ausübt. Es geht hier wie bei manchen chemischen Verbindungen, bei denen die Vermischung von zwei durchsichtigen und farblosen Flüssigkeiten eine dritte hervorbringt, die undurchsichtig und gefärbt ist.

Das Interesse, das wir für irgend ein Spiel haben, fesselt unsere Aufmerksamkeit; ohne dies können wir weder an dieser noch an irgend einer anderen Tätigkeit Vergnügen finden. Ist aber unsere Aufmerksamkeit einmal erregt, so werden wir durch Schwierigkeit, Abwechslung und plötzlichen Glückswechsel weiter interessiert, und aus diesem Interesse erwächst unsere Befriedigung. Das menschliche Leben ist ein so langweiliges Schauspiel und die Menschen sind meistens so schlaffer Natur, daß alles, was sie unterhält, sei es auch ein mit Schmerz gemischter Affekt, ihnen im Ganzen genommen eine merkliche Lust bereitet. Diese Lust wird hier noch durch die Natur der Gegenstände erhöht, die wahrnehmbar und bestimmt begrenzt sind, daher leicht erfaßt werden können und der Einbildungskraft angenehm sind.

Dieselbe Theorie, welche uns die Wahrheitsliebe bei der Beschäftigung mit Mathematik und Algebra verständlich macht, findet auch auf die Beschäftigung mit Moral, Politik, Naturwissenschaften und sonstigen Studien Anwendung, bei denen wir nicht nach abstrakten Beziehungen zwischen Vorstellungen, sondern nach dem wirklichen Zusammenhang und der Existenz der Objekte fragen.

Abgesehen aber von der Liebe zur Erkenntnis, die sich in den Wissenschaften betätigt, ist der menschlichen Natur endlich noch eine eigentümliche Neugierde eingepflanzt. Diese letztere ist ein Affekt, der auf einem ganz anderen Grunde beruht. Manche Menschen haben ein ganz unersättliches Verlangen, das Tun und Treiben und die Verhältnisse ihrer Nachbarn zu erfahren, obgleich ihr Interesse dabei in keiner Weise im Spiele ist, und sie sich, was die Ergebnisse ihrer Nachforschung betrifft, ganz auf andere verlassen müssen, so daß dabei kein Raum für eigenes Studium oder eigenen Fleiß bleibt. Wir wollen auch nach dem Grunde dieser Erscheinung uns umsehen.

Es ist eingehend nachgewiesen worden, daß der Glaube sowohl die geglaubte Vorstellung in der Einbildungskraft lebhafter und eindringlicher werden läßt, als auch das Schwanken und die Ungewißheit bezüglich der Vorstellung verhindert. Diese beiden Umstände sind für den bezeichneten Sachverhalt von positiver Bedeutung. Durch die Lebhaftigkeit der Vorstellung regen wir die Phantasie an, und bringen, wenn auch in geringerem Grade, dieselbe Lust hervor, die aus einem mäßigen Affekt entsteht. Und wie die Lebhaftigkeit der Vorstellung Lust gewährt, so verhindert ihre Sicherheit die Unbefriedigung, indem sie bewirkt, daß eine bestimmte Vorstellung sich in dem Geist fest setzt und ihn davor bewahrt, in der Wahl seiner Gegenstände zu schwanken. Es ist eine Eigenschaft der menschlichen Natur, die bei vielen Gelegenheiten hervortritt und die Körper und Geist miteinander gemein haben, daß ein zu schneller und heftiger Wechsel uns unangenehm ist. Sind auch die Gegenstände an sich gleichgültig, ihre Veränderung erweckt doch Unbehagen. Es liegt aber im Wesen des Zweifels, daß er einen Wechsel der Gedanken verursacht und uns plötzlich von einer Vorstellung zur anderen hinüberwirft; dadurch muß er Anlaß zur Unlust werden. Diese Unlust tritt besonders dann auf, wenn ein Ereignis uns durch seine Nützlichkeit, seinen Zusammenhang mit anderen oder seine Größe und Neuheit interessiert. Nicht über jede Tatsache wünschen wir unterrichtet zu werden; aber es ist dazu auch wiederum nicht nötig, daß unser Vorteil im Spiel ist. Es genügt, wenn die Vorstellung uns so packt und so nahe angeht, daß wir im Falle ihrer Unbeständigkeit und Veränderlichkeit Unbehagen empfinden. Wenn ein Fremder neu in eine Stadt kommt, ist es ihm vielleicht ganz gleichgültig, ob er etwas von der Geschichte und den Schicksalen ihrer Einwohner erfährt; lernt er aber die Einwohner näher kennen und hat er längere Zeit mit ihnen gelebt, so wird er von der gleichen Neugierde erfaßt, wie die Eingeborenen. Wenn wir die Geschichte einer Nation lesen, so haben wir vielleicht den brennenden Wunsch, Zweifel und Unklarheiten, die dabei auftauchen mögen, aufzuklären; aber wir werden nachlässig in unseren Nachforschungen, wenn die Vorstellungen der Ereignisse in hohem Maße verwischt sind.

IMMANUEL KANT

Nicht Gedanken, sondern denken lernen

Kant, *Nachricht von der Einrichtung
seiner Vorlesungen in dem Winterhalbenjahre
von 1765–1766* (Auszug)

Alle Unterweisung der Jugend hat dieses Beschwerliche
an sich, daß man genöthigt ist, mit der Einsicht den Jahren
vorzueilen, und, ohne die Reife des Verstandes abzuwar-
ten, solche Erkenntnisse ertheilen soll, die nach der natürlichen Ordnung nur von einer geübteren und versuchten
Vernunft könnten begriffen werden. Daher entspringen
die ewige Vorurtheile der Schulen, welche hartnäckichter
und öfters abgeschmackter sind als die gemeinen, und die
frühkluge Geschwätzigkeit junger Denker, die blinder ist
als irgend ein anderer Eigendünkel und unheilbarer als die
Unwissenheit. Gleichwohl ist diese Beschwerlichkeit nicht
gänzlich zu vermeiden, weil in dem Zeitalter einer sehr
ausgeschmückten bürgerlichen Verfassung die feinere Einsichten zu den Mitteln des Fortkommens gehören und Bedürfnisse werden, die ihrer Natur nach eigentlich nur zur
Zierde des Lebens und gleichsam zum Entbehrlich-Schö-
nen desselben gezählt werden sollten. Indessen ist es möglich den öffentlichen Unterricht auch in diesem Stücke
nach der Natur mehr zu bequemen, wo nicht mit ihr
gänzlich einstimmig zu machen. Denn da der natürliche
Fortschritt der menschlichen Erkenntniß dieser ist, daß
sich zuerst der Verstand ausbildet, indem er durch Erfahrung zu anschauenden Urtheilen und durch diese zu Begriffen gelangt, daß darauf diese Begriffe in Verhältniß mit
ihren Gründen und Folgen durch Vernunft und endlich in
einem wohlgeordneten Ganzen vermittelst der Wissen-

schaft erkannt werden, so wird die Unterweisung eben
denselben Weg zu nehmen haben. Von einem Lehrer wird
also erwartet, daß er an seinem Zuhörer erstlich den ver-
ständigen, dann den vernünftigen Mann und endlich den Gelehrten bilde. Ein solches Verfahren hat den
Vortheil, daß, wenn der Lehrling gleich niemals zu der
letzten Stufe gelangen sollte, wie es gemeiniglich geschieht, er dennoch durch die Unterweisung gewonnen
hat und, wo nicht für die Schule, doch für das Leben ge-
übter und klüger geworden.

Wenn man diese Methode umkehrt, so erschnappt der
Schüler eine Art von Vernunft, ehe noch der Verstand an
ihm ausgebildet wurde, und trägt erborgte Wissenschaft,
die an ihm gleichsam nur geklebt und nicht gewachsen ist,
wobei seine Gemüthsfähigkeit noch so unfruchtbar wie
jemals, aber zugleich durch den Wahn von Weisheit viel
verderbter geworden ist. Dieses ist die Ursache, weswegen
man nicht selten Gelehrte (eigentlich Studirte) antrifft, die
wenig Verstand zeigen, und warum die Akademien mehr
abgeschmackte Köpfe in die Welt schicken als irgend ein
anderer Stand des gemeinen Wesens.

Die Regel des Verhaltens also ist diese: zuvörderst den
Verstand zu zeitigen und seinen Wachsthum zu beschleu-
nigen, indem man ihn in Erfahrungsurtheilen übt und auf
dasjenige achtsam macht, was ihm die verglichene Emp-
findungen seiner Sinne lehren können. Von diesen Urtheilen oder Begriffen soll er zu den höheren und entlegnern
keinen kühnen Schwung unternehmen, sondern dahin
durch den natürlichen und gebähnten* Fußsteig der nied-
rigern Begriffe gelangen, die ihn allgemach weiter führen;
alles aber derjenigen Verstandesfähigkeit gemäß, welche
die vorhergehende Übung in ihm nothwendig hat hervorbringen müssen, und nicht nach derjenigen, die der Lehrer
an sich selbst wahrnimmt, oder wahrzunehmen glaubt,

---

* gebahnten, als Weg angelegten

und die er auch bei seinem Zuhörer fälschlich voraussetzt.
Kurz, er soll nicht G e d a n k e n, sondern d e n k e n lernen; man soll ihn nicht t r a g e n, sondern l e i t e n, wenn
man will, daß er in Zukunft von sich selbst zu g e h e n ge-
schickt sein soll.

Eine solche Lehrart erfordert die der Weltweisheit eigene Natur. Da diese aber eigentlich nur eine Beschäftigung
für das Mannesalter ist, so ist kein Wunder, daß sich
Schwierigkeiten hervorthun, wenn man sie der ungeübte-
ren Jugendfähigkeit bequemen will. Der den Schulunter-
weisungen entlassene Jüngling war gewohnt zu l e r n e n.
Nunmehr denkt er, er werde P h i l o s o p h i e l e r n e n,
welches aber unmöglich ist, denn er soll jetzt p h i l o s o -
p h i r e n l e r n e n. Ich will mich deutlicher erklären. Alle
Wissenschaften, die man im eigentlichen Verstande l e r -
n e n kann, lassen sich auf zwei Gattungen bringen: die
h i s t o r i s c h e und m a t h e m a t i s c h e. Zu den erstern gehören außer der eigentlichen Geschichte auch die Natur-
beschreibung, Sprachkunde, das positive Recht etc. Da
nun in allem, was historisch ist, eigene Erfahrung oder
fremdes Zeugniß, in dem aber, was mathematisch ist, die
Augenscheinlichkeit der Begriffe und die Unfehlbarkeit
der Demonstration etwas ausmachen, was in der That gegeben und mithin vorräthig und gleichsam nur aufzuneh-
men ist: so ist es in beiden möglich zu lernen, d. i. entweder in das Gedächtniß, oder den Verstand dasjenige einzu-
drücken, was als eine schon fertige Disciplin uns vorgelegt
werden kann. Um also auch Philosophie zu l e r n e n,
müßte allererst eine wirklich vorhanden sein. Man müßte
ein Buch vorzeigen und sagen können: sehet, hier ist
Weisheit und zuverlässige Einsicht; lernet es verstehen
und fassen, bauet künftighin darauf, so seid ihr Philosophen. Bis man mir nun ein solches Buch der Weltweisheit
zeigen wird, worauf ich mich berufen kann, wie etwa auf
den P o l y b, um einen Umstand der Geschichte, oder auf
den E u k l i d e s, um einen Satz der Größenlehre zu erläu-

tern: so erlaube man mir zu sagen: daß man des Zutrauens des gemeinen Wesens mißbrauche, wenn man, anstatt die Verstandesfähigkeit der anvertrauten Jugend zu erweitern und sie zur künftig reifern e i g e n e n Einsicht auszubilden, sie mit einer dem Vorgeben nach schon fertigen Weltweisheit hintergeht, die ihnen zu gute von andern ausgedacht wäre, woraus ein Blendwerk von Wissenschaft entspringt, das nur an einem gewissen Orte und unter gewissen Leuten für ächte Münze gilt, allerwärts sonst aber verrufen ist. Die eigenthümliche Methode des Unterrichts in der Weltweisheit ist z e t e t i s c h, wie sie einige Alte nannten (von ζητειν), d. i. f o r s c h e n d, und wird nur bei schon geübterer Vernunft in verschiedenen Stücken d o g - m a t i s c h, d. i. e n t s c h i e d e n. Auch soll der philosophische Verfasser, den man etwa bei der Unterweisung zum Grunde legt, nicht wie das Urbild des Urtheils, sondern nur als eine Veranlassung selbst über ihn, ja sogar wider ihn zu urtheilen angesehen werden, und die Methode s e l b s t nachzudenken und zu schließen ist es, deren Fertigkeit der Lehrling eigentlich sucht, die ihm auch nur allein nützlich sein kann, und wovon die etwa zugleich erworbene entschiedene Einsichten als zufällige Folgen angesehen werden müssen, zu deren reichem Überflusse er nur die fruchtbare Wurzel in sich zu pflanzen hat.

Vergleicht man hiemit das davon so sehr abweichende gemeine Verfahren, so läßt sich verschiedenes begreifen, was sonst befremdlich in die Augen fällt. Als z. E. warum es keine Art Gelehrsamkeit vom Handwerke giebt, darin so viele M e i s t e r angetroffen werden als in der Philosophie, und, da viele von denen, welche Geschichte, Rechtsgelahrtheit, Mathematik u. d. m. gelernt haben, sich selbst bescheiden, daß sie gleichwohl noch nicht gnug gelernt hätten, um solche wiederum zu lehren: warum andererseits selten einer ist, der sich nicht in allem Ernste einbilden sollte, daß außer seiner übrigen Beschäftigung es ihm ganz möglich wäre etwa Logik, Moral u. d. g. vorzutragen, wenn er sich mit solchen Kleinigkeiten bemengen wollte. Die Ursache ist, weil in jenen Wissenschaften ein gemeinschaftlicher Maßstab da ist, in dieser aber ein jeder seinen eigenen hat. Imgleichen wird man deutlich einsehen, daß es der Philosophie sehr unnatürlich sei eine Brodkunst zu sein, indem es ihrer wesentlichen Beschaffenheit widerstreitet, sich dem Wahne der Nachfrage und dem Gesetze der Mode zu bequemen, und daß nur die Nothdurft, deren Gewalt noch über die Philosophie ist, sie nöthigen kann, sich in die Form des gemeinen Beifalls zu schmiegen.

GEORG WILHELM FRIEDRICH HEGEL

Gedanken in den Kopf bekommen

Hegel, *Über den Vortrag der Philosophie
auf Gymnasien. Privatgutachten für den Königlich
Bayrischen Oberschulrat Immanuel Niethammer*
(Auszug)

II. Methode

A. Im allgemeinen unterscheidet man ein philosophisches
System mit seinen *besonderen Szientien** und das *Philosophieren* selbst. Nach der modernen Sucht, besonders der
Pädagogik, soll man nicht sowohl in dem *Inhalt* der Philosophie unterrichtet werden, als daß man *ohne Inhalt
philosophieren lernen* soll; das heißt ungefähr: man soll
reisen und immer reisen, ohne die Städte, Flüsse, Länder,
Menschen usf. kennenzulernen.

Fürs erste, indem man eine Stadt kennenlernt und dann
zu einem Flusse einer anderen Stadt usf. kommt, lernt
man ohnehin bei dieser Gelegenheit reisen, und man lernt
es nicht nur, sondern reist schon wirklich. So, indem man
den Inhalt der Philosophie kennenlernt, lernt man nicht
nur das Philosophieren, sondern philosophiert auch schon
wirklich. Auch wäre der Zweck des Reisenlernens selbst
nur, jene Städte usf., den *Inhalt* kennenzulernen.

Zweitens enthält die Philosophie die höchsten *vernünftigen Gedanken über die wesentlichen Gegenstände*, enthält das *Allgemeine* und *Wahre* derselben; es ist von großer Wichtigkeit, mit diesem Inhalt bekanntzuwerden und
diese *Gedanken in den Kopf zu bekommen*. Das traurige,

* Wissensbereichen

bloß formelle Verhalten, das perennierende* inhaltslose Suchen und Herumtreiben, das unsystematische Räsonieren oder Spekulieren hat das Gehaltleere, das Gedankenleere der Köpfe zur Folge, daß sie *nichts können*. Die Rechtslehre, Moral, Religion ist ein Umfang von wichtigem Inhalt; ebenso ist die Logik eine inhaltsvolle Szienz, die objektive (Kant: transzendentale) enthält die Grundgedanken vom *Sein*, *Wesen*, Kraft, Substanz, Ursache usf., die andere die *Begriffe*, *Urteile*, Schlüsse usf., ebenso wichtige Grundbestimmungen, – die Psychologie *Gefühl*, *Anschauung* usf.; – die philosophische Enzyklopädie endlich überhaupt den ganzen Umfang. Die *Wolffischen*** *Szientien*, Logik, Ontologie, Kosmologie usf., Naturrecht, Moral usf., sind mehr oder minder verschwunden; aber darum ist die Philosophie nicht weniger ein systematischer Komplex *inhaltsvoller Szientien*. – Ferner aber ist die Erkenntnis des *absolut Absoluten* (denn jene Szientien sollen ihren besonderen Inhalt auch in seiner *Wahrheit*, d. h. in seiner Absolutheit kennenlernen) nur allein möglich durch die Erkenntnis der *Totalität* in ihren Stufen eines Systems; und jene Szientien sind ihre Stufen. Die Scheu vor einem *System* fordert eine Bildsäule des Gottes, die *keine Gestalt* haben solle. Das unsystematische Philosophieren ist ein zufälliges, fragmentarisches Denken, und gerade die *Konsequenz* ist die formelle Seele zu dem wahren Inhalt.

Drittens. Das Verfahren im Bekanntwerden mit einer inhaltsvollen Philosophie ist nun kein anderes als das *Lernen*. Die Philosophie muß *gelehrt und gelernt werden*, so gut als jede andere Wissenschaft. Der unglückselige Pruritus***, zum *Selbstdenken* und *eigenen Produzieren* zu erziehen, hat diese Wahrheit in Schatten gestellt, – als ob,

---

* sture, ausdauernde
** Christian Freiherr von Wolff (1679–1754)
*** Juckreiz

wenn ich, was Substanz, Ursache, oder was es sei, lerne, *ich* nicht *selbst* dächte, als ob *ich* diese Bestimmungen nicht *selbst* in meinem Denken *produzierte*, sondern dieselben als *Steine* in dasselbe geworfen würden, – als ob ferner, indem ich ihre Wahrheit, die Beweise ihrer synthetischen Beziehungen, oder ihr dialektisches Übergehen einsehe, nicht *selbst* diese Einsicht erhielte, nicht selbst von diesen Wahrheiten mich überzeugte, – als ob, wenn ich mit dem pythagoreischen Lehrsatz und seinem Beweise bekannt geworden bin, nicht *ich selbst* diesen Satz wüßte und seine Wahrheit bewiese. Sosehr an und für sich das philosophische Studium Selbsttun ist, ebensosehr ist es ein *Lernen* – das Lernen einer *bereits vorhandenen*, ausgebildeten Wissenschaft. Diese ist ein Schatz von erworbenem, herausbereitetem, gebildetem Inhalt; dieses vorhandene Erbgut soll vom Einzelnen erworben, d. h. *gelernt* werden. Der Lehrer besitzt ihn; er denkt ihn vor, die Schüler denken ihn nach. Die philosophischen Szientien enthalten von ihren Gegenständen die *allgemeinen wahren* Gedanken; sie sind das resultierende Erzeugnis der Arbeit der denkenden Genies aller Zeiten; diese wahren Gedanken übertreffen das, was ein ungebildeter junger Mensch mit *seinem* Denken herausbringt, um ebensoviel, als jene Masse von genialischer Arbeit die Bemühung eines solchen jungen Menschen übertrifft. Das originelle, eigentümliche Vorstellen der Jugend über die wesentlichen Gegenstände ist teils noch ganz dürftig und leer, teils aber in seinem unendlich größeren Teile *Meinung, Wahn, Halbheit, Schiefheit, Unbestimmtheit*. Durch das Lernen tritt an die Stelle von diesem Wähnen die Wahrheit. Wenn einmal der Kopf voll Gedanken ist, dann erst hat er die Möglichkeit, selbst die Wissenschaft weiterzubringen und eine wahrhafte Eigentümlichkeit in ihr zu gewinnen; darum aber ist es in öffentlichen Unterrichtsanstalten, vollends in Gymnasien nicht zu tun, sondern das philosophische Studium ist wesentlich auf diesen Gesichtspunkt zu richten, daß dadurch *etwas gelernt, die Unwissenheit verjagt,* der *leere Kopf mit Gedanken und Gehalt* erfüllt und jene *natürliche Eigentümlichkeit des Denkens,* d. h. die Zufälligkeit, Willkür, Besonderheit des Meinens vertrieben werde.

B. Der philosophische Inhalt hat in seiner *Methode* und *Seele* drei Formen; 1. ist er *abstrakt,* 2. *dialektisch,* 3. *spekulativ. Abstrakt,* insofern er im Elemente des Denkens überhaupt ist; aber bloß abstrakt dem Dialektischen und Spekulativen gegenüber ist er das sogenannte *Verständige,* das die Bestimmungen in ihren festen Unterschieden festhält und kennenlernt. Das *Dialektische* ist die Bewegung und Verwirrung jener festen Bestimmtheiten, – die *negative* Vernunft. Das *Spekulative* ist das positiv Vernünftige, das *Geistige,* erst eigentlich Philosophische.

Was den Vortrag der Philosophie auf Gymnasien betrifft, so ist erstens die *abstrakte* Form zunächst die Hauptsache. Der Jugend muß zuerst das Sehen und Hören vergehen, sie muß vom konkreten Vorstellen abgezogen, in die innere Nacht der Seele zurückgezogen werden, auf diesem Boden sehen, Bestimmungen festhalten und unterscheiden lernen.

Ferner, *abstrakt lernt man denken* durch abstraktes Denken. Man kann nämlich entweder vom Sinnlichen, Konkreten anfangen wollen und dieses zum Abstrakten durch Analyse heraus- und hinaufpräparieren, so – wie es scheint – den *naturgemäßen* Gang nehmen, wie auch so vom Leichteren zum Schwereren aufsteigen. Oder aber man kann gleich vom Abstrakten selbst beginnen und dasselbe an und für sich nehmen, lehren und verständlich machen. *Erstlich,* was die Vergleichung beider Wege betrifft, so ist der erste gewiß *naturgemäßer,* aber darum der *unwissenschaftliche* Weg. Obwohl es naturgemäßer ist, daß eine das Runde ungefähr enthaltende Scheibe aus einem Baumstamme, durch Abstreifen der ungleichen, heraussteehenden Stückchen nach und nach abgerundet worden sei, so verfährt doch der Geometer nicht so, sondern er macht mit dem Zirkel oder der freien Hand *gleich* einen *genauen abstrakten* Kreis. Es ist der *Sache gemäß*, weil das Reine, das Höhere, das Wahrhafte *natura prius** ist, mit ihm in der Wissenschaft auch anzufangen; denn sie ist das Verkehrte des bloß naturgemäßen, d. h. ungeistigen Vorstellens; wahrhaft ist jenes das Erste, und die Wissenschaft soll tun, wie es wahrhaft ist. – *Zweitens* ist es ein völliger *Irrtum*, jenen naturgemäßen, beim *konkreten* Sinnlichen anfangenden und zum Gedanken fortgehenden Weg für den *leichteren* zu halten. Er ist im Gegenteil der schwerere, wie es leichter ist, die Elemente der Tonsprache, die einzelnen Buchstaben, auszusprechen und zu lesen als ganze Worte. – Weil das Abstrakte das Einfachere ist, ist es leichter aufzufassen. Das konkrete sinnliche Beiwesen ist ohnehin wegzustreifen; es ist daher überflüssig, es vorher dazu zu nehmen, da es wieder weggeschafft werden muß, und es wirkt nur *zerstreuend*. Das Abstrakte ist als solches verständlich genug, so viel nötig ist; der rechte Verstand soll ja überdies erst durch die Philosophie hineinkommen. Es ist darum zu tun, die *Gedanken* von dem Universum in den Kopf zu bekommen; die Gedanken aber sind überhaupt das Abstrakte. Das formelle *gehaltlose* Räsonnement ist freilich auch abstrakt genug. Aber es wird vorausgesetzt, daß man Gehalt und den rechten Inhalt habe; der leere Formalismus, die gehaltlose Abstraktion aber, wäre es auch über das Absolute, wird eben durch das Obige am besten vertrieben, nämlich durch Vortrag eines bestimmten Inhalts.

    Hält man sich nun bloß an die abstrakte Form des philosophischen Inhalts, so hat man eine (sogenannte) *verständige Philosophie*; und indem es auf dem Gymnasium um *Einleitung* und *Stoff* zu tun ist, so ist jener verständige Inhalt, jene systematische Masse abstrakter gehaltvoller Begriffe unmittelbar das Philosophische als *Stoff* und ist

---

* das von der Natur her Erste

Einleitung, weil der Stoff überhaupt für ein *wirkliches,* erscheinendes Denken das Erste ist. Diese erste Stufe scheint daher das Vorherrschende in der Gymnasialsphäre sein zu müssen.

Die *zweite Stufe der Form* ist das *Dialektische.* Diese ist teils schwerer als das Abstrakte, teils der nach Stoff und Erfüllung begierigen Jugend das am wenigsten Interessante. Die Kantischen Antinomien sind im Normativ angegeben in Rücksicht auf Kosmologie; sie enthalten eine tiefe Grundlage über das Antinomische der Vernunft, aber diese Grundlage liegt zu verborgen und sozusagen gedankenlos und zu wenig in ihrer Wahrheit erkannt in ihnen; anderenteils sind sie wirklich ein zu schlechtes Dialektisches – weiter nichts als geschrobene Antithesen: ich habe sie in meiner *Logik,* wie ich glaube, nach Verdienst beleuchtet. Unendlich besser ist die Dialektik der alten Eleatiker* und die Beispiele, die uns davon aufbewahrt sind. – Da eigentlich in einem systematischen Ganzen jeder neue Begriff durch die *Dialektik des Vorhergehenden* entsteht, so hat der Lehrer, der diese Natur des Philosophischen kennt, die Freiheit, allenthalben den Versuch mit der Dialektik zu machen, so oft er mag, und, wo sie keinen Eingang findet, ohne sie zum nächsten Begriff überzugehen.

Das *Dritte* ist das eigentlich *Spekulative,* d. h. die Erkenntnis des *Entgegengesetzten in seiner Einheit,* – oder genauer, daß die Entgegengesetzten in ihrer Wahrheit eins sind. Dieses Spekulative ist erst das eigentlich Philosophische. Es ist natürlich das *Schwerste;* es ist die Wahrheit, es selbst ist in gedoppelter Form vorhanden: 1. in gemeiner, dem *Vorstellen,* der *Einbildungskraft,* auch dem *Herzen* näher gebrachter Form, z. B. wenn man von dem allgemeinen, sich selbst bewegenden, und in unendlicher Form gestaltenden Leben der Natur spricht – Pantheismus und

---

* Eleaten, eine der ältesten griechischen Philosophenschulen. Als wichtigste Vertreter gelten Parmenides von Elea und Zenon von Elea.

dergleichen –, wenn man von der ewigen Liebe Gottes spricht, der darum Schöpfer ist, um zu lieben, um sich selbst in seinem ewigen Sohne und dann in einem der Zeitlichkeit dahingegebenen Sohne, der Welt anzuschauen u. dgl. Das Recht, das Selbstbewußtsein, das Praktische überhaupt enthält schon an und für sich selbst die Prinzipien oder Anfänge davon und vom *Geiste* und dem *Geistigen* ist eigentlich auch nicht *ein* Wort zu sagen als ein spekulatives, denn er ist die Einheit im Anderssein mit sich; sonst spricht man, wenn man auch die Worte Seele, Geist, Gott braucht, doch nur von Steinen und Kohlen. – Indem man nun vom Geistigen bloß abstrakt oder verständig spricht, so kann der Inhalt doch spekulativ sein, – so gut als der Inhalt der vollkommenen Religion höchst spekulativ ist. Aber dann bringt der Vortrag, er sei begeistert oder, wenn er dies nicht ist, gleichsam erzählend, den Gegenstand nur vor die *Vorstellung*, nicht in den Begriff.

Das *Begriffene*, und dies heißt das aus der Dialektik hervorgehende Spekulative ist allein das Philosophische in der *Form des Begriffs*. Dies kann nur sparsam im Gymnasialvortrag vorkommen; es wird überhaupt von wenigen gefaßt, und man kann zum Teil auch nicht recht wissen, ob es von ihnen gefaßt wird. – *Spekulativ denken lernen*, was als die Hauptbestimmung des vorbereitenden philosophischen Unterrichts im Normativ angegeben wird, ist daher gewiß als das notwendige Ziel anzusehen; die *Vorbereitung* dazu ist das abstrakte und dann das dialektische Denken, ferner die Erwerbung von *Vorstellungen* spekulativen Inhalts. Da der Gymnasialunterricht wesentlich vorbereitend ist, so wird er darin vornehmlich bestehen können, auf diese Seiten des Philosophierens hinzuarbeiten.

Gedanken aus dem Schmerz gebären

Nietzsche, *Vorrede zur zweiten Ausgabe von*
›Die Fröhliche Wissenschaft‹

Vorrede
zur zweiten Ausgabe.

1.

Diesem Buche thut vielleicht nicht nur Eine Vorrede noth;
und zuletzt bliebe immer noch der Zweifel bestehn, ob Jemand, ohne etwas Aehnliches erlebt zu haben, dem Erlebnisse dieses Buchs durch Vorreden näher gebracht
werden kann. Es scheint in der Sprache des Thauwinds geschrieben: es ist Uebermuth, Unruhe, Widerspruch, April-
wetter darin, so dass man beständig ebenso an die Nähe des
Winters als an den Sieg über den Winter gemahnt wird,
der kommt, kommen muss, vielleicht schon gekommen ist
… Die Dankbarkeit strömt fortwährend aus, als ob eben
das Unerwartetste geschehn sei, die Dankbarkeit eines Genesenden, – denn die Genesung war dieses Unerwartetste. »Fröhliche Wissenschaft«: das bedeutet die Saturnalien
eines Geistes, der einem furchtbaren langen Drucke geduldig widerstanden hat – geduldig, streng, kalt, ohne sich zu
unterwerfen, aber ohne Hoffnung –, und der jetzt mit Einem Male von der Hoffnung angefallen wird, von der
Hoffnung auf Gesundheit, von der Trunkenheit der
Genesung. Was Wunders, dass dabei viel Unvernünftiges
und Närrisches an's Licht kommt, viel muthwillige Zärt-
lichkeit, selbst auf Probleme verschwendet, die ein stach-
lichtes Fell haben und nicht darnach angethan sind, gelieb-

kost und gelockt zu werden. Dies ganze Buch ist eben
Nichts als eine Lustbarkeit nach langer Entbehrung und
Ohnmacht, das Frohlocken der wiederkehrenden Kraft,
des neu erwachten Glaubens an ein Morgen und Ueber-
morgen, des plötzlichen Gefühls und Vorgefühls von Zukunft, von nahen Abenteuern, von wieder offenen Meeren,
von wieder erlaubten, wieder geglaubten Zielen. Und was
lag nunmehr Alles hinter mir! Dieses Stück Wüste, Er-
schöpfung, Unglaube, Vereisung mitten in der Jugend, dieses eingeschaltete Greisenthum an unrechter Stelle, diese
Tyrannei des Schmerzes überboten noch durch die Tyrannei des Stolzes, der die F o l g e r u n g e n des Schmerzes ab-
lehnte – und Folgerungen sind Tröstungen –, diese radikale
Vereinsamung als Nothwehr gegen eine krankhaft helle-
herisch gewordene Menschenverachtung, diese grundsätzliche Einschränkung auf das Bittere, Herbe, Wehethuende
der Erkenntniss, wie sie der E k e l verordnete, der aus einer unvorsichtigen geistigen Diät und Verwöhnung – man
heisst sie Romantik – allmählich gewachsen war –, oh wer
mir das Alles nachfühlen könnte! Wer es aber könnte, würde mir sicher noch mehr zu Gute halten als etwas Thorheit,
Ausgelassenheit, »fröhliche Wissenschaft«, – zum Beispiel
die Handvoll Lieder, welche dem Buche dies Mal beigege-
ben sind – Lieder, in denen sich ein Dichter auf eine schwer
verzeihliche Weise über alle Dichter lustig macht. – Ach, es
sind nicht nur die Dichter und ihre schönen »lyrischen Gefühle«, an denen dieser Wieder-Erstandene seine Bosheit
auslassen muss: wer weiss, was für ein Opfer er sich sucht,
was für ein Unthier von parodischem Stoff ihn in Kürze
reizen wird? »Incipit t r a g o e d i a«* – heisst es am Schlusse
dieses bedenklich-unbedenklichen Buchs: man sei auf seiner Hut! Irgend etwas ausbündig Schlimmes und Boshaftes
kündigt sich an: incipit p a r o d i a**, es ist kein Zweifel …

---

*   »Es beginnt die Tragödie.«
**   »Es beginnt die Parodie.«

2.

– Aber lassen wir Herrn Nietzsche: was geht es uns an, dass Herr Nietzsche wieder gesund wurde? … Ein Psychologe kennt wenig so anziehende Fragen, wie die nach dem Verhältniss von Gesundheit und Philosophie, und für den Fall, dass er selber krank wird, bringt er seine ganze wissenschaftliche Neugierde mit in seine Krankheit. Man hat nämlich, vorausgesetzt, dass man eine Person ist, nothwendig auch die Philosophie seiner Person: doch giebt es da einen erheblichen Unterschied. Bei dem Einen sind es seine Mängel, welche philosophiren, bei dem Andern seine Reichthümer und Kräfte. Ersterer hat seine Philosophie nöthig, sei es als Halt, Beruhigung, Arznei, Erlösung, Erhebung, Selbstentfremdung; bei Letzterem ist sie nur ein schöner Luxus, im besten Falle die Wollust einer triumphirenden Dankbarkeit, welche sich zuletzt noch in kosmischen Majuskeln* an den Himmel der Begriffe schreiben muss. Im andren, gewöhnlicheren Falle aber, wenn die Nothstände Philosophie treiben, wie bei allen kranken Denkern – und vielleicht überwiegen die kranken Denker in der Geschichte der Philosophie –: was wird aus dem Gedanken selbst werden, der unter den Druck der Krankheit gebracht wird? Dies ist die Frage, die den Psychologen angeht: und hier ist das Experiment möglich. Nicht anders als es ein Reisender macht, der sich vorsetzt, zu einer bestimmten Stunde aufzuwachen und sich dann ruhig dem Schlafe überlässt: so ergeben wir Philosophen, gesetzt, dass wir krank werden, uns zeitweilig mit Leib und Seele der Krankheit – wir machen gleichsam vor uns die Augen zu. Und wie Jener weiss, dass irgend Etwas nicht schläft, irgend Etwas die Stunden abzählt und ihn aufwecken wird, so wissen auch wir, dass der entscheidende Augenblick uns wach finden wird, – dass dann Etwas hervorspringt und den

* Großbuchstaben

Geist auf der That ertappt, ich meine auf der Schwäche
oder Umkehr oder Ergebung oder Verhärtung oder Ver-
düsterung und wie alle die krankhaften Zustände des Geistes heissen, welche in gesunden Tagen den Stolz des Geistes wider sich haben (denn es bleibt bei dem alten Reime
»der stolze Geist, der Pfau, das Pferd sind die drei stölzes-
ten Thier' auf der Erd« –). Man lernt nach einer derartigen
Selbst-Befragung, Selbst-Versuchung, mit einem feineren
Auge nach Allem, was überhaupt bisher philosophirt worden ist, hinsehn; man erräth besser als vorher die unwill-
kürlichen Abwege, Seitengassen, Ruhestellen, Sonnen-
stellen des Gedankens, auf die leidende Denker gerade als
Leidende geführt und verführt werden, man weiss nunmehr, wohin unbewusst der kranke Leib und sein Bedürf-
niss den Geist drängt, stösst, lockt – nach Sonne, Stille, Milde, Geduld, Arznei, Labsal in irgend einem Sinne. Jede Philosophie, welche den Frieden höher stellt als den Krieg, jede
Ethik mit einer negativen Fassung des Begriffs Glück, jede
Metaphysik und Physik, welche ein Finale kennt, einen
Endzustand irgend welcher Art, jedes vorwiegend aesthetische oder religiöse Verlangen nach einem Abseits, Jenseits,
Ausserhalb, Oberhalb erlaubt zu fragen, ob nicht die
Krankheit das gewesen ist, was den Philosophen inspirirt
hat. Die unbewusste Verkleidung physiologischer Bedürfnisse unter die Mäntel des Objektiven, Ideellen, Rein-Geis-
tigen geht bis zum Erschrecken weit, – und oft genug habe
ich mich gefragt, ob nicht, im Grossen gerechnet, Philosophie bisher überhaupt nur eine Auslegung des Leibes und
ein Missverständniss des Leibes gewesen ist. Hinter den höchsten Werthurtheilen, von denen bisher die Geschichte des Gedankens geleitet wurde, liegen Missver-
ständnisse der leiblichen Beschaffenheit verborgen, sei es
von Einzelnen, sei es von Ständen oder ganzen Rassen. Man
darf alle jene kühnen Tollheiten der Metaphysik, sonderlich
deren Antworten auf die Frage nach dem Werth des Daseins, zunächst immer als Symptome bestimmter Leiber an-

sehn; und wenn derartigen Welt-Bejahungen oder Welt-
Verneinungen in Bausch und Bogen, wissenschaftlich ge-
messen, nicht ein Korn von Bedeutung innewohnt, so geben sie doch dem Historiker und Psychologen um so
werthvollere Winke, als Symptome, wie gesagt, des Leibes,
seines Gerathens und Missrathens, seiner Fülle, Mächtig-
keit, Selbstherrlichkeit in der Geschichte, oder aber seiner
Hemmungen, Ermüdungen, Verarmungen, seines Vorgefühls vom Ende, seines Willens zum Ende. Ich erwarte immer noch, dass ein philosophischer A r z t im ausnahms-
weisen Sinne des Wortes – ein Solcher, der dem Problem der
Gesammt-Gesundheit von Volk, Zeit, Rasse, Menschheit
nachzugehn hat – einmal den Muth haben wird, meinen
Verdacht auf die Spitze zu bringen und den Satz zu wagen:
bei allem Philosophiren handelte es sich bisher gar nicht um
»Wahrheit«, sondern um etwas Anderes, sagen wir um Gesundheit, Zukunft, Wachsthum, Macht, Leben ...

3.

– Man erräth, dass ich nicht mit Undankbarkeit von jener
Zeit schweren Siechthums Abschied nehmen möchte, deren Gewinn auch heute noch nicht für mich ausgeschöpft
ist: so wie ich mir gut genug bewusst bin, was ich überhaupt in meiner wechselreichen Gesundheit vor allen Vier-
schrötigen des Geistes voraus habe. Ein Philosoph, der den
Gang durch viele Gesundheiten gemacht hat und immer
wieder macht, ist auch durch ebensoviele Philosophien
hindurchgegangen: er k a n n eben nicht anders als seinen
Zustand jedes Mal in die geistigste Form und Ferne umzu-
setzen, – diese Kunst der Transfiguration i s t eben Philosophie. Es steht uns Philosophen nicht frei, zwischen Seele
und Leib zu trennen, wie das Volk trennt, es steht uns noch
weniger frei, zwischen Seele und Geist zu trennen. Wir
sind keine denkenden Frösche, keine Objektivir- und Re-

gistrir-Apparate mit kalt gestellten Eingeweiden, – wir
müssen beständig unsre Gedanken aus unsrem Schmerz
gebären und mütterlich ihnen Alles mitgeben, was wir von
Blut, Herz, Feuer, Lust, Leidenschaft, Qual, Gewissen,
Schicksal, Verhängniss in uns haben. Leben – das heisst für
uns Alles, was wir sind, beständig in Licht und Flamme
verwandeln, auch Alles, was uns trifft, wir k ö n n e n gar
nicht anders. Und was die Krankheit angeht: würden wir
nicht fast zu fragen versucht sein, ob sie uns überhaupt ent-
behrlich ist? Erst der grosse Schmerz ist der letzte Befreier
des Geistes, als der Lehrmeister des g r o s s e n V e r d a c h -
t e s , der aus jedem U ein X macht, ein ächtes rechtes X, das
heisst den vorletzten Buchstaben vor dem letzten … Erst
der grosse Schmerz, jener lange langsame Schmerz, der sich
Zeit nimmt, in dem wir gleichsam wie mit grünem Holze
verbrannt werden, zwingt uns Philosophen, in unsre letzte
Tiefe zu steigen und alles Vertrauen, alles Gutmüthige, Ver-
schleiernde, Milde, Mittlere, wohinein wir vielleicht vor-
dem unsre Menschlichkeit gesetzt haben, von uns zu thun.
Ich zweifle, ob ein solcher Schmerz »verbessert« –; aber ich
weiss, dass er uns v e r t i e f t . Sei es nun, dass wir ihm unsern Stolz, unsern Hohn, unsre Willenskraft entgegenstel-
len lernen und es dem Indianer gleichthun, der, wie
schlimm auch gepeinigt, sich an seinem Peiniger durch die
Bosheit seiner Zunge schadlos hält; sei es, dass wir uns vor
dem Schmerz in jenes orientalische Nichts zurückziehn –
man heisst es Nirvana –, in das stumme, starre, taube Sich-
Ergeben, Sich-Vergessen, Sich-Auslöschen: man kommt
aus solchen langen gefährlichen Uebungen der Herrschaft
über sich als ein andrer Mensch heraus, mit einigen Frage-
zeichen mehr, vor Allem mit dem W i l l e n , fürderhin
mehr, tiefer, strenger, härter, böser, stiller zu fragen als man
bis dahin gefragt hatte. Das Vertrauen zum Leben ist dahin:
das Leben selbst wurde zum P r o b l e m . – Möge man ja
nicht glauben, dass Einer damit nothwendig zum Düster-
ling geworden sei! Selbst die Liebe zum Leben ist noch

möglich, – nur liebt man anders. Es ist die Liebe zu einem Weibe, das uns Zweifel macht ... Der Reiz alles Problematischen, die Freude am X ist aber bei solchen geistigeren, vergeistigteren Menschen zu gross, als dass diese Freude nicht immer wieder wie eine helle Gluth über alle Noth des Problematischen, über alle Gefahr der Unsicherheit, selbst über die Eifersucht des Liebenden zusammenschlüge. Wir kennen ein neues Glück ...

4.

Zuletzt, dass das Wesentlichste nicht ungesagt bleibe: man kommt aus solchen Abgründen, aus solchem schweren Siechthum, auch aus dem Siechthum des schweren Verdachts, neugeboren zurück, gehäutet, kitzlicher, boshafter, mit einem feineren Geschmacke für die Freude, mit einer zarteren Zunge für alle guten Dinge, mit lustigeren Sinnen, mit einer zweiten gefährlicheren Unschuld in der Freude, kindlicher zugleich und hundert Mal raffinirter als man jemals vorher gewesen war. Oh wie Einem nunmehr der Genuss zuwider ist, der grobe dumpfe braune Genuss, wie ihn sonst die Geniessenden, unsre »Gebildeten«, unsre Reichen und Regierenden verstehn! Wie boshaft wir nunmehr dem grossen Jahrmarkts-Bumbum zuhören, mit dem sich der »gebildete Mensch« und Grossstädter heute durch Kunst, Buch und Musik zu »geistigen Genüssen«, unter Mithülfe geistiger Getränke, nothzüchtigen lässt! Wie uns jetzt der Theater-Schrei der Leidenschaft in den Ohren weh thut, wie unsrem Geschmacke der ganze romantische Aufruhr und Sinnen-Wirrwarr, den der gebildete Pöbel liebt, sammt seinen Aspirationen* nach dem Erhabenen, Gehobenen, Verschrobenen fremd geworden ist! Nein, wenn wir Genesenden überhaupt eine Kunst noch brau-

* zielgerichtete Hoffnung

chen, so ist es eine a n d r e Kunst – eine spöttische, leichte,
flüchtige, göttlich unbehelligte, göttlich künstliche Kunst,
welche wie eine helle Flamme in einen unbewölkten Himmel hineinlodert! Vor Allem: eine Kunst für Künstler, nur
für Künstler! Wir verstehn uns hinterdrein besser auf Das,
was d a z u zuerst noth thut, die Heiterkeit, j e d e Hei-
t e r k e i t, meine Freunde! auch als Künstler –: ich möchte
es beweisen. Wir wissen Einiges jetzt zu gut, wir Wissen-
den: oh wie wir nunmehr lernen, gut zu vergessen, gut
n i c h t - z u - w i s s e n, als Künstler! Und was unsere Zukunft
betrifft: man wird uns schwerlich wieder auf den Pfaden jener ägyptischen Jünglinge finden, welche Nachts Tempel
unsicher machen, Bildsäulen umarmen und durchaus Alles,
was mit guten Gründen verdeckt gehalten wird, entschlei-
ern, aufdecken, in helles Licht stellen wollen. Nein, dieser
schlechte Geschmack, dieser Wille zur Wahrheit, zur
»Wahrheit um jeden Preis«, dieser Jünglings-Wahnsinn in
der Liebe zur Wahrheit – ist uns verleidet: dazu sind wir zu
erfahren, zu ernst, zu lustig, zu gebrannt, zu tief ... Wir
glauben nicht mehr daran, dass Wahrheit noch Wahrheit
bleibt, wenn man ihr die Schleier abzieht; wir haben genug
gelebt, um dies zu glauben. Heute gilt es uns als eine Sache
der Schicklichkeit, dass man nicht Alles nackt sehn, nicht
bei Allem dabei sein, nicht Alles verstehn und »wissen«
wolle. »Ist es wahr, dass der liebe Gott überall zugegen
ist?« fragte ein kleines Mädchen seine Mutter: »aber ich
finde das unanständig« – ein Wink für Philosophen! Man
sollte die S c h a m besser in Ehren halten, mit der sich die
Natur hinter Räthsel und bunte Ungewissheiten versteckt
hat. Vielleicht ist die Wahrheit ein Weib, das Gründe hat,
ihre Gründe nicht sehn zu lassen? Vielleicht ist ihr Name,
griechisch zu reden, Baubo?* ... Oh diese Griechen! Sie

---

* Baubo, griech. für »Schoß«, taucht auch als mythische Gestalt im Zusammenhang mit der Fruchtbarkeitsgöttin Demeter auf, in Goethes »Faust«
eine Hexe.

verstanden sich darauf, zu leben: dazu thut Noth, tapfer bei der Oberfläche, der Falte, der Haut stehen zu bleiben, den Schein anzubeten, an Formen, an Töne, an Worte, an den ganzen Olymp des Scheins zu glauben! Diese Griechen waren oberflächlich – aus Tiefe! Und kommen wir nicht eben darauf zurück, wir Wagehalse des Geistes, die wir die höchste und gefährlichste Spitze des gegenwärtigen Gedankens erklettert und uns von da aus umgesehn haben, die wir von da aus hinabgesehn haben? Sind wir nicht eben darin – Griechen? Anbeter der Formen, der Töne, der Worte? Eben darum – Künstler?

Ruta bei Genua,
im Herbst 1886.

BERTRAND RUSSELL

Der Wert der Philosophie

Russell, *Probleme der Philosophie*, Kap. 15

Der Wert der Philosophie

Wir sind jetzt am Ende unserer kurzen und sehr unvoll-
ständigen Übersicht über die Probleme der Philosophie
angelangt, und es wird gut sein, wenn wir uns zum Schluß
überlegen, welchen Wert die Philosophie hat und weshalb
man sich mit ihr beschäftigen sollte. Diese Frage stellt sich
nicht zuletzt auch deshalb, weil viele Menschen unter dem
Einfluß der Wissenschaft oder der Bedürfnisse des praktischen Lebens dazu neigen, in der Philosophie nicht mehr
als ein harmloses, aber auch nutzloses Spiel zu sehen, das
aus begrifflichen Haarspaltereien und Streitigkeiten über
Dinge besteht, über die wir ohnehin nichts wissen können.

Diese Auffassung ergibt sich offenbar teils aus einer falschen Vorstellung über Sinn und Zweck des Lebens, teils
aus einer falschen Vorstellung über das, was die Philosophie erreichen will. Die Naturwissenschaft ist – vermittels
der mit ihrer Hilfe gemachten Erfindungen – unzähligen
Menschen von Nutzen, die von ihr überhaupt keine Ahnung haben; deshalb darf man ihr Studium allemal empfehlen, nicht nur, oder nicht in erster Linie, wegen des
Einflusses, den sie auf den Studenten ausübt, sondern wegen ihres Nutzens für die Menschheit überhaupt. Diese
Art von Nützlichkeit ist nicht Sache der Philosophie.
Wenn die Beschäftigung mit der Philosophie überhaupt
einen Wert hat, und zwar auch für andere Menschen als
Philosophiestudenten, dann kann dies nur indirekt zu-

stande kommen, durch ihren Einfluß auf das Leben derer, die sich mit ihr beschäftigen. In diesem Einfluß, in diesen Auswirkungen, müssen wir also zunächst den Wert der Philosophie suchen.

Wir müssen uns außerdem – wenn wir bei diesem Versuch nicht scheitern wollen – von den Vorurteilen der fälschlich so genannten »Männer der Praxis« frei machen. Der »Praktiker« ist – einem häufigen Gebrauch des Wortes nach – jemand, der nur materielle Bedürfnisse kennt, der einsieht, daß der Mensch Nahrung für seinen Körper braucht, aber vergißt, daß auch der Geist seine Nahrung braucht. Wenn es allen Menschen gutginge, wenn Armut und Krankheit auf das niedrigste überhaupt mögliche Maß reduziert wären, bliebe noch viel zu tun übrig, um eine Gesellschaft zu schaffen, die Wert hätte. Aber selbst in der Welt, die wir jetzt haben, sind die Güter des Geistes mindestens ebenso wichtig wie die leiblichen Güter. Der Wert der Philosophie ist ausschließlich unter den Gütern des Geistes zu finden; und nur Menschen, denen diese Güter nicht gleichgültig sind, können davon überzeugt werden, daß die Beschäftigung mit der Philosophie keine Zeitverschwendung ist.

Das Ziel der Philosophie – wie das aller anderen eigentlich geistigen Tätigkeiten, des »Studiums« im ursprünglichen Sinne des Worts – ist Erkenntnis. Die Erkenntnis, um die es ihr geht, ist die Art von Erkenntnis, die Einheit und System in die angesammelten Wissenschaften bringt, und die Art, die sich aus einer kritischen Überprüfung der Gründe für unsere Überzeugungen, Vorurteile und Meinungen ergibt. Man kann allerdings nicht behaupten, daß die Philosophie bei dem Versuch, definitive Antworten auf ihre Fragen zu finden, sehr erfolgreich gewesen wäre. Wenn man einen Mathematiker, einen Mineralogen oder einen anderen Gelehrten fragt, zu welchem Bestand an Wahrheiten es seine Wissenschaft gebracht habe, wird seine Antwort mit Leichtigkeit so lange dauern, wie wir ihm zuhören wol-

len. Aber wenn man die selbe Frage einem Philosophen
stellt, wird er – wenn er offen und ehrlich ist – zugeben
müssen, daß man hier zu keinen positiven Resultaten, die
mit denen anderer Wissenschaften vergleichbar wären, gekommen ist. Zum Teil erklärt sich das aus dem Umstand,
daß man einen Gegenstand nicht mehr zur Philosophie
zählt, sobald definitive Erkenntnisse über ihn möglich werden; es bildet sich dann in der Regel eine neue und selbstän-
dige wissenschaftliche Disziplin. Das ganze Studium der
Himmelserscheinungen, das jetzt zur Astronomie gehört,
war einmal Teil der Philosophie; Newtons großes Werk
hieß *Die mathematischen Prinzipien der Naturphilosophie.*
Die Erforschung der menschlichen Seele, die zur Philosophie gehörte, hat sich jetzt von ihr gelöst und ist zur wissenschaftlichen Psychologie geworden. So sind die Ungewißheiten der Philosophie weitgehend doch mehr eine Sache des Anscheins als real: die Fragen, die man eindeutig
beantworten kann, werden den Wissenschaften zugeordnet, und nur diejenigen, auf die man im Augenblick noch
keine eindeutige Antwort finden kann, bleiben übrig als ein
Rest, den man als Philosophie bezeichnet.

Nun ist dies allerdings wohl nur die halbe Wahrheit
über die Ungewißheiten der Philosophie. Es gibt viele
Fragen – und unter ihnen solche, die für unser geistiges
Leben von profundestem Interesse sind – die, soweit wir
sehen können, für den menschlichen Intellekt unlösbar
bleiben müssen, wenn seine Fähigkeiten sich nicht zu einer Größenordnung entwickeln, die uns bis jetzt unbekannt geblieben ist. Hat die Welt einen einheitlichen Plan
oder Zweck, oder besteht sie aus einem zufälligen Zusammenspiel der Atome? Ist das Bewußtsein ein beständiger
Teil der Welt, so daß wir noch auf ein unbeschränktes
Wachstum an Weisheit hoffen dürfen, oder ist das Bewußtsein ein transitorisches* Phänomen auf einem kleinen

---

* vorübergehendes

Planeten, auf dem das Leben nach einiger Zeit unmöglich
werden wird? Haben Gut und Böse eine Bedeutung für
die ganze Welt oder nur für die Menschen? – Das sind
Fragen, die die Philosophie stellt, und die von verschiedenen Philosophen verschieden beantwortet worden sind.
Ob man die Antworten nun noch auf andere Weise entdecken kann oder nicht, es scheint jedenfalls so, als ob die
Antworten der Philosophie samt und sonders nicht als
wahr ausweisbar sind. Und doch, so gering die Hoffnung,
Antworten zu finden, auch sein mag: es bleibt Sache der
Philosophie, weiter an diesen Fragen zu arbeiten, uns ihre
Bedeutung bewußt zu machen, alle möglichen Zugänge zu
erproben und jenes spekulative Interesse an der Welt
wachzuhalten, das wahrscheinlich abgetötet würde, wenn
wir uns ausschließlich auf abgesicherte Erkenntnisse be-
schränkten.

Man muß zugeben: Viele Philosophen haben gemeint,
daß die Philosophie die Wahrheit bestimmter Antworten
auf solche fundamentalen Fragen feststellen könne. Sie
haben z. B. angenommen, daß die wichtigsten religiösen
Glaubenssätze strikt beweisbar seien. Um solche Versuche beurteilen zu können, muß man sich eine Übersicht
über das menschliche Wissen verschaffen und sich eine
Meinung über die uns zur Verfügung stehenden Methoden und die Grenzen unseres Wissens bilden. Es wäre
nicht klug, hierüber dogmatische Aussagen zu machen;
aber wenn uns die Untersuchungen der voraufgegange-
nen Kapitel nicht in die Irre geführt haben, werden wir
die Hoffnung aufgeben müssen, philosophische Beweise
für religiöse Lehrmeinungen zu finden. Wir können deshalb irgendwelche Antworten auf diese Fragen nicht als
etwas akzeptieren, das auch nur zum Teil den Wert der
Philosophie ausmacht. Noch einmal: Der Wert der Philosophie darf nicht von irgendeinem festumrissenen Wis-
sensstand abhängen, den man durch Studium erwerben
könnte.

Der Wert der Philosophie besteht im Gegenteil gerade wesentlich in der Ungewißheit, die sie mit sich bringt. Wer niemals eine philosophische Anwandlung gehabt hat, der geht durchs Leben und ist wie in ein Gefängnis eingeschlossen: von den Vorurteilen des gesunden Menschenverstands, von den habituellen Meinungen seines Zeitalters oder seiner Nation und von den Ansichten, die ohne die Mitarbeit oder die Zustimmung der überlegenden Vernunft in ihm gewachsen sind. So ein Mensch neigt dazu, die Welt bestimmt, endlich, selbstverständlich zu finden; die vertrauten Gegenstände stellen keine Fragen, und die ihm unvertrauten Möglichkeiten weist er verachtungsvoll von der Hand. Sobald wir aber anfangen zu philosophieren – das haben wir ja in den ersten Kapiteln dieses Buches gesehen – führen selbst die alltäglichsten Dinge zu Fragen, die man nur sehr unvollständig beantworten kann. Die Philosophie kann uns zwar nicht mit Sicherheit sagen, wie die richtigen Antworten auf die gestellten Fragen heißen, aber sie kann uns viele Möglichkeiten zu bedenken geben, die unser Blickfeld erweitern und uns von der Tyrannei des Gewohnten befreien. Sie vermindert unsere Gewißheiten darüber, was die Dinge sind, aber sie vermehrt unser Wissen darüber, was die Dinge sein könnten. Sie schlägt die etwas arrogante Gewißheit jener nieder, die sich niemals im Bereich des befreienden Zweifels aufgehalten haben, und sie hält unsere Fähigkeit zu erstaunen wach, indem sie uns vertraute Dinge von uns nicht vertrauten Seiten zeigt.

Ganz abgesehen von dem Nutzen, den solches Aufdecken unvermuteter Möglichkeiten bringt, gewinnt die Philosophie ihren Wert – und vielleicht ihren vornehmsten Wert – durch die Größe der Gegenstände, die sie bedenkt, und durch die Befreiung von engen und persönlichen Zwecken, die sich aus dieser Betrachtung ergibt. Wer sich gleichsam von seinen Instinkten treiben läßt, bleibt in dem engen Kreis seiner privaten Interessen eingeschlossen: Fa-

milie und Freunde mögen mit zu diesem Kreis gehören,
aber die Außenwelt ist nur das, was die Vorgänge im Kreis
der instinktiven Wünsche fördert oder stört. Diese Lebensform mutet irgendwie fiebrig und eingezwängt an,
und das philosophische Leben ist im Vergleich dazu ruhig
und frei. Die private Welt unserer triebhaften Interessen
ist klein; sie verliert sich im Innern einer großen und
machtvollen Außenwelt, die früher oder später unsere private Welt in Trümmer legen wird. Wenn wir es nicht fer-
tigbringen, unsere Interessen zu erweitern, bis sie die ganze Außenwelt umfassen, sind wir in der gleichen Lage wie
die Garnison einer belagerten Festung: wir wissen, daß
der Feind uns nicht entkommen lassen wird und daß die
Kapitulation letzten Endes unvermeidlich ist. Wenn wir so
leben, wird es keinen Frieden sondern nur einen endlosen
Streit zwischen dem Drängen unserer Begierden und der
Machtlosigkeit unseres Willens geben. Und wenn unser
Leben groß und frei sein soll, müssen wir diesem Streit
und unserer Gefangenschaft in ihm entkommen.

Ein Ausweg ist die philosophische Kontemplation. Ihr
Weitblick teilt die Welt nicht in zwei Lager ein, in Freunde und Feinde, Nützliches und Schädliches, Gutes und
Schlechtes: er ist ein unparteiischer Blick auf das Ganze.
Wenn die philosophische Kontemplation nicht durch
fremde Zusätze verdorben wird, will sie nicht beweisen,
daß die ganze Welt dem Menschen verwandt ist. Jeder Gewinn an Wissen ist auch eine Erweiterung unseres Selbst,
aber eine solche Erweiterung gelingt am besten, wenn man
sie nicht unmittelbar sucht. Sie gelingt, wenn der Wunsch
zu wissen frei wirksam ist, durch Betrachtungen, die nicht
von vornherein in ihren Gegenständen diese oder jene Eigenschaften suchen, sondern die das Selbst den Eigenschaften anmessen, die sich an den Gegenständen finden.
Unser Selbst wird nicht erweitert, wenn wir uns nehmen,
wie wir sind, und zu beweisen suchen, daß diese Welt uns
ähnlich genug sei, um sie ganz ohne Rücksicht auf irgend

etwas uns Fremdes erkennen zu können. Die Sucht, so etwas beweisen zu wollen, ist eine Form des Selbstbehauptungswillens, und der Selbstbehauptungswille ist immer ein Hindernis für die Erweiterung unseres Selbst, die wir wünschen und von der wir wissen, daß sie erreichbar ist. Wenn der Selbstbehauptungswille in die philosophische Spekulation eindringt, betrachtet er dort wie anderswo die Welt als Mittel zu seinen Zwecken; er macht sie damit zu etwas, das geringer sein soll als er selbst, das heißt: er legt unsere Würde in Ketten. In der Kontemplation dagegen gehen wir vom Anderen aus, und durch seine Größe werden wir selber zu etwas Größerem gemacht. Der betrachtende Geist gewinnt einen Anteil an der Unendlichkeit der von ihm betrachteten Welt.

Deshalb sind solche Philosophien, die die Welt dem Menschen angleichen, der Seelengröße nicht eben förderlich. Die Erkenntnis ist eine Vereinigung des Selbst und des Anderen; und wie alle Vereinigungen leidet sie unter Herrschsucht, also auch unter dem Versuch, die Welt zur Konformität mit dem zu zwingen, was wir in uns selber finden. Es gibt eine weitverbreitete philosophische Neigung zu der Ansicht, daß der Mensch das Maß aller Dinge sei, daß die Wahrheit von Menschen gemacht, daß Raum, Zeit und die Welt der Universalien eigentlich Besitztümer des menschlichen Geistes seien und daß, wenn es etwas gebe, das nicht vom menschlichen Geist erschaffen sei, es für uns unerkennbar und belanglos sein müsse. Wenn unsere Überlegungen richtig waren, ist diese Ansicht falsch. Darüber hinaus aber beraubt sie die philosophische Kontemplation auch all dessen, was ihren Wert ausmacht, indem sie die Kontemplation an das Selbst fesselt. Was so Erkenntnis genannt wird, ist nicht eine Vereinigung mit dem Anderen, sondern eine Ansammlung von Vorurteilen, Gewohnheiten und Begierden, die zwischen uns und die Außenwelt einen undurchdringlichen Schleier legt. Wer an einer solchen Erkenntnistheorie Gefallen findet, ist wie jemand, der nie sein eigenes Haus verläßt, aus Furcht, sein Wort könnte draußen nicht mehr Gesetz sein.

Die wahre philosophische Kontemplation dagegen findet Genugtuung in jeder Vergrößerung des Nicht-Selbst, des Anderen, in allem, was die betrachteten Gegenstände und erst dadurch das betrachtende Subjekt vergrößert. Was bei der Kontemplation noch persönlich oder privat ist, alles, was von Gewohnheiten, eigenen Interessen oder Wünschen abhängt, verzerrt den Gegenstand und stört die Einheit, nach der der Intellekt strebt. Indem sie so eine Barriere zwischen dem Subjekt und dem Objekt aufrichten, werden diese persönlichen und privaten Dinge zu einem Gefängnis des Geistes. Der freie Intellekt will die Dinge sehen, wie Gott sie sehen würde, frei vom Hier und Jetzt, von Hoffnungen und Ängsten, ohne den Plunder gewohnter Meinungen und traditioneller Vorurteile, ruhig, leidenschaftslos, nur von dem einen und alle anderen ausschließenden Wunsch nach Erkenntnis beseelt, nach einer Erkenntnis, die so unpersönlich, so rein kontemplativ ist, wie das für Menschen möglich ist. Deshalb wird der freie Intellekt auch die abstrakte und allgemeine Erkenntnis, die von den Zufällen der persönlichen Geschichte unberührt bleibt, höher schätzen als die Erkenntnis durch die Sinne, die notwendigerweise von einem ganz persönlichen Gesichtspunkt und einem Körper abhängt, dessen Sinnesorgane entstellen, was sie uns enthüllen.

Der Geist, der sich an die Freiheit und Unparteilichkeit der philosophischen Kontemplation gewöhnt hat, wird sich auch in der Welt des Fühlens und Handelns etwas von dieser Freiheit und Unparteilichkeit erhalten. Er wird seine Ziele und Wünsche als Teile des Ganzen betrachten, und ihre Dringlichkeit wird sich vermindern, weil er sie als unendlich kleine Bruchteile einer Welt sieht, die im Ganzen von den Taten eines einzelnen Menschen unbeeinflußt bleibt. Die Unparteilichkeit, die in der Kontemplation das unvermischte Verlangen nach Wahrheit ist, ist dieselbe Qualität des Geistes, die sich im Handeln als Gerechtigkeit ausdrückt, und im Fühlen als jene umfassende Liebe, die allen gelten kann und nicht nur jenen, die man für nützlich oder für bewunderungswürdig hält. So vergrößert die Kontemplation nicht nur die Gegenstände unseres Denkens, sondern auch die unseres Handelns und unserer Neigungen: sie macht uns zu Bürgern der Welt und nicht nur zu Bewohnern einer ummauerten Stadt, die mit der Welt vor ihren Toren im Kriege liegt. In dieser Weltbürgerschaft besteht die wahre Freiheit des Menschen, seine Befreiung aus der Knechtschaft kleinlicher Hoffnungen und Ängste.

Fassen wir unsere Betrachtungen über den Wert der Philosophie zusammen: man soll sich mit der Philosophie nicht so sehr wegen irgendwelcher bestimmter Antworten auf ihre Fragen beschäftigen – denn in der Regel kann man diese bestimmten Antworten nicht als wahr erkennen. Man soll sich um der Fragen selber willen mit ihr beschäftigen, weil sie unsere Vorstellung von dem, was möglich ist, verbessern, unsere intellektuelle Phantasie bereichern und die dogmatische Sicherheit vermindern, die den Geist gegen alle Spekulation verschließt. Vor allem aber werden wir durch die Größe der Welt, die die Philosophie betrachtet, selber zu etwas Größerem gemacht und zu jener Einheit mit der Welt fähig, die das größte Gut ist, das man in ihr finden kann.

II. Wozu Philosophie?

HOLMER STEINFATH

Philosophie und gutes Leben

Es gibt viele verschiedene Weisen, Philosophie zu verstehen und zu betreiben, und wenn es Menschen überhaupt möglich ist, ein gutes Leben zu führen, so wird auch dies auf viele verschiedene Weisen geschehen können. Gleichwohl haben Philosophen immer wieder einen besonderen Zusammenhang zwischen Philosophie und gutem Leben gesehen. Das gilt vor allem für die Philosophen der griechischen und römischen Antike, die sich auf Sokrates berufen. Für Sokrates ist ein ungeprüftes Leben nicht wert, gelebt zu werden (Platon, *Apologie des Sokrates*, 38a). Wer richtig leben will, muss auf sein Leben reflektieren, muss sich von seinem Tun Rechenschaft ablegen, muss es in seinen Grundorientierungen befragen. Dies ohne Vorbehalt und im Bemühen um Erkenntnis und Wahrheit zu tun, heißt aber nichts anderes, als zu philosophieren. Das Philosophieren, für das die Figur des Sokrates steht, ist eine eigene Form des Überlegens, das sich in die Lebensführung übersetzt und dadurch Voraussetzung für ein gelingendes Leben wird.

Wie lässt sich diese Verbindung von Reflexion, Lebensführung und gutem Leben weiter erhellen? Und was ist von ihr heute, zumal in der universitären Philosophie, geblieben? Kann sie für das heutige Philosophieren noch vorbildlich sein? Und schließlich: Was bedeutete dies für Form und Vermittlung der Philosophie?

1. Philosophisches Überlegen

Wer heute Vorzüge der Philosophie benennt, hebt meist hervor, dass die Einübung ins Philosophieren eine Schulung im Argumentieren ist.[17] Das Überlegen, um das es in der Philosophie geht, ist demnach ein argumentatives Überlegen. Im engeren Sinn ist damit das Ziehen von Schlüssen, im weiteren Sinn jedes Geben von Gründen gemeint, das aber in der Regel in größere Beziehungsmuster eingebettet ist. Das Geben von Gründen ist eine wichtige Seite des sokratisch-platonischen »logon didonai«, des Rechenschaft Ablegens. Der Philosoph behauptet nicht nur etwas, sondern ist bemüht, das Behauptete durch Gründe auszuweisen. Gewiss können einem die Gründe ausgehen; es gibt immer einen Punkt, an dem sich, wie Wittgenstein sagt, der Spaten zurückbiegt.[18] Aber obwohl es sehr wichtig ist, nicht über diesen Punkt hinausgehen zu wollen, darf er nicht willkürlich gesetzt sein; vor allem darf er nicht unter Berufung auf eine nicht ausgewiesene Autorität, einen Gott etwa oder die Tradition, statuiert werden. Der Philosoph baut allein auf die Vernunft, wobei »Vernunft« im Kern nichts anderes meint als eben das Vermögen, Gründe zu geben, etwas als wahr, richtig oder angemessen auszuweisen. Und da philosophische Begründungen nachvollziehbar sein sollen (das Geben von Gründen ist stets eine verkappt intersubjektive Angelegenheit), muss mit ihnen das Bemühen um Klarheit einhergehen; philosophische Überlegungen können schwierig, aber sie sollen nicht dunkel oder obskur sein. Das bedeutet nicht, dass es – außer in speziellen Kontexten – um mathematische Exaktheit gehen sollte. Schon Aristoteles mahnt an, dass sich die Genauigkeit nach dem Gegenstand der Untersuchung zu richten

---

17 Stellvertretend für viele: Tetens (2004).
18 Ludwig Wittgenstein, *Philosophische Untersuchungen*, § 217: »Habe ich die Begründungen erschöpft, so bin ich auf den harten Felsen angelangt, und mein Spaten biegt sich zurück.«

hat (Aristoteles, *Nikomachische Ethik*, 1094b 12 ff.). Nicht so sehr formale als vielmehr psychologische Schlüssigkeit und übersichtliche Darstellung komplexer Problemzusammenhänge sind das Ziel.

Die Bestimmung der Philosophie über das argumentative Überlegen ist eine formale; sie betrifft die Form, nicht den Inhalt der philosophischen Reflexion. Und als solche ist sie natürlich eine Unterbestimmung, denn um den offenen Austausch von Gründen kann es auch außerhalb der Philosophie gehen. Bei Platon wird die nötige inhaltliche Eingrenzung über den Gegenstand seiner »Was ist?«-Fragen geleistet. Sokrates unterhält sich mit seinen Dialogpartnern beispielsweise darüber, was Gerechtigkeit ist, was Tapferkeit ist, was Freundschaft ist, was Wissen ist, was das Sein und was das Eine ist.

Doch was hält diese Fragen gegebenenfalls zusammen? Eine heute verbreitete und sachlich zunächst auch attraktive Auskunft besagt, dass die Begriffe der Philosophie als Begriffe verstanden werden können, die das Ganze oder wesentliche Seiten unserer Erfahrung betreffen.[19] Demzufolge versuchen wir in ihnen Aspekte unserer Erfahrungen als Mensch zu artikulieren, ohne die wir gar keine oder eine deutlich andere Erfahrung von der Welt und uns selbst hätten. Die Grundbegriffe der Philosophie sind, so die Idee, für unser Verstehen der Welt und von unserer Stellung in ihr unentbehrlich. Mit Kant gesprochen, bilden sie die Bedingung der Möglichkeit von Erfahrung überhaupt oder doch unserer Art der Erfahrung.[20] Sie sind Begriffe, ohne die wir uns nicht so verstehen und in der Welt orientieren könnten, wie wir es vorreflexiv ›immer schon‹ tun. Zum Beispiel gehört zu unserem lebensweltlichen Selbstverständnis, dass wir nicht nur instinktiv auf die

---

19 Vgl. z. B. Tugendhat (1992), S. 261–272; Bieri (2001), S. 154, sowie Strawson (1992), bes. Kap. 2.
20 »Erfahrung überhaupt« ist aus meiner Sicht ein philosophisches Konstrukt; daher der (unkantische) Zusatz »oder unserer Art der Erfahrung«.

Welt reagieren, sondern handelnd in sie eingreifen können, dass wir dies aufgrund von Entscheidungen zwischen
verschiedenen Optionen tun, die wir frei treffen und für
die wir deswegen auch verantwortlich sind. Sich so zu
verstehen setzt aber ein Vorverständnis von Begriffen wie
»Handlung«, »Kausalität«, »Entscheidung«, »Möglichkeit«, »Freiheit« und »Verantwortung« voraus. Philosophie ist darauf gerichtet, dieses Vorverständnis explizit zu
machen, verborgenes in ausdrückliches Wissen zu verwandeln (Bieri, 2001, S. 157). In der Rückwendung auf das,
was wir lebensweltlich implizit schon wissen, ohne es jedoch erklären zu können, liegt der eigentümlich reflexive
Charakter philosophischen Überlegens.

Es ist eine eigene Frage, wie die reflexive Klärung erfahrungskonstitutiver Grundbegriffe erfolgt, ob es dafür eine
Methode gibt. Begriffsanalyse ist das Kerngeschäft der
sprachanalytischen Philosophie, nur führt der Gedanke,
dass die Analyse von Begriffen am Leitfaden der Sprache
zu erfolgen hat, für sich genommen nicht sonderlich weit.
Wittgensteins Auffassung, der zufolge einen Begriff zu klären heißt, seine Verwendungsweise anderen so zu explizieren, dass sie ihn selbst richtig verwenden können (Wittgenstein, 1989, S. 15ff.), läuft, bei Lichte besehen, auf wenig
mehr als auf die selbstverständliche Anforderung hinaus,
Zweideutigkeiten in der eigenen Begrifflichkeit zu vermeiden. Außerdem sind nicht alle Erfahrungen sprachlich verfasst, so dass der Zugang über die Verwendung sprachlicher Ausdrücke, obwohl unverzichtbar, zu eng zu sein
scheint.[21] Das Wichtigste ist vielleicht, dass die lebenswelt-

---

21 Der Einbezug nicht sprachlicher Erfahrungen hat allerdings den Preis, dass
   mit einer unaufhebbaren Diskrepanz zwischen Erklärung und Erklärtem
   zu rechnen ist, denn auch die reflexive Erhellung nicht sprachlicher Erfahrungen kann nur im Medium der Sprache erfolgen. Und komplexere Erfahrungen lassen sich nicht in einzelnen Sätzen und Argumentationsmustern
   artikulieren, sondern manchmal besser in Modellgeschichten und Bildern
   oder in literarischen Formen (z. B. dem Dialog), die die Grenze zwischen
   Philosophie und Literatur zum Verschwimmen bringen können.

lichen Orientierungen, deren Grundsätze die Philosophie aufzuhellen bemüht ist, gerade heute ohne den Einbezug der Einzelwissenschaften, zumal der Wissenschaften vom Menschen, nicht befriedigend untersucht werden können. Die Philosophie kann sich deswegen auch qua Sprachanalyse nicht gegenüber empirischen Erkenntnissen immunisieren. Für die Klärung erfahrungskonstitutiver Begriffe muss offensichtlich eine Vielzahl von Wegen erprobt werden. So erscheint die Suche nach einer besonderen Methode der Philosophie wenig aussichtsreich.

Auch mündet die Verwandlung von verborgenem Wissen in ausdrückliches nicht notwendig in die Formulierung einer Theorie oder eines Systems.[22] Was Sokrates betrifft, so ist sein berühmtes Bekenntnis, nur zu wissen, dass er nichts weiß, ernst zu nehmen.[23] Seine Unterredungen mit anderen sind geistige Übungen,[24] die auf den Erfahrungshorizont der jeweiligen Gesprächspartner bezogen bleiben und zur Verunsicherung ihrer Ausgangsüberzeugungen führen. Legt Sokrates überhaupt ein Wissen »maieutisch« frei, so handelt es sich gewiss nicht um ein umfassendes Wissen. Die bei den Dialogpartnern hervorgerufenen Korrekturen führen zu einem Einstellungswandel, einer Änderung der Weise, wie sie die Welt sehen, die sich nur partiell sprachlich artikulieren und schon gar nicht definieren lässt. Jede Theoriekonstruktion läuft Gefahr, die lebensweltlichen Ausgangspunkte philosophischen Fragens aus dem Blick zu verlieren, ja den Blick auf sie systematisch zu verstellen. Der Hang zur Theoriebildung, der schon bei Platon manifest wird, ist dem philo-

---

22 Lange Zeit ist Philosophie als Systembildung verstanden worden. Philosophie ist »wesentlich System«, heißt es prononciert bei Hegel in: *Enzyklopädie der philosophischen Wissenschaften im Grundrisse*, § 14.

23 Natürlich will Sokrates nicht bestreiten, dass er im geläufigen Sinn etwas weiß. Sein Nichtwissen betrifft jedoch gerade das für ihn Entscheidende, das Wissen darum, wie zu leben ist.

24 Zum Begriff der »geistigen Übung« (exercise spirituel) als wesentliches Element der antiken Philosophie vgl. Hadot (1991), bes. S. 13 f.

sophischen Fragen jedoch auch nicht einfach äußerlich. Er hat sein sachliches Recht darin, dass die Grundbegriffe der Philosophie Knotenpunkte in einem verzweigten Netz darstellen, so dass sich ein Grundbegriff nie isoliert klären lässt. Philosophische Klärungsbemühungen sind holistischer Natur; einen Grundbegriff zu klären heißt tendenziell alle Grundbegriffe zu klären. Zwar ist eine holistische Begriffserklärung noch keine Theorie oder gar ein System, aber die Übergänge sind hier fließend.

Damit lässt sich vorerst festhalten, dass einer heute verbreiteten Sicht zufolge das spezifisch philosophische Überlegen der reflexiv-argumentativen Klärung des Netzes jener Grundbegriffe dient, die Bedingung der Möglichkeit von Erfahrung sind. Wie der Hinweis auf einzelwissenschaftliche Erkenntnisse deutlich machen sollte, kann sich die Philosophie dabei nicht allein auf sich selbst stützen. Und sie wird auch vorsichtiger im Aufstellen von Universalitätsbehauptungen sein müssen, als es noch heute viele Philosophen sind. Wenn es nämlich um die reflexive Freilegung ›unseres‹ Selbst- und Weltverständnisses geht, so ist das damit unterstellte ›Wir‹ ein Wir der Einladung,[25] von dem zunächst offen ist, wie weit es tatsächlich reicht. Es ist das Wir einer zufälligen, kontingenten Sprachgemeinschaft, das sich über seine faktische Reichweite im Austausch mit anderen Individuen und ihren Kulturen klar werden muss. Dadurch erhält das philosophische Überlegen einen latent hermeneutischen und historischen Charakter. Zugleich liegt darin die Möglichkeit einer »progressiven Entrelativierung« (Tugendhat, 1992, S. 271) des eigenen Selbstverständnisses und dessen, was für es unentbehrlich ist, durch Verstehen und Integrieren von Alternativen. Indem wir erkennen, dass das, was wir für allgemein-

---

25 Von einem »we« der »invitation« spricht Williams (1993), S. 171, Anm. 7. Vgl. auch meine Bemerkungen dazu in: Steinfath (2001), S. 12 f.

menschlich hielten, keineswegs von allen Menschen geteilt wird, können wir auch unser Verständnis von uns selbst als Menschen erweitern.

2. Übersetzung ins Leben

Nun hieß es eingangs, dass das philosophische Überlegen nicht nur ein Überlegen besonderer Art ist, sondern dass es ursprünglich, bei Sokrates und in der Antike, auch als ein Überlegen gedacht war, das sich ins Leben dessen, der mit ihm in Berührung kommt, übersetzt. In Platons *Laches* sagt Nikias von Sokrates, dass, wer seiner Rede nahe komme, unvermeidlich von ihm »so lange ohne Ruhe herumgeführt wird, bis er ihn da hat, dass er Rede stehen muss [logon didonai] über sich selbst, auf welche Weise er jetzt lebt und auf welche er das vorige Leben gelebt hat« (187e). Doch der Übergang von der auf die Klärung der für unsere Erfahrung als solche unentbehrlichen Grundbegriffe gerichteten Philosophie zur Befragung des eigenen Lebens ist nicht selbstverständlich.

Sicherlich hat das eigene Philosophieren immer etwas mit dem eigenen Leben zu tun. Ein trivialer Zusammenhang ergibt sich daher, dass das Philosophieren eine der Tätigkeiten ist, in denen sich das Leben dessen, der Philosophie betreibt, vollzieht. Nur ist dies erst einmal eine Tätigkeit unter anderen. Ein tieferer Zusammenhang wird ersichtlich, wenn man bedenkt, dass die Grundbegriffe der Philosophie ihrem Anspruch nach Grundzüge unseres Selbstverständnisses als Mensch betreffen, so dass jeder, der philosophiert, immer auch sein eigenes Selbstverständnis mitthematisiert. Nur schlägt diese Thematisierung nicht immer – ja häufig gar nicht – in eine praktisch-existentielle Selbstthematisierung um, in der wir die für unser je besonderes Leben leitenden Orientierungen auf den Prüfstand stellen. Viele der Begriffe, für die sich Philosophen typischerweise interessieren, haben schließlich auch wenig mit Lebensfragen zu tun (man denke etwa an »Gegenstand«, »Ereignis« oder »Ursache«). Selbst die Aufklärung der Grundbegriffe der praktischen Philosophie kann relativ distanziert und losgelöst vom übrigen Leben erfolgen. Das gilt, obwohl zum Philosophieren nicht nur kognitive Fähigkeiten wie Scharfsinn und Phantasie gehören, sondern auch ethische Haltungen. So muss, wer sich ernsthaft Argumenten stellt, redlich sein; er darf weder sich noch anderen etwas vormachen. Das verlangt Mut. Ebenso ist eigene Besonnenheit erforderlich; das geduldige Prüfen und Abwägen von Gründen verträgt sich nicht mit Affekten, die die geistige Unabhängigkeit und Unparteilichkeit gefährden. Und wer sich nicht hinter Autoritäten versteckt, übernimmt für das, was er vertritt, Verantwortung; er muss zu dem stehen, zu dem ihn sein Überlegen führt. Nur sind diese ethischen Tugenden letztlich für jede wissenschaftliche Tätigkeit konstitutiv, und so wie der Wissenschaftler im Leben verlogen sein kann, so kann es auch der Philosoph sein.

Die Verbindung von Philosophie als theoretische Beschäftigung mit Grundbegriffen und Grundproblemen, die unsere gesamte Lebenspraxis bestimmen, einerseits und einem bestimmten Lebensideal und einer Vorstellung vom guten Leben im Sinn eines kritisch reflektierten und eigenverantwortlichen Lebens andererseits ist also nicht zwingend. Allenfalls ist sie sachlich und von der menschlichen Psyche her gesehen naheliegend, aber mit Blick auf viele Schlüsselbegriffe der theoretischen Philosophie erscheint selbst dies zweifelhaft. Es ist deswegen vorschnell, wenn Edmund Husserl (1859–1938) in einem für heutige Ohren überspannt anmutendem Ton behauptet, Philosophie »als universale Wissenschaft, berufen, den Urquell abzugeben, aus dem alle Wissenschaften ihre letzte Rechtfertigung schöpfen«, könne »keine theoretische Liebhaberei der Menschheit« sein, und »ein philosophisches Leben« müsse statt dessen »als ein Leben überhaupt aus absoluter Selbstverantwortung« verstanden werden. Wer philosophiere, so Husserl weiter, »will in all seinem Leben, in all seiner Praxis sich wahrhaft frei entscheiden, d. i. so, daß er jederzeit das Recht seiner Entscheidung vor sich selbst verantworten kann« (1958, S. 197).

Der Schritt von der Philosophie zu einem philosophischen Leben als ein Leben radikaler Reflexion und Selbstverantwortung drängt sich erst dann wirklich auf, wenn die in der Frage, wie zu leben gut ist, zum Ausdruck kommende Beunruhigung über das eigene Leben zum entscheidenden Motiv für das Philosophieren wird und sich mit der zum Philosophieren gehörenden Vorbehaltlosigkeit des Begründens vereint. So war es bei Sokrates und in großen Teilen der antiken Philosophie, die die Frage nach dem guten Leben zur Grundfrage der Philosophie erklärte und alle ihre entscheidenden Probleme von dieser Frage her motivierte. In der sokratischen Tradition ist es deswegen auch nicht ein transzendentalphilosophisches Projekt im Sinne Kants, Husserls oder der deskriptiven Metaphysik Strawsons[26], das die Einheit der Philosophie sichert, sondern eben das Interesse am guten Leben. Erst von diesem Interesse her wurde versucht, den Gedanken der Philosophie als Grundlagenwissenschaft zu entwickeln.[27]

Derjenige, dem an einer Übersetzung von Philosophie ins Leben liegt, wird aber letztlich noch einen Schritt weitergehen müssen, denn noch selbst eine um die Frage nach dem guten Leben kreisende Philosophie bleibt ans Medium allgemeiner Begriffe gebunden, das der Individualität des je einzelnen Lebensvollzugs nicht gerecht zu werden vermag.[28] Platon scheint dies vor allem in seinen frühen

---

26 Vgl. Strawson (1959), bes. S. 9 ff.
27 Dies passt m. E. auf Platon und die sokratische Tradition (und damit eben auf einen Großteil der antiken Philosophie), nicht aber etwa auf Aristoteles (und insofern nicht auf die ganze antike Philosophie).
28 Vgl. zu dieser Problematik Wolf (1999).

Dialogen und in seiner Schriftkritik gesehen zu haben. Zwar können und wollen die sokratischen Dialoge keine individuelle Lebensberatung geben. Aber sie sind, wie gesagt, als geistige Übungen konzipiert, die der Einübung in eine andere Weise, die Welt und sich selbst zu sehen, dienen. Sie sind eine Art Vorbereitung oder Propädeutik für eine andere Lebenseinstellung, und so müsste sich auch eine von der Frage nach dem guten Leben ausgehende und gleichwohl in theoretischer Einstellung betriebene Philosophie verstehen, wollte sie eine Wirkung aufs Leben beabsichtigen. Sie wäre dann modellhafte Anleitung zu einem anderen Welt- und Selbstverhältnis, für das dann aber genau das Bemühen um Begründung und Klarheit charakteristisch wäre, das das philosophische Überlegen im allgemeinen auszeichnet.

3. Gutes Leben

Die Idee, Philosophie als eine Tätigkeit zu begreifen, deren Mittelpunkt die Frage nach dem guten Leben ist, hat heute nur wenige Anhänger. Nüchtern betrachtet, zerfällt die gegenwärtige Philosophie in eine Vielzahl von Einzelgebieten, die durch kaum mehr als ein allgemeines theoretisches Interesse an sehr abstrakten Problemen zusammengehalten wird. Die damit einhergehende Spezialisierung ist oft notwendig, um zu Ergebnissen zu gelangen, die in den Einzelwissenschaften nutzbar gemacht werden können. So helfen Entwicklungen in der formalen Logik und Sprachphilosophie Linguisten bei ihren Theoriebildungen, und die Reflexionen der Philosophie des Geistes sind zum Teil eine fruchtbare Verbindung mit den Neurowissenschaften und der Entwicklungsbiologie eingegangen. Und natürlich kann dadurch auch ein Fortschritt bei der Beantwortung einzelner traditioneller philosophischer Fragen erzielt werden. Doch die fortschreitende disziplinäre Zersplitterung gefährdet die Identität der Philosophie als eigenständige Tätigkeit und Wissensform. In dieser Situation erscheint es attraktiv, an die antike Tradition anzuknüpfen und wenn nicht die ganze Philosophie, so doch wichtige Bereiche von ihr wieder von der Frage nach dem guten Leben her zu verstehen.

Für eine derartige Rückbesinnung spricht zum einen, dass sich die verschiedenen Ansätze zu einer Transzendentalphilosophie als letztlich nicht überzeugend erwiesen haben. Nicht alle, aber viele traditionelle Probleme und Grundbegriffe der Philosophie dürften sich insgesamt plausibler als Teile eines Ganzen begreifen lassen, wenn sie auf die praktische Grundfrage nach dem guten Leben bezogen, als wenn sie als Ermöglichungsbedingung von Erfahrung überhaupt oder unserer Art der Erfahrung gedeutet werden. So ist zum Beispiel nicht zu sehen, warum unser Trieb- und Instinktleben nicht genauso bestimmend für unsere Erfahrung von uns selbst sein soll wie das Handeln nach Gründen. Dass wir letzteres, aber nicht ersteres für konstitutiv für unser »Personsein« halten, wird erst dann verständlich, wenn wir an Ideale wie Reflektiertheit und Selbstverantwortung appellieren, die für ein bestimmtes Verständnis vom guten Leben stehen. Gerade der für viele philosophische Untersuchungen zentrale Begriff der Person versammelt vor allem jene Attribute, die wir thematisieren, »wo es uns im besonderen um uns selbst als Menschen geht, und die Quelle all dessen sind, was wir in unserem Leben für das Wichtigste wie auch für das am schwersten zu Verstehende halten« (Frankfurt, 1993, S. 288). Wenn man Philosophie als eine einheitliche Tätigkeit konzipieren will, dann scheint der Weg über die praktische Grundfrage der aussichtsreichste zu sein.[29]

---

29 Ernst Tugendhat hat mehrfach Versuche in diese Richtung unternommen, am systematischsten vielleicht in: Tugendhat (1976), 7. Vorlesung. Vgl. auch Wolf (1999).

Zum anderen liefert diese Frage ein Motiv zum Philosophieren, das weniger kontingent ist als eine allgemeine theoretische Neugierde. Während diese genauso gut zu den einzelnen Wissenschaften führen kann, können Fragen des guten Lebens nur in einer reflexiven Einstellung angegangen werden, wie sie für die Philosophie typisch ist. Damit soll nicht behauptet werden, dass einzig das Interesse an der Frage nach dem guten Leben zur Philosophie passt. Vor allem die Beschäftigung mit Grundfragen der theoretischen Philosophie dürften sich oft anderen Motiven – etwa einer spezifischen Art des Staunens darüber, dass wir uns überhaupt verstehend auf die Welt beziehen können,[30] oder einem grundsätzlichen Zweifel an der Reichweite unseres Verstehens – verdanken. Auch diese Motive können sich jedoch mit der praktischen Grundfrage verbinden.

Wie stark die Motivation zum Philosophieren aus einer Beunruhigung über die Problematik des guten Lebens ist, hängt natürlich einmal von der Stärke der Beunruhigung selbst ab. Sie dürfte sich aber auch danach bestimmen, für wie einleuchtend man den Gedanken hält, dass das Philosophieren im Sinn des sokratischen »logon didonai« selbst notwendige Bedingung für ein gutes Leben ist. Dies war das dritte Element, das eingangs einem auf Sokrates zurückgehenden Philosophieverständnis abgelesen wurde, und auch an ihm scheiden sich die Geister.

Nicht überzeugen kann die Art und Weise, wie Aristoteles (und z. T. auch schon Platon) die Philosophie im Sinn der »theoria« als beste Lebensform auszuweisen versucht (vgl. Aristoteles, *Nikomachische Ethik*, X,7). »Theoria« ist für Aristoteles keine handlungs- und lebensbezogene Reflexion, sondern die Betrachtung und Analyse unveränderlicher und ewiger Entitäten, Sachverhalte und gesetzmäßiger Zusammenhänge. Das Unveränderliche

---

30 Zum Staunen als Ursprung der Philosophie vgl. Platon, *Theätet*, 155d; *Menon*, 80a, und Aristoteles, *Metaphysik*, 982b 10–18.

und Unvergängliche wird von dem Hin und Her des praktischen Lebens abgehoben und mit einer besonderen Würde versehen. Dahinter dürfte das (auch in alle Religionen eingehende) Motiv stehen, sich soweit wie möglich »dem blättergleichen Wechsel und Wandel des Menschengeschlechts« (Nietzsche, 1988, S. 36) durch Orientierung an einer kontingenzenthobenen Sphäre zu entziehen. Der Wert der »theoria«, der sie in Aristoteles' Augen zu etwas Göttlichem macht, partizipiert am Wert dessen, auf das sie gerichtet ist. Diese Konstruktion beruht jedoch auf metaphysischen Annahmen wie eben der Göttlichkeit des Unveränderlichen und der scharfen Trennung bzw. Dichotomie von Unvergänglichem und Vergänglichem, die heute kaum noch anzusprechen vermögen.

Neben der eigentlichen metaphysischen Begründung führt Aristoteles zugunsten der »theoria« noch andere, stärker empirische Erwägungen an. So verweist er auf die besondere Freude, die mit geistigen Tätigkeiten verbunden ist (*Nikomachische Ethik*, 1177a 22 ff.), und auf den Umstand, dass der Philosoph seiner Tätigkeit weitgehend unabhängig von anderen und von besonderen Ressourcen nachgehen kann (1177a 27 ff.). Daran ist sicherlich richtig, dass mit dem Philosophieren eigene positive Erfahrungen einhergehen können, die derjenige, der einmal Interesse an der Philosophie gewonnen hat, nicht missen mögen wird. Aber ähnliche Erfahrungen können auch mit anderen geistig anspruchsvollen Tätigkeiten gemacht werden, und Mills Diagnose, dass geistigen Tätigkeiten und Freuden von denen, die sie kennen, stets der Vorzug vor stärker sinnlichen Tätigkeiten und Freuden gegeben werden würde, mutet lebensfremd und auch etwas bieder an.[31]

Für Sokrates und die an ihn anknüpfende Tradition steht jedoch nicht das geistige Tätigsein als solches oder die »theoria« im Vordergrund. Vielmehr geht es hier, wie dar-

31 Vgl. John Stuart Mill, *Utilitarianism*, Kap. 2; vgl. Platon, *Staat*, 582a–e.

gelegt, um eine kritische und vorbehaltlose Versicherung der eigenen Grundorientierungen, darum, wie Max Weber sagt, »sich selbst *Rechenschaft zu geben über den letzten Sinn seines eigenen Tuns*« (1995, S. 39). Das Ideal, das Sokrates vorschwebt, ist nicht das Ideal der Schau ewiger Wahrheiten oder der Aufschluss darüber, was die Welt im Innersten zusammenhält, sondern das Ideal eines selbstverantwortlichen Lebens, in dem der einzelne Klarheit über sich selbst und die ihn prägende Realität gewonnen hat.[32]

Hält man sich an dieses Philosophieverständnis, so wird die Vorstellung, Philosophie zu treiben sei Vorbedingung für ein gutes Leben, nachvollziehbarer. Ihre Plausibilität hängt jedoch an zwei heiklen Voraussetzungen: Erstens nämlich brauchen wir eine Antwort auf die Frage, warum ein gutes Leben, wie von Sokrates unterstellt, nur als ein in der umrissenen Weise reflektiertes zu denken sein soll. Und zweitens bedarf es einer Begründung dafür, dass ein auf Klarheit über sich selbst drängendes Leben auf eine philosophische Reflexion angewiesen ist, die ja an das Medium allgemeiner Begriffe gebunden bleibt.

Versteht man unter einem guten Leben ein glückliches Leben, so ist es alles andere als zwingend, die erste Frage bejahend zu beantworten. Glück im Sinn der subjektiven Zufriedenheit mit dem eigenen Leben wird oftmals derjenige eher erlangen, der sich über sein Leben und seine Ziele und Werte nicht allzu viel Gedanken macht. Das Bestreben, Klarheit über sich selbst und die Welt zu gewinnen, ist mit Mühen verbunden. Es muss sehr menschlichen Neigungen zu Wunschdenken und geistiger Trägheit entgegenarbeiten. Es kann Wahrheiten freilegen, die für einen selbst unangenehm sind. Bei einer Übersteigerung der Selbstreflexion kann es zu Formen der Selbstbefan-

---

32 Dieser Klärungsprozess ist auch als ein gemeinsamer vorstellbar, in dem »wir« uns über »uns« und die Gesellschaft, in der wir leben wollen, klarzuwerden versuchen.

genheit und Handlungslähmung führen. Außerdem bürdet das Verlangen nach Selbstklärung dem, der ihm nachgeht, die Last der Verantwortung für die eigenen Ansichten und Entscheidungen auf. Deswegen gibt es starke Motive, sich der sokratischen Prüfung zu entziehen.

Warum kann Sokrates dann überhaupt meinen, ein ungeprüftes Leben sei nicht wert, gelebt zu werden? Welche Motive können der Neigung zur Verdeckung und zur unbefragten Übernahme von Orientierungen entgegenwirken? Ernst Tugendhat verweist auf den Wunsch, nicht in einer Scheinwelt zu existieren (2007, S. 93). Für unser Bewusstsein von der realen Welt sei charakteristisch, »daß wir sie gegen Welten der Phantasie und des Traums abheben« (S. 109). Diese »als-ob-Welten« könnten, im Spiel beispielsweise oder in der Kunst, ihren guten Sinn haben, aber in einem bestimmten Sinn seien sie »etwas Minderes«. »Wir schätzen es, daß das, was wir meinen, zu dieser Welt gehört und nicht zu einer der verschiedenen als-ob-Welten.« Das Reale sei »für uns ein Wert, aber nicht ein Wert unter anderen, vielmehr wollen wir von allem, was wir sonst als wertvoll ansehen, als wünschenswert, daß es in dieser [realen] Welt [...] erfüllt werde« (S. 110). Wir wollen unser Leben in Kontakt mit der Realität führen[33] und nicht im Nebel – und sei es in einem rosigen Nebel – herumtappen.

Tugendhat vermutet wohl zu Recht, dass es sich hier um ein eigenständiges Motiv handelt. Es verbindet sich jedoch, wie mir scheint, mit zwei anderen Motiven: Zum einen nämlich ist die Überzeugung, unser Leben in Kontakt mit der Realität zu führen, Voraussetzung für die Überzeugung, dass wir selbst es sind, die unser Leben führen,[34]

---

33 So auch Nozick ([10]1996), S. 45.

34 Vgl. dazu Steinfath: »[...] der wesentliche Punkt [ist] der, daß wir als in der Wirklichkeit lebende Wesen von dieser so oder so bestimmt werden, daß wir von ihr aber, wenn sie uns in wesentlichen Aspekten verstellt ist, *hinterrücks* bestimmt – und das heißt: fremdbestimmt – werden« (2001, S. 406).

und das ist wiederum etwas, an dem uns um seiner selbst
willen liegt; wir möchten weder das Leben eines anderen
führen noch gleichsam von einem anderen (oder etwas anderem) gelebt werden. Hier ist das eigenständige Motiv
das Streben nach Selbstbestimmung. Und zum anderen
bedeutet der Kontakt mit der ›wirklichen‹ Welt Berührung mit etwas, das nicht durch uns oder andere gemacht
wurde, das uns einen Widerstand entgegensetzt, aber gerade dadurch eine Sphäre bildet, in der wir etwas entdecken
können, das nicht nur wieder wir selbst sind. Wir können
uns so selbst auf etwas anderes hin transzendieren, und
diese Möglichkeit scheint Voraussetzung für elementare
Sinnerfahrungen zu sein.

Im Fall von Sokrates kommt ein weiterer Plausibilisie-
rungsgrund hinzu, ist doch für ihn der Bezug zur Realität
wesentlich ein Bezug auf das Gute. Jeder Mensch habe ein
grundlegendes Interesse daran, gut zu leben. In Bezug auf
alles andere mögen wir uns mit dem Schein zufrieden geben, aber das Gute, um das es uns gehe, müsse das wirklich Gute sein (Platon, *Staat*, 505d). Dem könnte entge-
gengehalten werden, dass wir nach Lage der Dinge mit einem illusionsbehafteten Glück am besten fahren, so dass
dies – und damit ein Leben im Schein – das für uns wirklich Gute sei. Doch wie soll sich auch nur diese vorgeb-
liche Einsicht ohne Prüfung und »Rechenschaftsabgabe«
(Husserl) gewinnen lassen? Wer sich aber einmal auf das
»logon didonai« eingelassen hat, kommt schwerlich wieder von ihm los.

All das ändert nichts daran, dass es neben Motiven für
ein reflektiertes Leben in Kontakt mit der Realität auch
die gegenläufigen Motive gibt, die uns lieber an vagen
Meinungen und unbesehen übernommenen Werten festhalten lassen, und dass diese Motive oft die stärkeren sind.
Außerdem gibt es viele Lebensbereiche und Lebensvollzü-
ge, die sich der Dichotomie von Verdeckung und Aufklärung entziehen, weil sie wenig mit dem Geben von Grün-

den zu tun haben (man denke etwa an den Bereich des Ästhetischen oder an die Liebe oder an viele individuelle Vorlieben). Eine dem Ideal der kritischen Reflektiertheit verpflichtete Philosophie kann nur versuchen, dort, wo die Wahl zwischen den Alternativen Verdeckung und Aufklärung tatsächlich maßgeblich ist, die Motive für letztere gegen die Motive für erstere zu stärken. Entgegen dem, was Sokrates und Platon suggerieren, gibt es keine zwingende Begründung für das Ideal der kritischen Reflektiertheit; es stellt eine wichtige Möglichkeit menschlichen Lebens dar, zu dem sich jeder für sich so oder so verhalten muss.

Eine Antwort auf die zweite kritische Anfrage an das sokratische Modell ist damit freilich noch nicht gegeben. Es kann im Gegenteil naheliegend erscheinen, dass, wer im Leben mit eigener Stimme sprechen will, nicht gleich wird philosophieren müssen. Bei Sokrates sind die allgemein-philosophische und die persönlich-ethische Reflexion auf das Leben unentwirrbar miteinander verbunden, weil bei ihm Philosophie und Leben eins sind. Doch wer kann und will schon, wie Sokrates von sich selbst sagt, »Tag für Tag über die Tugend Gespräche führen und über die anderen Dinge, über die ihr mich reden hört, indem ich mich selbst und andere einer Prüfung unterziehe« (Platon, *Apologie*, 38a)? Eine von der individuellen Selbstbefragung unterschiedene und ans Medium allgemeiner Begriffe gebundene Philosophie wird es vornehmlich darum zu tun sein, grundsätzliche Möglichkeiten menschlichen Lebens durchzugehen, und dazu bedarf es gerade eines Bruchs mit der persönlichen Betrachtung.

Trotzdem liegt Sokrates' Beharren auf der Einheit von Philosophie und Leben eine wichtige Einsicht zugrunde. Nicht nur liegt das philosophische Fragen in der Verlängerung lebensweltlichen Fragens, sondern das lebensweltliche Fragen zielt auch natürlicherweise auf eine philosophische Dimension. So wird der, der aus der Perspektive seines eigenen Lebens fragt, wie er leben soll, früher oder später auf jene allgemeinen Aspekte des menschlichen Lebens – das Sterbenmüssen, die Grenzen des Wissens, die Notwendigkeit des Sozialen usw. – stoßen, deren argumentative Erörterung Aufgabe primär der praktischen, aber sekundär auch der theoretischen Philosophie ist. Philosophische und persönlich-ethische Reflexion verweisen insofern aufeinander, obwohl zugleich eine unauflösbare Spannung zwischen ihnen besteht.

Auch eine weitgehende Annährung an das sokratische Verständnis von Philosophie und gutem Leben darf jedoch nicht vergessen machen, dass ein kritisch-reflektiertes Leben zwar Bedingung für eine Form des guten Lebens und auch ein wichtiges Element eines solchen Lebens sein mag, aber nicht schon dieses selbst ist. Bei Sokrates ergibt sich diesbezüglich eine eigentümliche Konstellation. Einerseits nämlich ist er auf der Suche nach dem Guten, wobei er sich eingestehen muss, das Gesuchte noch nicht gefunden zu haben. Andererseits scheint er das Gute für ein vollkommen Gutes zu halten, das endlichen Wesen wie uns notwendig verschlossen bleibt, und es ist dann diese Einsicht, die ihn dazu bringt, das für uns gute Leben mit dem Leben der Selbstprüfung zu identifizieren.[35] Doch warum sollten wir notwendig auf ein unerreichbar vollkommenes Leben ausgerichtet sein, von dem wir nicht einmal einen kohärenten Vorbegriff haben? Und selbst angenommen, dass wir es, was ich nicht glaube, wären, warum sollten wir dann unser Heil in einer ohnehin nicht abschließbaren Selbstprüfung und nicht doch besser in Verdrängung oder in den Glücksmomenten des Alltags suchen? Im Motiv der Rechenschaftsabgabe und der unvoreingenommenen Konfrontation mit der Wirklichkeit liegt ein eigenes Pathos, das in der existentialistischen Feier des Standhaltens angesichts des Absurden nachlebt.

---

35 Dazu näher Wolf (1996), bes. S. 47 ff.

Aber es wäre ein leeres Pathos, dürften wir nicht darauf
hoffen, in der Wirklichkeit selbst etwas entdecken zu können, das unser Leben reicher und besser machen kann.
Selbstprüfung und Aufklärung sind deswegen nicht ein
Letztes, sondern verweisen, recht verstanden, auf eine
Realität, die ihnen im günstigen Fall erst Substanz verleiht
und dem reflektierenden Subjekt erlaubt, sich von der Fixierung auf sich selbst zu lösen.

4. Form und Vermittlung der Philosophie

Wie aus jedem Verständnis der Philosophie, so ergeben
sich auch aus einem an Sokrates und der antiken Philosophie orientierten Verständnis Folgerungen für Form und
Vermittlung der Philosophie. Sie können hier nur noch
angedeutet werden.

Es wäre ein Missverständnis, würde man den Vorschlag,
die Frage nach dem guten Leben in den Mittelpunkt der
Philosophie zu rücken, als Empfehlung zur Ausklamme-
rung weiter Teile der traditionellen und gegenwärtigen
Philosophie auffassen. Der Vorschlag verträgt sich zum
Beispiel gut mit Kants Gedanken, dass die Philosophie um
die Fragen, was wir wissen können, was wir tun sollen
und was wir hoffen dürfen, kreise und diese Fragen ihrerseits in die Frage, was der Mensch ist, mündeten (1923,
S. 25). Gehen wir auf einer allgemein-philosophischen
Ebene der Frage nach dem guten Leben nach, so fragen
wir, welche Möglichkeiten ein so und so verfasstes
menschliches Leben in einer so und so verfassten Welt hat,
seinem Leben einen Sinn abzugewinnen.[36] Die Bearbeitung dieser Frage läuft aber auf eine Klärung der allgemeinen Struktur unseres gesamten Selbst- und Weltverständnisses hinaus, und dazu müssen wir die verschiedenen

36 Vgl. dazu und zum folgenden Satz Wolf (1999), bes. Kap. 4. 4.

Grundformen wie wir uns als Menschen auf uns selbst und die Welt beziehen, also die »Intentionalität« oder das »Verstehen« im Ganzen, explizieren. Unter diesen weiten Schirm passt fast alles, was traditionell zur Philosophie gerechnet wird.

Und doch ist zuzugestehen, dass am Ende auch der Vorschlag, das weite Feld der Philosophie auf die Frage nach dem guten Leben hin zu perspektivieren, nur ein Systematisierungsvorschlag unter anderen sein kann. Das Spektrum der Fragen, mit denen sich Philosophen beschäftigen, hat sich im Laufe der langen Geschichte philosophischen Nachdenkens so verzweigt und vervielfältigt, dass es nur noch gewaltsam unter ein alles überwölbendes Dach zu bringen wäre. Der Vorrang der Frage nach dem guten Leben läuft ja auf einen systematischen Vorrang der praktischen gegenüber der theoretischen Philosophie hinaus, und dagegen können, wie angeschnitten, andere zur Philosophie führende Motive als das Interesse an einem guten Leben als bestimmend herbeigezogen werden. Insofern hat es Philosophie auch auf dieser Metaebene mit der Ausarbeitung verschiedener Möglichkeiten zu tun, zwischen denen man sich so oder so entscheiden kann.

Für die praktische Philosophie ist ein Anknüpfen an die antike Tradition dagegen mit einer Ausweitung ihrer Fragestellungen verbunden, die in Opposition zu einer Engführung auf Moralphilosophie steht. Welche Rechte und Pflichten wir anderen gegenüber haben, gehört sicherlich zu den wichtigsten allgemeinen Aspekten des menschlichen Lebens, die von der Philosophie zu erörtern sind. Aber zu diesen Aspekten zählen eben auch der Tod, die Vergänglichkeit, die Begrenztheiten menschlichen Wissens, das Gefallen am Schönen usw. Allenfalls sekundär wird es bei der Erörterung solcher Dimensionen menschlicher Existenz um die Vermittlung von Werten gehen. Im Vordergrund steht das gedankliche Durcharbeiten von Möglichkeiten menschlichen Lebens. Es geht nicht um

Vorschriften, sondern um Empfehlungen, um das Geben von Gründen für Optionen, von denen jeweils zu zeigen ist, wie sie mit anderen Gesichtspunkten zusammenhängen.

Vermittelt Philosophie tatsächlich Werte, dann am ehesten jene ethischen Haltungen, die zum vorbehaltlosen und auf Klarheit dringenden Argumentieren gehören, nur dass diese kein Selbstzweck sein sollten, sondern letztlich in den Dienst der sokratischen Prüfung zu stellen sind, folgte man dem hier unterbreiteten Vorschlag. Zum philosophischen Argumentieren gehört einerseits das nötige Rüstzeug – zum Beispiel die Logik – und andererseits eine Ethik des Argumentierens, für die Haltungen wie Ernsthaftigkeit, Redlichkeit und das Bemühen um Klarheit und Übersichtlichkeit bei gleichzeitigem Vermeiden von Pedanterie wichtig sind. Nicht um das Ausstechen anderer geht es, sondern um Einladung zum Selbstdenken.

Es gibt sicherlich verschiedene Wege zur Einübung solcher Tugenden. Der immer noch am meisten begangene ist das gründliche Studium klassischer und neuerer philosophischer Texte. Ihre Lektüre steht vor der Herausforderung, die Balance zwischen textgetreuer Interpretation und kritischer Befragung im Hinblick auf die Frage, was von den Texten richtig und brauchbar ist, zu halten (vgl. Patzig, im vorliegenden Band). Die Auswahl der Texte kann nicht allgemein festgelegt werden. Das Interesse an der praktischen Grundfrage legt jedoch nahe, Texte mit deutlicheren existentiellen Bezügen einen gewissen Vorzug zu geben. Und es lädt dazu ein, Fragen öfter auch direkt, ohne den Umweg über Fremdtexte, anzugehen, etwa im freien Essay.

Im Hinblick auf das Ideal der kritischen Reflektiertheit gehört zum Wichtigsten die Schärfung des Sinns für Alternativen. Das gilt zumal für die praktische Philosophie. Wer sich etwa ein Bild über die Moral machen will, sollte nicht nur Kant und Mill lesen, sondern zum Beispiel auch

Aristoteles, Montaigne, Marx und Nietzsche. Und er oder sie sollte über den Tellerrand des philosophischen Kanons hinausschauen, zum Beispiel durch Hinzuziehen der Paulusbriefe, der Schriften der klassischen chinesischen Philosophie oder literarischer Texte wie die griechischen Tragödien und Dostojewskis Romane, ja er oder sie sollte selbst bei Texten nicht stehen bleiben, sondern einen Blick auf die Lebenswirklichkeit werfen, zum Beispiel auf die schreckliche Realität der organisierten Vernichtung und darauf, »wie aus ganz normalen Menschen Massenmörder werden« (vgl. Welzers, 2005). Am Ende kommt es aber wohl auch hier nicht so sehr darauf an, womit genau man sich philosophierend beschäftigt, als darauf, wie man es tut, mit welcher Einstellung, vor allem aber darauf, ob man es ernst damit meint.

Der Umsetzung des sokratischen Philosophieverständnisses sind in den Institutionen, in denen Philosophie heute vornehmlich betrieben wird, in erster Linie in der Universität, in zweiter Linie in der Schule, enge Grenzen gesetzt. Für Sokrates und die Antike war Philosophie eine eigene Lebensform, durch die sich der Mensch als Mensch verwandeln sollte. Möglich war dies nicht nur, weil sich diese Philosophie um Lebensfragen drehte, sondern auch wegen des schlichten Umstandes, dass die Beschäftigung mit ihr ein Leben lang anhielt und für jeden, der an ihr teilhatte, die Hauptbeschäftigung war. Um eine Schule der Aufmerksamkeit, der Einübung in ein anderes Sehen und Denken zu sein, fehlt es in der institutionalisierten Praxis der heutigen Philosophie nicht zuletzt an Zeit und Muße. Eine falsch verstandene Professionalisierung von innen, die Philosophie eine Sache allein von Spezialisten werden lässt, und bürokratisierende Zwänge von außen haben dazu geführt, dass heute Philosophie nur noch mit Einschränkungen eine Lebensform genannt werden kann. Gerade in der gegenwärtigen Situation kann die Erinnerung an das sokratische Philosophieverständnis jedoch helfen, ein Ideal zu umreißen, das für die Bedrohung von Freiräumen für die kritische Befragung von Grundorientierungen sensibilisiert und zur Rückeroberung solcher Freiräume anspornt.[37]

Literatur

Bieri, Peter: Das Handwerk der Freiheit. München 2001.

Frankfurt, Harry G.: Willensfreiheit und der Begriff der Person. In: Peter Bieri (Hrsg.): Analytische Philosophie des Geistes. Bodenheim 1993. S. 287–302.

Hadot, Pierre: Philosophie als Lebensform. Geistige Übungen in der Antike. Berlin 1991.

Husserl, Edmund: Meditation über die Idee eines individuellen und Gemeinschaftslebens in absoluter Selbstverantwortung. In: Husserliana VIII. Haag 1958. S. 193–202.

Kant, Immanuel: Logik. In: I. K.: Werke. Akademie-Ausgabe IX. Berlin 1923.

Nietzsche, Friedrich: Geburt der Tragödie. In: F. N.: Kritische Studienausgabe 1. München 1988.

Nozick, Robert: Anarchy, State, and Utopia. Oxford [10]1996.

Steinfath, Holmer: Orientierung am Guten. Frankfurt a. M. 2001.

Strawson, Peter: Individuals. An Essay in Descriptive Metaphysics. London 1959.

– Analysis and Metaphysics. An Introduction to Philosophy. Oxford 1992.

Tetens, Holm: Philosophisches Argumentieren. München 2004.

Tugendhat, Ernst: Vorlesungen zur Einführung in die sprachanalytische Philosophie. Frankfurt a. M. 1976.

– Überlegungen zur Methode der Philosophie aus analytischer Sicht. In: E. T.: Philosophische Aufsätze. Frankfurt a. M. 1992. S. 261–272.

– Retraktationen zur intellektuellen Redlichkeit. In: E. T.: Anthropologie statt Metaphysik. München 2007. S. 85–113.

Weber, Max: Wissenschaft als Beruf (1917/1919). Stuttgart 1995.

---

37 Für kritische Anmerkungen zu einer früheren Fassung dieses Textes danke ich Mario Brandhorst, Kirsten Meyer und Felix Mühlhölzer.

Welzer, Harald: Täter. Wie aus ganz normalen Menschen Massenmörder werden. Frankfurt a. M. 2005.

Williams, Bernard: Shame and Necessity. Berkeley 1993.

Wittgenstein, Ludwig: Das Blaue Buch. In: L. W.: Werkausgabe.
Bd. 5. Frankfurt a. M. 1989.

Wolf, Ursula: Die Suche nach dem guten Leben. Platons Frühdialoge. Reinbek 1996.

– Die Philosophie und die Frage nach dem guten Leben. Reinbek
1999.

RÜDIGER BITTNER

Was gut an Philosophie ist

Man kann auf viele Arten Philosophie betreiben. Man kann Bücher schreiben, Kongresse organisieren, Lebensberatung bieten oder sich für ein paar Wochen mit Spinozas *Ethik* an einen finnischen See setzen. Aber heute und hier ist Philosophie vor allem ein Fach, nicht zum Beispiel ein Geschäftszweig oder wie in der Antike eine Lebensweise; und ein Fach ist in erster Linie etwas, das man lernt oder, da man es hauptsächlich auf Universitäten lernt, das man studiert. Es stellt sich also zunächst die Frage: Was ist gut daran, Philosophie zu studieren?

1. Eitelkeiten

Manche sagen, Philosophie zu studieren heiße, sich in systematischer Arbeit den Zugang zu einem Denken verschaffen, das seinem eigenen Sinn nach gerade nicht ein bloßes Fach darstellt, also eine Sparte, sondern zum Menschen als Menschen gehört. Karl Jaspers etwa spricht von der »Unausweichlichkeit der Philosophie für den Menschen« (1965, S. 17), bei Josef Pieper erscheint sie »in gewissem Sinn als der Vollzug der menschlichen Existenz selbst« (1959, S. 86).[38] Philosophie zu studieren ist hiernach gut, weil man damit etwas, das Menschen überhaupt wesentlich ist, eigens übernimmt und zu einem Hauptinhalt seines Lebens macht. Der Philosoph ähnelt hier dem Priester: Wie alle vor Gott stehen, der Priester aber eigens dazu bestellt ist, dies Verhältnis wahrzunehmen, so philo-

---

38 Ähnlich äußert sich Maurice Merleau-Ponty in seiner Antrittsvorlesung am Collège de France (1960), S. 73.

sophiert jeder, aber wer Philosophie studiert, macht diese Art von Gegenständen zu seiner beruflichen Aufgabe. Was manchmal auch kritisch statt auszeichnend gewendet wird: wie die wahrhaft Gläubigen manchmal die bestallten Gottesdiener verachten, so die wahrhaft Denkenden die Berufs-Philosophen.

Aber die Vorstellung, dass Philosophie zum Menschen als Menschen gehört, ist bloß ein Stück philosophischer Selbstbeweihräucherung. Nicht nur ist Philosophie in der Weltgeschichte ein zeitlich wie örtlich lokales Phänomen, begrenzt auf die drei Traditionen der indischen, der chinesischen und der griechischen Philosophie, von denen die älteste, die indische, nur ungefähr 2500 Jahre alt ist, ja: nur. Auch für uns, die wir Philosophie in unserem Umkreis haben, gilt nicht, dass sie in irgendeiner Weise für unser Leben als Menschen zentral ist. Sicher, für den oder jenen ist sie zentral, aber für den oder jenen ist auch Eiskunstlauf zentral, das ist nicht der Punkt. Es geht darum, dass unser Leben, was immer wir im Einzelnen betreiben, angeblich zu einem wahrhaft menschlichen erst wird durch das Element philosophischer Befragung, das es enthält. Sokrates sagte nach Platons Bericht, ein Leben ohne Prüfung dieses Lebens, und gemeint ist: Prüfung durch philosophische Reflexion, sei für einen Menschen nicht lebenswert (*Apologie des Sokrates*, 38a). Aber das ist falsch, und dazu arrogant. Viele Menschen, auch hier bei uns, haben menschlich und würdig gelebt, denen Philosophie nie irgendetwas bedeutete. Zudem haben diejenigen, denen sie etwas, vielleicht viel bedeutete, nicht darin erst ihr oder gar anderer Menschsein realisiert. In unserer Erfahrung zeigt sich vielmehr Philosophie als nur eine Sache, auf die manche Menschen sich geworfen haben, wie man sich auch auf andere Sachen werfen kann. Philosophie ist ausweichlich; mit dem Menschen als Menschen hat sie nichts zu tun.

2. Klarheit

Wenn Philosophie etwas ist, was man machen, aber auch lassen kann, liegt die Frage um so näher, was gut daran ist, das zu machen. Gut daran, ein Fach zu studieren, ist in aller Regel, dass man etwas lernt. Was lernt man, wenn man Philosophie studiert?

Stoff jedenfalls. Man lernt eine Menge von Dingen kennen dank einem Studium der Philosophie, solche Dinge wie Determinismus, die Idee des Guten und die transzendentale Einheit der Apperzeption. Wohlgemerkt, man lernt sie kennen in einem Sinne, der nicht einschließt, dass es die bezeichneten Dinge wirklich gibt. Dazu lernt man eine Menge historischer Tatsachen kennen, wann Sokrates gestorben ist etwa, und wer gesagt haben soll: »Ich denke, also bin ich.«

Aber wichtiger als solche Kenntnisse, die einem außerhalb der Philosophie wenig helfen, sind die Fähigkeiten, die man bei einem Studium der Philosophie erwirbt. Denn die lassen sich vielfältig verwenden. Gewiss, zu sagen, dass man diese Fähigkeiten bei einem Studium der Philosophie erwirbt, ist zu stark. Denn es gibt Naturtalente, die diese Fähigkeiten schon mitbringen, und es gibt auf der anderen Seite diejenigen, bei denen auch das beste Studium nicht anschlägt. Lassen wir solche besonderen Fälle beiseite: Welche Fähigkeiten ist ein Studium der Philosophie normalerweise geeignet zu vermitteln?

Vor allem die, klar zu reden. Klar ist ein Reden, wenn es die Sache offen legt, sie in ein helles Licht rückt, so dass sie sich gut sehen lässt. Zum klaren Reden gehört genaues Reden, also eines, das die Sache scharf fasst, »scharf« wie Fotos scharf sind. Und es gehört durchsichtiges Reden dazu so, dass man in der Rede selbst nicht den Weg verliert und den sachlichen Zusammenhang begreift. Nicht aber muss klares Reden formelhaft und langweilig, wie manche das Wort gebrauchen: wissenschaftlich sein. Es kommt darauf an, die Sache »rüberzubringen«, und dazu ist jede Metapher, überhaupt jedes rhetorische Mittel recht. Mit klarem Reden aber geht klares Denken Hand in Hand: Man redet nur dann klar, wenn man klare Gedanken hat.

Philosophie führt zu klarem Reden und klarem Denken, nicht in erster Linie deshalb, weil die Philosophen denen, die das Fach studieren, Klarheit als eine Tugend anpreisen, sondern weil in der Philosophie Klarheit sich auszahlt, rascher als anderswo. Mit klarem Reden macht man sich verständlich und ohne es erleidet man bald Schiffbruch. Mit dem Bemühen, das, was andere sagen, zu klären, versteht man es, und ohne dies Bemühen tappt man im Dunkeln. Da es einem aber um Verstehen und Verstandenwerden zu tun ist, richtet die Philosophie einen ab zur Klarheit. (Wie Hunde: erst Klarheit, dann gibt es die leckeren Sachen.) Sicher findet sich manchmal auch Verständnis ohne Klarheit, und manchmal bei aller Klarheit doch kein Verständnis. Aber die überwiegende Tendenz ist, dass Klarheit einem hilft, zu verstehen und verstanden zu werden. Sicher auch, dass es einem manchmal in der Philosophie nicht in erster Linie darum zu tun ist, zu verstehen und verstanden zu werden, sondern vielleicht um solche Dinge wie, mit diesem Essay zum Termin fertig zu werden, oder als ein origineller Denker zu erscheinen; und wo solche Bedürfnisse, vielleicht institutionell bedingt, überhand nehmen, leitet Philosophie auch nicht mehr zur Klarheit an. Aber unter solchen Umständen gedeiht sie auch selbst nicht: ohne Absicht auf Verstehen und Verstandenwerden wird Philosophie unergiebig. Tendenziell gilt also wohl: Philosophie erzieht zu klarem Reden und Denken. Das aber hilft einem auch außerhalb der Philosophie.

3. Einsicht

Nur ist das noch kein Grund, Philosophie zu studieren. Zum einen, dass man Klarheit in der Philosophie lernt, schließt nicht aus, dass man sie anderswo noch besser lernt. Vor allem aber: Klarheit ist in der Philosophie kein Ziel, sondern eine Tugend. Man studiert nicht Philosophie, um klar zu sein, sondern mit Klarheit erreicht man das leichter, um dessentwillen man sie studiert; und wer dieses Ziel nicht teilt, hat in der Philosophie im wörtlichen Sinne nichts zu suchen und läuft orientierungslos im Wald herum.

Welches Ziel? Einsicht. Zu begreifen, wie die Dinge liegen. Welche Dinge? Zum Beispiel, was Zahlen sind. Ob jedes Geschehnis eine Ursache hat. Ob es Menschenrechte gibt, und wenn ja, welche. Worauf sich moralische Forderungen gründen. Und so weiter. Wie weiter? Und so weiter, mehr kann man nicht sagen: Es gibt kein allgemeines Kriterium philosophischer Fragen. Philosophie ist ein bloßer Korb, in den man vom Beginn unserer Tradition an immer wieder neue Fragen gelegt und aus dem man alte entfernt hat, sei es, um sie ganz fallen zu lassen, sei es, um einen neuen Korb für sie zu eröffnen. Was bei diesem Vorgang herausgekommen ist, das ist das Gebiet der Philosophie. Es besitzt keine sachliche Einheit.

Und wirklich gewinnt man Einsicht über diese Dinge. Man begreift etwas, das vorher undurchsichtig war. Gewiss, was ich für neue Einsicht halte, mag anderen als fortgesetzter Irrtum erscheinen. Welches die Einsichten sind, über diese Frage haben wir noch nicht Einigkeit erreicht. Wir schütteln sie noch, wie Nudeln im Sieb. Aber wir sind dabei, unter den vorgeblichen Einsichten Einsicht zu finden.

Viele zweifeln grundsätzlich daran, dass wir in Philosophie Einsicht gewinnen. Ein Grund dafür ist die nicht endende Uneinigkeit. Aber die besagt nicht viel. Philosophie ist eben schwer, da dauert es lang, bis man zusammen kommt. Ein anderer Grund ist die Tatsache, dass alle angebliche Einsicht nur aus dem besonderen Blickwinkel von diesem oder jenem gewonnen ist und dadurch schon sich für echte Einsicht disqualifiziert. Was aber nicht daraus folgt. Nimmt man die Metaphorik des Blickwinkels oder der Perspektive ernst, so sieht man, dass jemandem, der aus einem besonderen Blickwinkel urteilt, deshalb Einsicht keineswegs verschlossen ist. Noch ein anderer Grund mag sein, dass Philosophie keine Methode besitzt. Aber es ist bloßes Dogma, dass sich Einsicht nur methodisch gewinnen lässt.[39]

Und viele haben sogar aus der vorgeblichen Not eine Tugend gemacht. Nach ihnen erreichen wir nicht nur keine Einsicht, Philosophie ist auch gar nicht dazu da, Einsicht zu erreichen, sondern nur dazu, nach ihr zu streben: »das Suchen der Wahrheit, nicht der Besitz der Wahrheit ist das Wesen der Philosophie«, so Jaspers (1965, S. 14). Aber das ist falsches Pathos. Wer nicht bereit ist zu finden, wenn das Gesuchte da liegt, der sucht nicht einmal, sondern posiert nur als Suchender. Wer aber bereit ist zu finden, ist nur einstweilen und notgedrungen, nicht wesentlich Suchender.

Solchen Vorstellungen von Einsicht, die der Philosophie unerreichbar oder zu der sie nicht einmal berufen ist, steht die Erfahrung entgegen, dass wir in Philosophie tatsächlich dahin gelangen, einzusehen, wie es sich mit der und der Sache verhält, was oft natürlich heißt: einzusehen, wie es sich mit ihr nicht verhält. Der Rahmen, in dem das geschieht, mag noch so begrenzt sein: Wir merken, wir kommen voran, in diesem Essay, in dieser Diskussion, in diesem Buch. Wohl könnte es sein, dass wir uns mit dieser Annahme immer täuschen. (Dass wir uns manchmal mit

---

39 Das ist die unausdrückliche Pointe von Gadamers Titel *Wahrheit und Methode* (1965).

ihr täuschen, versteht sich ohnehin.) Aber für diese Skepsis müssten Gründe gegeben werden. Ohne die behält Erfahrung das letzte Wort, und sie sagt: Ja, manchmal sehen
wir etwas ein.

4. Vorn anfangen

Philosophie bringt Einsicht, und das ist ein Grund, Philosophie zu studieren. Aber Chemie bringt auch Einsicht:
Warum gerade hinter der philosophischen her sein? Weil
das, was man in Philosophie einsieht, jeweils der Sache
nach am Anfang oder ziemlich am Anfang steht und so,
einmal eingesehen, ein Denken, eine Erfahrung oder eine
Praxis dem Verständnis zugänglich macht.

Der Sache nach am Anfang, das ist zu verstehen im Gegensatz zu: am Anfang des Umgehens eines Menschen mit
dem betreffenden Gegenstand. Studiert jemand Rechts-
wissenschaft, ist er wahrscheinlich mit dem einen oder anderen Aspekt der Tätigkeit von Juristen schon bekannt. Er
weiß etwas von den Berufschancen, die man im Staatsdienst und in der Privatwirtschaft hat, vom Reiz und von
der Kompliziertheit juristischer Probleme oder von den
Klippen in der Ausbildung. Mit solchen Dingen fängt sein
Umgehen mit dem Recht an. Aber sie stehen nicht der Sache nach am Anfang, sie sind nicht das, was beim Recht
das erste ist. Das erste beim Recht ist, was das Recht selbst
ist. Damit fängt nun kaum ein Jurist an, aber das ist es,
worum es Philosophen typischerweise geht.

In der Philosophie ist es lange üblich gewesen, auf die
»Einzelwissenschaften«, wie es hieß, hinabzublicken, die
ohne diesen Zugriff vom Anfang her sich ohne Weiteres
ihren besonderen Problemen zuwenden, also in diesem
Beispiel die Anfänger in eine zivilrechtliche Grundvorlesung schicken statt in ein rechtsphilosophisches Seminar.
Aber zu Hochmut besteht kein Grund. Es ist nicht so,

dass man eigentlich vorne beginnen müsste, weder aus dem Grund, weil sonst die rechtswissenschaftlichen Theorien mangelhaft bleiben, noch weil man sonst schlechtere juristische Praktiker bekommt. Wer der Sache nach vorne beginnen will, hat nicht ein Frage-Interesse höheren Ranges, sondern nur ein anderes.

5. Weltverständnis

Aber wenn man nicht eigentlich vorne beginnen müsste, warum beginnt man dann vorn? Denn das Natürliche ist es, mittendrin anzufangen, weil wir bei all diesen Gegenständen, Recht, Zahlen, Moral, Kausalität und so weiter, schon mittendrin sind; und wären wir es nicht, hätten wir erst recht keinen Grund, mit ihnen von vorn anzufangen.

Man beginnt vorn, um sich die Welt verständlich zu machen, die Welt, nicht allein dies oder jenes Gebiet. Wieder an dem Beispiel: Unser angehender Jurist hat ein Verständnis von rechtlichen Dingen, bevor er mit dem Studium beginnt, und nach der Grundvorlesung im Zivilrecht hat er vermutlich ein zusammenhängendes und professionelles Verständnis von diesem Rechtsbereich. Aber solange er nicht fragt, was Recht ist, bleibt das eine Verständnisinsel: Innerhalb von ihr kennt er sich einigermaßen aus, aber wo in der Welt sie liegt, weiß er nicht. Nun macht er sein Seminar in Rechtsphilosophie, und nehmen wir an, die von Hobbes und Austin vorgetragene Theorie überzeugt ihn: Recht ist eine Sammlung von Befehlen politischer Machthaber.[40] Ob das wahr ist, steht jetzt nicht zur Diskussion, sondern das, was er, angenommen es ist wahr, mit dieser Einsicht gewonnen hat, außer eben nur eine

---

40 Vgl. Thomas Hobbes, *Leviathan* (1651), Kap. 18, Absatz 10; John Austin, *The province of jurisprudence determined* (1832), 6. Vorlesung.

Einsicht mehr. Dies hat er gewonnen: Er kann jetzt Recht in seiner Welt unterbringen. »Eine Vorschrift des Rechts«, diesen Ausdruck versteht man in Wirklichkeit nicht, man hat sich nur angewöhnt, mit ihm umzugehen, als sei er verstanden. Aber »Befehl des Machthabers«, das versteht man. Wer sich so Recht erklärt, muss nicht mehr von seinem sonstigen Leben einen Verständnis-Sprung machen, um ins Recht zu kommen, sondern er findet es als einen Teil der Welt, in der er Wege kennt. Das liegt auch nicht an dieser besonderen Theorie. Sollte es stattdessen wahr sein, dass Recht ein Komplex aus primären und sekundären Regeln ist (Hart, 1961, Kap. 5), eine Behauptung, die natürlich selbst wieder Erläuterung braucht, dann hat einer mit dieser Einsicht dasselbe gewonnen, nämlich Recht untergebracht in seiner Welt sonst. Denn mit Regeln, nach denen man sich zu richten hat, in einem Spiel oder auch sonst, kennen wir uns gleichfalls aus. Entsprechendes gilt für andere Gegenstände. Wer vorn anfängt, jetzt nicht allein beim Recht, sondern auch bei Moral, bei Zahlen, bei Wissenschaft, und so weiter, der hat Aussicht, den Platz dieser Dinge in seiner Welt zu erkennen, so dass sie nicht mehr als fremdartige Einsprengsel erscheinen, sondern als zugänglich in dem Umkreis seines Lebens.

Es ist wahr: Nicht alles, was im Fach Philosophie studiert wird, ist unmittelbar auf diesen Zweck einer durchweg zugänglichen Welt gerichtet. So studiert man die Geschichte der Philosophie, um zu sehen, wohin andere bei diesem Verständnis-Unternehmen gelangt und wo sie fehlgegangen sind, und um aus beidem für das eigene Unternehmen zu lernen. Man bearbeitet ferner kleinere Vor- oder Teilfragen, etwa eine wie diese: Ist ein Rat nur eine weniger nachdrückliche Aufforderung oder ist er der Art nach von einer Aufforderung verschieden? Klarheit hierüber würde nämlich helfen, die Grundmuster von Handlungsleitung aufzudecken, mit denen wir einander begegnen, und damit begreiflich zu machen, was für einer Art von Ansprüchen wir als Handelnde unterstehen. Aber mittelbar verfolgt man auch in solchen Fragen das Ziel, ein Stück unserer Erfahrung im Ganzen unserer Welt zu verstehen; hier etwa das Stück Erfahrung, das darin besteht, dass wir dies oder jenes tun sollen.

Anders noch liegen die Dinge bei dem, was man »angewandte Ethik« nennt. Wer etwa fragt, was Doping moralisch anstößig macht und wie weit die Loyalität zur eigenen Firma gehen darf, sucht damit nicht nach einem Weltverständnis, in dem moralische Forderungen ihren Platz haben. Vielmehr weist man solche Fragen der Philosophie zu, weil man denkt, dass jemand, der einen Begriff von Moral schon gewonnen hat, darum über solche Detailfragen ebenfalls gut Auskunft geben kann. Dafür spricht auch manches. Die Perspektive dessen, der sich in einer Welt zurechtzufinden sucht, erlaubt oft einen freieren, nicht durch die Erfordernisse des Betriebs schon eingenommenen Blick auf das, was man tun und nicht tun sollte. Freilich spricht auch manches dafür in der anderen Richtung: Es ist heilsam zu sehen, wohin im Detail die Prinzipien führen, die einem generell attraktiv erscheinen. Aber so praktisch es ist, die angewandte Ethik der Philosophie zuzuweisen, konsequent wäre es, sie den betreffenden Wissensgebieten selbst anzugliedern, eben weil es bei angewandter Ethik nicht selbst um ein Weltverständnis geht; und in Wahrheit gehört es zu einer Kenntnis von Medizin, Politik, Wirtschaft usw., dass man weiß, was in Medizin, Politik, Wirtschaft usw. zu tun recht oder unrecht ist.

Ob es einer gegebenen Erklärung gelungen ist, dem Recht, den Zahlen oder was auch immer einen Ort in der Welt anzuweisen, wird regelmäßig umstritten sein. Manche werden sagen, die gegebene Erklärung erkläre nicht das, was sie erklären soll, sie erreiche nicht den intendierten Gegenstand. In dem Beispiel, »Befehl des Machthabers« sei zwar ein verständlicher Ausdruck, treffe aber nicht, was Recht ist.[41] Andere werden sagen, die angebliche Erklärung sei keine, sie bringe uns nicht zu unserer geteilten Welt zurück, sondern lasse die Dinge doch wieder im Dunklen. In dem Beispiel, die Rede von Macht und damit die von Machthabern sei selbst noch klärungsbedürftig. Ob ein Versuch, diese oder jene Sache in der Welt zu verorten, gelungen ist oder nicht, darüber streiten Philosophen. Denn weder ist das offensichtlich, noch ist es unerkennbar: Man kann dafür und dagegen Gründe geben, und man kann angesichts dieser zu einer Entscheidung gelangen. Ein Weltverständnis ohne Sprung, in beiden Bedeutungen, liegt nicht schon fertig da, aber es gibt auch keinen guten Grund für die Annahme, es sei uns ein für allemal verschlossen. Wir arbeiten dran.

Wer jetzt sagt: An einem Weltverständnis ohne Sprung liegt mir nichts, ich bin zufrieden mit den bloßen Stücken, ja ich schätze es, frei von der Forderung eines durchgängigen Verstehens nur von einer Insel zur anderen zu setzen – dem habe ich nichts entgegen zu halten. Mir geht es anders. Ich schätze es, begreifend überallhin zu gelangen, oder so weit es eben geht. Es ist wahr, man braucht ein solches Weltverständnis nicht. Man kann ins Recht wie ins Kino gehen, also eben sprunghaft, und dabei als Rechtsgelehrter oder als praktischer Jurist ausgezeichnete Arbeit tun, und das Entsprechende gilt bei Mathematikern, Künstlern, Erziehern und so weiter. Mir erscheint es nur etwas Schönes, nämlich Befreiendes zu sein, wenn man in seinem Verständnis von Dingen nicht vor Gräben steht, und dies Schöne ist es, was philosophische Einsicht, wenn sie denn gelingt, einem verschafft.

---

41 So hat Hart (1961), Kap. 3–4, die These von Hobbes und Austin kritisiert.

6. Freier leben

Und um die Beschränkung des Themas vom Anfang jetzt aufzugeben: Sie verschafft es einem nicht allein, wenn man das Fach studiert. Verschiedene Arten mit Philosophie umzugehen können einem, je nach persönlicher Lage und objektiven Umständen, zu einem solchen weiteren Verständnis und damit zu einem freieren Leben verhelfen. Das Organisieren von Philosophie-Kongressen bringt einen in dieser Hinsicht wahrscheinlich nicht weiter, aber Spinozas *Ethik* am finnischen See vielleicht schon. Besonders hilfreich ist Philosophie oft für Menschen in den letzten Jahren ihrer Schulzeit. Im deutschen Schulsystem wird man ja fachgebunden unterrichtet, also genau durch den Ausbau von Verständnisinseln. Das mag gute Gründe haben, doch verschließt es einem die Welt. Weil man sich gerade in diesem Alter aber eben in der Welt zurechtzufinden sucht, wirken die philosophischen Angebote, zu begreifen, wie man überhaupt hineinkommt in Mathematik, Recht, Kunst oder was es auch sei, schon wenn es nur Angebote sind und Anfänge einer längeren Diskussion, oft belebend und befreiend. Es hilft einem, wenn man sieht, dass man sich im Verständnis auf eigenen Füßen durch die Welt bewegen kann.[42]

Literatur

Gadamer, Hans-Georg: Wahrheit und Methode. Grundzüge einer philosophischen Hermeneutik. Tübingen 1965.
Hart, H. L. A.: The Concept of Law. Oxford 1961.
Jaspers, Karl: Einführung in die Philosophie. München 1965.
Merleau-Ponty, Maurice: Éloge de la philosophie et autres essais. Paris 1960.
Pieper, Josef: Was heißt philosophieren? München 1959.

42 Kirsten Meyer danke ich für hilfreiche Kritik an einer früheren Fassung dieses Aufsatzes.

PETER SCHABER

Wertevermittlung und Autonomie

Welche Art von Moral soll in unserer pluralistischen Gesellschaft im Ethikunterricht gelehrt werden? Mit einigen amerikanischen Kommunitaristen könnte man die Antwort geben: die Werte der Gemeinschaft. So lesen wir im »Communitarian Network«:

> »Wir sollten die gemeinsamen Werte der Amerikaner lehren, zum Beispiel, dass die Würde aller Menschen zu achten ist, dass Toleranz eine Tugend und Diskriminierung verwerflich ist, dass die friedliche Lösung von Konflikten der gewaltsamen überlegen ist, dass überhaupt die Wahrheit zu sagen dem Lügen moralisch überlegen ist, dass eine demokratische Regierung besser ist als Totalitarismus und Gewaltherrschaft, dass Sparen für einen selbst und für sein Land besser ist, als seinen Verdienst zu verschwenden und bei der Vorsorge für zukünftige Bedürfnisse sich auf andere zu verlassen.«[43]

Diese Passage ist implizit gegen das gerichtet, was man als liberale Erziehung verstehen könnte. Es sind ohne Zweifel Liberale, die sich auf das breite Spektrum ethischer und religiöser Lehren berufen und fragen: ›Welche Moral soll denn gelehrt werden?‹ Für viele liberale Theoretiker ist *moralische Neutralität* ein Kennzeichen liberaler Erziehung. Danach kann es also nicht darum gehen, junge Menschen auf bestimmte moralische Werte zu verpflichten; und auch nicht darum, ihnen bestimmte Lebensformen als wertvoll, andere als wertlos darzustellen. Die Er-

---

43 The Communitarian Network, www.communitariannetwork.org (Übersetzung des Autors).

ziehungs- und Ausbildungsinstitutionen sollten in einer liberalen Gesellschaft die Antworten auf moralische Fragen und Fragen des guten Lebens den Individuen überlassen. Entsprechend sollte es nicht das Ziel der Schule sein, moralische Inhalte zu vermitteln; die Betonung sollte vielmehr auf der Diskussion moralischer Fragen und der Neutralität des Lehrers liegen. In diesem Sinne schlug der englische Pädagoge Lawrence Stenhouse 1970 Folgendes als Form moralischer Erziehung vor: »a pattern of discussion teaching in which students review evidence under the chairmanship of a teacher who represents educational values and critical standards, but maintains neutrality on the controversial issues under discussion« (aus: Hare, 1992, S. 142 f.) (»eine Form der Diskussion, in der die Studenten Argumente überprüfen, und dies unter der Anleitung eines Lehrers, der für erzieherische Werte steht und der die kritischen Standards kennt, aber der gleichzeitig neutral ist gegenüber den zur Diskussion stehenden kritischen Fragen«). Wertneutralität scheint das Charakteristikum liberaler Erziehung zu sein. Lässt sich diese Erziehungskonzeption, die sich deutlich von der zitierten kommunitaristischen Konzeption unterscheidet, verteidigen? Das ist die Frage, mit der ich mich nachfolgend beschäftigen werde. Dabei möchte ich zeigen, dass sich Wertneutralität nicht wertfrei begründen lässt. Neutralität ist nur dann geboten, wenn man Autonomie als wertvoll und entsprechend die Förderung von Autonomie als zentrales Erziehungsziel betrachtet.

1. Wertskeptizismus und Wertdissens

Betrachten wir zunächst zwei andere Argumente, die für moralische Neutralität vorgebracht werden: a) das skeptische Argument und b) das Argument aus der Uneinigkeit.

a) Dem skeptischen Argument zufolge gibt es gar keine Alternative zur Wertneutralität, da es in Wertfragen keine Wahrheiten, keine objektiv richtigen Antworten gibt. Wertfragen sind ihrem Wesen nach Fragen, auf die es nur subjektiv gültige Antworten gibt. Diesem Faktum tragen nur diejenigen Erzieher Rechnung, die sich neutral verhalten und die keine Antwort als die richtige Antwort ausgeben. Neutralität ist also die angemessene Antwort auf einen Wertskeptizismus.

Ob es in Wertfragen keine Wahrheit oder Objektivität gibt, ist in der metaethischen Debatte sehr umstritten (vgl. Schaber, 1997). Wertfragen lassen sich nach Ansicht verschiedener Moralphilosophen nicht auf Fragen der subjektiven Einstellung und des subjektiven Gefühls reduzieren; vielmehr gibt es auf moralische Fragen – genauso wie auf nicht-moralische Fragen – wahre und falsche Antworten.

Auf dieses grundlegende Problem der Moralphilosophie will ich hier nicht weiter eingehen. Dies ist auch in unserem Zusammenhang nicht erforderlich. Das skeptische Argument könnte nämlich auch dann nicht überzeugen, wenn es auf moralische Probleme in der Tat keine objektiv richtigen Lösungen gäbe. Dies aus folgendem Grund: Gibt es auf Wertfragen keine objektiv richtigen Antworten, lässt sich Wertneutralität nicht fordern. Auf dem Hintergrund eines ethischen Skeptizismus kann man nicht sagen, es sei richtig, sich wertneutral zu verhalten. Man könnte nicht sagen, Wertneutralität sei ein Wert, und entsprechend wäre es eine Frage der subjektiven Einstellung, ob man sich wertneutral verhalten soll oder nicht.

Nun kann man den Wertskeptizismus als epistemische Position verstehen, entsprechend der wir nicht wissen können, wie die richtigen Antworten auf Wertfragen lauten. Und entsprechend könnte man sagen, dass ein Erzieher – vorausgesetzt die ethische Skeptikerin hat Recht –

keine Antwort als richtige Antwort präsentieren darf. Vielmehr muss er seine Überzeugungen wie auch diejenigen anderer als subjektive Meinungen oder subjektive Einstellungen vorstellen. Das ist ohne Zweifel richtig. Doch dies ändert nichts an der Tatsache, dass ein Erzieher berechtigt ist, nur das darzustellen, was er als richtig ansieht. Ob er andere Ansichten mit einbezieht oder ob er seine Überzeugungen zur Diskussion stellt, ist eine Frage seiner subjektiven Einstellung gegenüber Wertneutralität. Aus skeptischer Sicht lässt sich nicht sagen, was hier geboten ist. Wären wir nicht in der Lage, zu erkennen, was objektiv richtig ist, wäre das kein Grund, neutral zu sein, sondern vielmehr ein Grund, den Schülerinnen und Schülern gegenüber deutlich zu machen, dass es sich bei den Positionen, die man vorstellt, um subjektive Ansichten handelt. Wenden wir uns einer anderen Begründung des Gebots, in Wertfragen neutral zu bleiben, zu:

b) Wertfragen sind – so lässt sich argumentieren – in der pluralistischen Gesellschaft, in der wir leben, *umstritten;* es gibt keinen gesellschaftsumfassenden Konsens über Werte (das gilt sowohl für moralische wie auch für außermoralische Werte). Welche Moral soll in einer solchen Situation gelehrt werden? Welche Lebensformen sollen empfohlen werden? Die Werte der Mehrheit? Die Werte einer Minderheit? Jede solche Entscheidung scheint willkürlich zu sein. Aus diesem Grund sollte man sich als Erzieher wertneutral verhalten und die Diskussion der unterschiedlichen Standpunkte der Vermittlung von Inhalten vorziehen. Die Uneinigkeit in Wertfragen zwingt Erzieher, wertneutral zu sein. Soweit das Argument aus der Uneinigkeit.

Wir leben tatsächlich in einer Gesellschaft, in der über viele Wertfragen keine Einigkeit besteht. Nicht alle Wertfragen sind allerdings gleichermaßen umstritten: So gibt es in unseren Gesellschaften einen *weitgehenden Konsens* darüber, dass z. B. das Foltern von Menschen, die Vergewaltigung von Frauen, der sexuelle Missbrauch von Kindern, Rassismus und Sexismus moralisch verwerflich sind. Angesichts unserer Einigkeit in diesen Fragen ist auch in einer pluralistischen Gesellschaft keine Wertneutralität angezeigt. Die Entscheidung, sich hier nicht wertneutral zu verhalten, wäre weder willkürlich noch ginge sie zu Lasten einer Minderheit. Natürlich mag es auch in Bezug auf Dinge wie Rassismus und Sexismus abweichende Stimmen geben. Doch ich glaube nicht, dass dies in unserem Zusammenhang von Belang ist. Die Existenz der sog. »flat earth society« sieht auch niemand als Grund, den Physikunterricht entsprechend zu verändern und von den Physiklehrern zu fordern, sich gegenüber der Frage, ob die Erde flach oder rund sei, neutral zu verhalten. Dies gilt auch, wenn man keine objektiven Werte annimmt.[44] Das Argument besagt bloß dies: Wenn tiefgreifende moralische Uneinigkeiten uns auf Wertneutralität im Unterricht verpflichten, dann müssen Lehrerinnen und Lehrer nicht alle Positionen behandeln; jene Positionen nämlich nicht, im Blick auf die eine weitgehende Einigkeit besteht. Der Hinweis auf Wertdissense legt also höchstens eine *partielle*, nicht aber eine umfassende Wertneutralität nahe.

Doch auch dies lässt sich bestreiten: Ist das Faktum, dass es Wertdissense gibt, wirklich für Erzieher ein Grund, sich wertneutral zu verhalten? Wer überzeugt ist, dass z. B. Abtreibung moralisch verwerflich ist, wird sich vom Dissens nicht beirren lassen. Es kann nur für diejenigen ein Grund sein, welche zugleich überzeugt sind, dass moralische Fragen sich auf Fragen der subjektiven Einstellung und des subjektiven Gefühls reduzieren lassen. Sind moralische Fragen aber Fragen der subjektiven Einstel-

---

44 Ich verdanke diesen Einwand Jakob Reckhenrich.

lung, dann steht es – wie wir oben gesehen haben – jedem
einzelnen frei, sich wertneutral oder auch nicht wertneutral zu verhalten. Das Argument, Wertneutralität sei aufgrund der bestehenden Wertdissense gefordert, vermag
also nicht zu überzeugen.

2. Autonomie

Erzieherische Wertneutralität lässt sich aber noch in einer
anderen Weise begründen: Ein Erzieher sollte sich in
Wertfragen neutral verhalten – so kann man mit Amy
Gutmann argumentieren –, um damit Kindern die Teilnahme an einem demokratischen Gemeinwesen zu ermöglichen (vgl. Gutmann, 1989, S. 30 f.). Dazu sei es nämlich
erforderlich, über das eigene Leben kritisch reflektieren
zu können. Eine Erziehung zur demokratischen Teilhabe
sei dabei, so Gutmann, zugleich auch eine Erziehung zur
Autonomie.

Meiner Ansicht nach sollte man diese beiden Aspekte
auseinander halten. Die Beförderung demokratischer Tugenden mag mit der Beförderung von Autonomie einhergehen. Bei der Beförderung demokratischer Tugenden –
anders als bei der Beförderung von Autonomie – geht es
um ein Gut, das in erster Linie für die Gemeinschaft von
Vorteil ist.[45] Bei der Beförderung von Autonomie geht es
um ein Gut, das für die Betroffenen selbst wertvoll ist.
Dieser Umstand ermöglicht es dem Staat, Wertneutralität
den Betroffenen selbst gegenüber zu rechtfertigen. Meiner
Ansicht nach sollte man deshalb eine autonomieorientierte
Begründung von Wertneutralität einer demokratieorien-
tierten vorziehen.

---

45 Vgl. dazu Meyer (2008), Kap. 5; auch Barry (2002), S. 222 f.: »Thus, Gutmann does not recognize as legitimate *any* genuinely paternalistic objecti-
ves that a state might have in relation to children's education, and in this

Es gehört zur Autonomie einer Person, über gegebene, traditionelle Werte und Lebensformen zu reflektieren. Die hierfür erforderliche Distanz zu Gegebenem ist nur möglich, wenn man unterschiedliche Werte, Lebensformen, Einstellungen kennt. Deshalb ist es für die Entwicklung persönlicher Autonomie von Menschen wichtig, dass ihnen nicht bestimmte Werte, sondern unterschiedliche – wenn man so will – Wertoptionen vermittelt werden. In diesem Sinne fördert die Wertneutralität der Lehrer die Autonomie der Schüler.

Diese Begründung von Wertneutralität ist – und das ist wichtig – selbst *nicht wertfrei*. Unterstellt wird dabei, dass Autonomie für die Individuen einen zentralen Wert darstellt. Das Wertneutralitätsgebot könnte nicht durch Autonomie begründet werden, wäre Autonomie kein Wert. Die Forderung nach erzieherischer Wertneutralität hat aus dieser Sicht selbst eine Wertbasis.

Lässt sich damit die Wertneutralität der Lehrer wirklich begründen? Legt das Ziel, die persönliche Autonomie der Schüler zu fördern, den Lehrern nahe, keine moralischen Inhalte zu vermitteln und sich entsprechend bei Diskussionen zu Wertfragen mit eigenen Stellungnahmen zurückzuhalten? Ich glaube nicht, dass dies der Fall ist. Für die Entwicklung von Autonomie ist es wichtig, unterschiedliche Standpunkte, unterschiedliche Argumente zur Kenntnis zu nehmen. So sollte ein Lehrer in einer Diskus-

she is representative of contemporary American political philosophers. John Rawls has lent his weight to her position, writing in *Political Liberalism*: Society's concern with [children's] education lies in their role as future citizens.« (»Gutmann sieht also keine wirklich paternalistischen Ziele, die der Staat im Blick auf die Ausbildung von Kindern verfolgen könnte, als legitim an und repräsentiert damit die vorherrschende Meinung der zeitgenössischen amerikanischen Philosophen. John Rawls gibt dieser Meinung Gewicht, wenn er in seinem Buch *Politischer Liberalismus* schreibt: ›Im Blick auf die Ausbildung der Kinder sollte sich die Gesellschaft um deren Rolle als zukünftige Bürgerinnen und Bürger kümmern‹.«)

sion über Abtreibung z. B. dafür sorgen, dass nicht nur die katholische oder nur die feministische Sicht zur Sprache kommen. Verlangt ist aber nicht, dass der Lehrer seine Meinung zurückhält. Er kann diese Meinung vertreten, vorausgesetzt, er macht klar, dass es Menschen gibt, die anderer Meinung sind als er. Damit ist – wie mir scheint – das Autonomieziel nicht bedroht. Wenn Autonomie zu fördern das Ziel liberaler Erziehung ist, dann sind nicht nur Stellungnahmen der Lehrerinnen und Lehrer zu Wertfragen zugelassen, vielmehr scheint es geboten zu sein, für bestimmte Werte wie Respekt vor dem Anderen, Toleranz und Solidarität einzustehen. Und dies aus folgendem Grund: Ein autonomes Leben, zu dem die liberale Erziehung beitragen soll, hat soziale Bedingungen (vgl. Raz, 1986, S. 391 ff.). Autonomie setzt voraus, dass bestimmte Rechte von den Anderen respektiert werden; Autonomie setzt voraus, dass Lebensformen, die von anderen nicht als wertvoll angesehen werden, von diesen toleriert werden; und nicht zuletzt setzt Autonomie auch voraus, dass man nicht im Elend leben muss. Wer Autonomie fördern will, muss auch sicherstellen, dass diese Bedingungen erfüllt sind; und das heißt auch, dass die genannten Werte Respekt vor dem anderen, Toleranz und Solidarität als Werte anerkannt sind. Dementsprechend sollten diese Werte in einer autonomieorientierten Erziehung gefördert werden.

Ist dies richtig, so bleibt von der ursprünglich liberalen Neutralitätsforderung wenig übrig. Lehrer sollten sich in verschiedenen Wertfragen *nicht neutral* verhalten. Das macht die Diskussion und die damit verbundene Darstellung verschiedener Standpunkte, Meinungen und Werthaltungen nicht überflüssig. Denn unbestritten ist es für die Entwicklung von Autonomie wichtig, mit unterschiedlichen Ansichten konfrontiert zu werden. Das impliziert aber *keine umfassende* erzieherische Wertneutralität; dies jedenfalls dann nicht, wenn Autonomie das ist, was durch Erziehung zentral gefördert werden soll. Der liberale Erzieher sollte sich nicht neutral verhalten, wenn es um Werte geht, die für Autonomie von zentraler Bedeutung sind wie Toleranz und Respekt vor dem Anderen. Auch in Hinsicht auf alle anderen Werte kann der Lehrer seine Meinung durchaus zu erkennen geben; er muss aber gleichzeitig immer deutlich machen, dass es auch andere Meinungen gibt.

Eine in dieser Weise begründete liberale Erziehung scheint dem sehr nahe zu kommen, was Kommunitaristen in ihrem Manifest fordern. So heißt es dort auf die Frage »Welche Moral soll denn gelehrt werden?« unter anderem, »dass die Würde aller Menschen zu achten ist, dass Toleranz eine Tugend und Diskriminierung verwerflich ist«. Ein Liberaler, der sich an Autonomie orientiert, könnte eine solche Forderung ohne Zweifel unterschreiben. So ist z. B. Toleranz eine Bedingung für eine Gesellschaft, in der Menschen ein autonomes Leben führen können. Deshalb stellt sich die Frage, ob das kommunitaristische Erziehungskonzept nicht mit dem liberalen, autonomiefundierten zusammenfällt.

Ich glaube, dass ein wichtiger Unterschied bestehen bleibt. Die Kommunitaristen betonen den Bezug zur Gemeinschaft (»wir sollten die gemeinsamen Werte der Amerikaner lehren«, analog könnte man sagen: »wir sollten die gemeinsamen Werte der Deutschen lehren«). Dieser Gemeinschaftsbezug ist für einen Liberalen, auch wenn er sich an Autonomie orientiert, irrelevant. Respekt vor dem Anderen, Toleranz und Solidarität sollten nicht darum gelehrt werden, weil sie möglicherweise die gemeinsamen Werte einer bestimmten Gemeinschaft sind, sondern einfach darum, weil sie oder insofern sie die Bedingungen von Autonomie sind. Hierin unterscheidet sich der Liberale vom Kommunitaristen. Mit dem Kommunitaristen sollte der Liberale aber auf die Idee einer umfassenden Wertneutralität verzichten. Diese lässt sich – wie deutlich geworden sein sollte – nicht begründen.

Was sich begründen lässt, ist eine Form von Erziehung, in der Diskussion, die Auseinandersetzung mit unterschiedlichen Ansichten, eine zentrale Rolle spielt. Dabei ist für diese Erziehungsform weniger ein ethischer Skeptizismus, auch kein Hinweis auf bestehende Wertdissense, sondern vielmehr Autonomie maßgebend. Aus einem Wertskeptizismus folgt – wie wir gesehen haben – normativ nichts, und auch aus dem Faktum des Wertdissenses lässt sich in normativer Hinsicht wenig gewinnen. Das verhält sich beim Rekurs auf Autonomie anders, weil hier nicht bloß ein Faktum, sondern ein Wert geltend gemacht wird. Deshalb drängt es sich auch auf, die Idee liberaler Erziehung über das *Autonomieideal* zu definieren.

Man könnte hier einwenden, man sei auf kein Autonomieideal verpflichtet, um dafür zu plädieren, verschiedene Wertvorstellungen im Unterricht zur Sprache zu bringen. Es gehe vielmehr bloß um Handlungsfreiheit: Die Freiheit des Einzelnen würde eingeschränkt, wenn Lehrerinnen und Lehrer die Schüler beispielsweise bloß mit einer konservativen Sicht der Abtreibung konfrontieren würden. Erziehung in einem liberalen Staat soll lediglich Einschränkungen von Freiheit verhindern, nicht Autonomie fördern.

Soll ein liberaler Staat also wirklich dafür sorgen, dass Schüler durch die Präsentation unterschiedlicher Ansichten lernen, über das, was für sie selbst wichtig ist, kritisch zu reflektieren? Das ist mehr, als bloß dafür zu sorgen, dass ihnen nicht einseitig gewisse Positionen aufgezwungen werden. Es geht dabei vielmehr um die Ausbildung einer reflexiven Fähigkeit, die meiner Ansicht nach zentral ist für Autonomie. Man kann fragen: Soll sich das ein liberaler Staat zum Ziel setzen? Tut der Staat damit nicht zu viel? Ich denke nicht. Die Grundlage eines liberalen Staats ist die gleiche Achtung aller Bürger (vgl. Dworkin, 1978, S. 127). Sie zu achten, heißt, sie als Wesen zu respektieren, die ein Recht darauf haben, ihr eigenes Leben zu führen.

Zur Achtung vor diesem Recht gehört m. E. auch, die Bedingungen sicherzustellen, die es den Bürgern ermöglicht, dieses Recht wahrzunehmen, ohne sie darauf zu verpflichten. Und genau dafür sind die reflexiven Fähigkeiten erforderlich, um die es in einem Unterricht geht, in dem unterschiedliche Ansichten vorgestellt werden.

3. Ein kommunitaristischer Einwand

Kommunitaristen halten dieses Erziehungskonzept für unangemessen. Ihrer Ansicht nach löst die liberale Betonung der autonomen Person gemeinschaftliche Hintergrundsbindungen und gemeinschaftsabhängige Selbstverständlichkeiten auf. Damit aber wird die Identität von Personen bedroht, die sich über gemeinschaftliche Bindungen definiert.[46] Die autonome Person, welche die liberale Erziehung fördern will, hat zu allen Lebensformen und den für sie konstitutiven Werten eine Distanz. Sie kann sich mit keinen Werten identifizieren, da sie überzeugt ist, dass sie sich jeweils auch für andere Werte entscheiden könnte. Soweit der kommunitaristische Einwand.

Zunächst ist zuzugeben, dass gemeinschaftliche Bindungen für uns wichtig sind. Ein Liberaler braucht das nicht zu bestreiten. Denn Autonomie schließt solche Bindungen nicht aus. Sie impliziert einzig, dass ich als auto-

---

46 Vgl. Sandel (1982), S. 150: »To say that the members of a society are bound by a sense of community is not simply to say that a great many of them profess communitarian sentiments and pursue communitarian aims, but rather that they conceive their identity [...] as defined to some extent by the community of which they are a part.« (»Wenn man sagt, dass die Mitglieder einer Gesellschaft sich durch ein Gemeinschaftsgefühl verbunden fühlen, sagt man nicht einfach bloß, dass sehr viele von ihnen Gemeinschaftsgefühle haben und gemeinschaftliche Ziele verfolgen, sondern vielmehr, dass sie ihre Identität zu einem gewissen Grad durch die Gemeinschaft, der sie angehören, definiert sehen.«)

nome Person Bindungen kritisch evaluieren kann, ohne dadurch unfähig zu werden, Bindungen einzugehen. »We do indeed find ourselves in various relationships, but we do not always like what we find« (Kymlicka, 1990, S. 213) (»Wir finden uns in der Tat in verschiedenen Beziehungen vor, schätzen aber nicht immer, was wir dabei vorfinden«). Die Fähigkeit, über Bindungen kritisch zu reflektieren, ein wesentlicher Bestandteil von Autonomie, ermöglicht uns, Bindungen aufrechtzuerhalten oder einzugehen, die für uns gut sind und um deren Qualitäten wir auch wissen.[47] Generell gilt: Mit einer Vielfalt von Lebensformen konfrontiert zu sein, impliziert nicht, allen Werten gegenüber Distanz zu bewahren. Ich kann mich mit Werten, die für eine bestimmte Lebensform konstitutiv sind, identifizieren, auch dann, wenn ich weiß, dass für andere Menschen nicht dieselben Werte wichtig sind. Erkenne ich aufgrund eigener Erfahrung und Reflexion etwas als Wert an, werde ich mich mit diesem Wert wohl eher *stärker identifizieren* als mit einem Wert, den ich unhinterfragt aus dem sozialen Zusammenhang übernehme. Autonomie ist also mit sozialen Bindungen, auf deren Bedeutung Kommmunitaristen hinweisen, durchaus kompatibel. Der kommunitaristische Einwand vermag – so gesehen – nicht zu überzeugen.

Dabei soll hier nicht bestritten werden, dass auf einer tieferen Ebene das Autonomieideal mit bestimmten gemeinschaftlichen Werten in Konflikt stehen kann. In einer Gemeinschaft, in der es üblich ist, dass der Vater entscheidet, wen die Tochter heiratet, wird das Autonomieideal wohl als Fremdkörper wahrgenommen werden. Eine Praxis dieser Art wird sich darüber hinaus nur schwer gegen

---

47 Vgl. dazu Kymlicka (1990), S. 213 f.: »How can it not be valuable since the good for me is just coming to a greater self-awareness of the attachments I find myself in?« (»Wie könnte es nicht wertvoll sein, wenn das, was gut ist für mich, zu einer besseren Wahrnehmung der Zugehörigkeiten führt, in denen ich mich befinde?«)

stärker werdende Autonomieansprüche behaupten können.

Sollten wir deshalb das Autonomieideal verabschieden und die Erziehung an gemeinschaftlichen Werten und Selbstverständlichkeiten ausrichten? Ich glaube, dass dies aus verschiedenen Gründen nicht ratsam ist:

a) Es ist unklar, welche gemeinschaftlichen Werte in einer pluralistischen Gesellschaft vertreten werden sollen. Werte, die nur von einzelnen gesellschaftlichen Gruppen geteilt werden, bieten sich hier nicht an. Gemeinsamkeiten lassen sich in pluralistischen Gesellschaften einzig in Bezug auf Werte wie Toleranz, Respekt vor dem Anderen oder Solidarität mit den Schwächsten der Gesellschaft finden. Mit Werten dieser Art hat der Liberale – wie wir gesehen haben – keine Probleme. Es sind Werte, die mit dem Autonomieideal – anders als der kommunitaristische Einwand suggeriert – in keiner Weise unverträglich sind. Im Gegenteil: Eine Gesellschaft, in der Autonomie eine zentrale Rolle spielen soll, ist auf die Anerkennung der genannten Werte angewiesen. Das Autonomieideal verträgt sich also gut mit den gemeinschaftlichen Werten einer pluralistischen Gesellschaft.

b) Eine Erziehung, die Autonomie zu ihrem zentralen Inhalt hat, fördert eine Gesellschaft, die in Hinsicht auf Lebensformen kreativer ist als eine Gesellschaft, in der es wenig Raum gibt für Selbstbestimmung, kritische Reflexion und Diskussion. Diese größere *Kreativität* erhöht die Chancen des und der Einzelnen, das Leben zu leben, das für ihn oder sie gut ist. Dies ist insbesondere in Gesellschaften der Fall, in der die Weise, wie man lebt, in einem hohen Maß dem Einzelnen überantwortet wird. Wer in einer solchen Gesellschaft nicht fähig ist, sich selbst zu bestimmen, hat geringere Möglichkeiten, ein gutes Leben zu führen.[48] Die Fähigkeit zur Autonomie gehört in diesen Gesellschaften zu den Bedingungen eines *guten Lebens*. Dies alles macht deutlich, dass sich der kommunitaristische Einwand nicht aufrechterhalten lässt.

4. Der liberale Konflikt

Das Autonomieideal liberaler Erziehung ist aber noch mit einem anderen Problem konfrontiert. Das Problem besteht darin, dass das Autonomieideal mit anderen Idealen *unverträglich* sein kann. Betrachten wir dazu folgendes Beispiel: Die Amish People fühlen sich verpflichtet, ihre Kinder vor Einflüssen zu schützen, die deren religiöse Überzeugungen bedrohen könnten. Für sie stellen Diskussion und die Auseinandersetzung mit unterschiedlichen Standpunkten keine Werte, sondern eine Gefahr dar. Das ist *unverträglich* mit dem liberalen Autonomieideal. Was soll man in solchen Fällen in liberalen Gesellschaften tun? Das Autonomieideal gegen den Willen der Eltern durchsetzen? Oder sollen diese ihre Kinder nach ihren eigenen Idealen erziehen können? Das Problem ist, dass für sie – anders als für den Liberalen – Autonomie eine im besten Fall untergeordnete, möglicherweise überhaupt keine Bedeutung hat. Es wird also kaum aussichtsreich sein, ihnen gegenüber mit dem Wert von Autonomie zu argumentieren. Hat das liberale Erziehungskonzept also nur eine begrenzte Geltung?

Amy Gutmann bestreitet dies. Es ist ihrer Ansicht nach

---

48 Vgl. dazu Raz (1986), S. 394: »Since we live in a society whose social forms are to a considerable extent based on individual choice [...] we can prosper in it only if we can be successfully autonomous« (»Da wir in einer Gesellschaft leben, deren soziale Formen zu einem beträchtlichen Maß auf individueller Wahl beruhen [...] können wir ein gutes Leben nur führen, wenn wir erfolgreich autonom zu sein in der Lage sind«).

im Interesse der Kinder, dass der liberale Staat gegen die Eltern am Autonomieideal festhält: »It makes choice meaningful by equipping children with the intellectual skills necessary to evaluate ways of life different from that of their parents« (1989, S. 31) (»Wir machen Wahlmöglichkeiten bedeutsam, indem wir Kinder mit den intellektuellen Fähigkeiten versehen, die es ihnen ermöglichen, Lebensformen zu prüfen, die sich von denjenigen ihrer Eltern unterscheiden«). Man könnte auch sagen: Das Festhalten am Autonomieideal gegen den Willen der Eltern garantiert den Kindern zukünftige Optionen, über die sie sonst nicht verfügen würden. Umgekehrt könnte man aber argumentieren, dass eine autonomieorientierte Erziehung Kinder der Option beraubt, unreflektiert eine bestimmte Lebensform zu übernehmen (vgl. Galston, 1989, S. 100).

Muss ein liberaler Staat, für den Autonomie einen zentralen Wert darstellt, nicht intolerant sein gegenüber Lebensformen, die Autonomie einschränken? Die Antwort auf diese Frage hängt davon ab, was man unter dem Autonomieideal genau versteht. Wenn man darunter etwas versteht, das nur durch Autonomie erhaltende oder Autonomie fördernde Handlungen erfüllt wird, wird man den liberalen Staat für verpflichtet halten, Autonomie einschränkenden Lebensformen gegenüber intolerant zu sein. Autonom sind dann nämlich nur diejenigen, die sich für ein autonomes Leben entscheiden. Doch dies lässt sich bestreiten. Man kann sagen: Zur Autonomie einer Person gehört es, sich für Dinge entscheiden zu können, die Autonomie reduzierende Folgen haben. Und in der Tat scheint mir dies die plausiblere Position zu sein.

Der Einzelne hat in einer liberalen Gesellschaft das Recht, sich autonom für nicht-autonome Lebensformen zu entscheiden. Damit es sich dabei aber um eine autonome Entscheidung handelt, muss der Einzelne unterschiedliche Handlungsoptionen kennen und über diese nachdenken können. Ein Staat, der Autonomie als zentralen Wert ansieht, ist deshalb berechtigt, Kinder und Jugendliche mit unterschiedlichen Lebensformen und Werten zu konfrontieren. Dabei sollte es nicht darum gehen, Kinder und Jugendliche von den Werten ihrer Gemeinschaft zu entfremden, sondern vielmehr darum, autonome Entscheidungen zu ermöglichen.

Das Autonomieideal ist kein absolutes Ideal; kein Ideal, das unter allen Umständen durchgesetzt werden sollte. Trotzdem glaube ich, dass sich solche Ausnahmen vom Autonomieideal in unseren Gesellschaften wohl nur sehr selten aufdrängen. Denn die Chancen, ein gutes Leben zu leben, sind zumindest in westlichen Gesellschaften für jemanden, der nicht in der Lage ist, sich selbst zu bestimmen und verschiedene Lebensformen kritisch zu evaluieren, äußerst gering. Das gute Leben ist auf Autonomie angewiesen. Daraus zieht meiner Ansicht nach das autonomieorientierte liberale Erziehungsideal seine eigentliche Rechtfertigung.[49]

Literatur

Barry, Brian: Culture and Equality. An Egalitarian Critique of Multiculturalism. Cambridge, Mass. 2002.

Dworkin, Ronald: Liberalism. In: St. Hampshire (Hrsg.): Public and Private Morality. Cambridge 1978. S. 113–143.

Galston, William: Civic Education in the Liberal Sate. In: N. L. Rosenbaum (Hrsg.): Liberalism and the Moral Life. Cambridge, Mass. 1989. S. 89–101.

Gutmann, Amy: Democratic Education. Princeton 1987.

– Undemocratic Education. In: N. L. Rosenbaum (Hrsg.): Liberalism and the Moral Life. Cambridge, Mass. 1989. S. 71–88.

Hare, Richard M.: Value Education in a Pluralist Society: A Philosophical Glance at the Humanities Curriculum Project. In:

---

49 Für kritische Hinweise möchte ich Kirsten Meyer und Jakob Reckhenrich herzlich danken.

R. M. H.: Essays on Religion and Education. Oxford 1992. S. 137–153.

Kymlicka, Will: Contemporary Political Philosophy. An Introduction. Oxford 1990.

Meyer, Kirsten: Bildung und gutes Leben. 2008. [Manuskript]

Raz, Joseph: The Morality of Freedom. Oxford 1986.

Sandel, Michael: Liberalism and the Limits of Justice. Cambridge 1982.

Schaber, Peter: Moralischer Realismus. Freiburg i. Br. / München 1997.

http://www.communitariannetwork.org

EKKEHARD MARTENS

Wozu Philosophie in der Schule?

1. Philosophie in der Schule als Faktum

Philosophie und Ethik, auch unter der Bezeichnung »Werte und Normen« in Niedersachsen, »Lebensgestaltung-Ethik-Religionskunde« (=LER) in Brandenburg oder »Praktische Philosophie« in Nordrhein-Westfalen (=PP), haben in den letzten Jahrzehnten in der Schule als eigenes Unterrichtsfach, aber auch als durchgehendes Unterrichtsprinzip zunehmend an Verbreitung gewonnen. Dies gilt nicht nur für die gymnasiale Oberstufe, sondern auch für die Sekundarstufe I, dort in sämtlichen Schulformen, ebenso für die Grund- oder Primarschule als »Philosophieren mit Kindern« vom ersten Schuljahr an, sogar als eigenes Fach mit diesem Namen in Mecklenburg-Vorpommern.

Der Bezug zum Fach Philosophie des Philosophieunterrichts ist unbestritten, wenn auch die Art der Vermittlung ein didaktisches Kernproblem darstellt, vor allem wenn man einen schülerorientierten Unterricht anstrebt.[50] Demgegenüber galt anfangs die Selbstverständlichkeit des Fachbezugs für den Ethikunterricht weniger. Unterdessen setzt sich aber mehr und mehr die Einsicht durch, dass auch das Fach Ethik neben seinen Bezügen zur Psychologie, Soziologie und Religionswissenschaft und neben seiner besonderen moralpädagogischen Zielsetzung philosophisch fundiert sein muss. *Dass* also Philosophie und –

---

50 Siehe die Beiträge in den beiden fachdidaktischen Zeitschriften *Didaktik der Philosophie und Ethik* (1979 ff.) und *Ethik & Unterricht* (1990 ff.), ferner die Informationen im Internet unter »Forum Fachdidaktik Philosophie« und die Rubrik »Unterricht« in der Zeitschrift *Information Philosophie*.

wie im Folgenden immer zugleich mitverstanden sein soll –
eine philosophisch fundierte Ethik gegenwärtig in der
Schule einigermaßen etabliert ist, wenn auch in den einzelnen Bundesländern in unterschiedlichem Maße, ist eine
kaum bestreitbare Tatsache. Ebenfalls ist kaum bestreitbar,
wie ein Blick auf die Lehrpläne einzelner Fächer wie vor
allem Deutsch, Geschichte, Biologie oder Religion zeigt,
dass die Behandlung philosophischer Fragen oder Philosophie als Unterrichtsprinzip mehr und mehr an Bedeutung gewinnt. *Wozu* aber Philosophie in der Schule? Was
ist dort, wie man die Wozu-Frage auch verstehen kann,
ihr Zweck oder Nutzen?

2. Die allgemeine Wozu-Frage

Die Wozu-Frage ist zunächst allgemein zu klären, bevor
man sie auf die spezielle Situation in der Schule anwendet.
Nach einer ersten Antwort liegt das Wozu der Philosophie in ihrer Zweck- oder Nutzlosigkeit. Paradox formuliert beantwortet sich danach die Wozu-Frage durch den
Nutzen ihrer Nutzlosigkeit bzw. den Zweck ihrer Zweck-
losigkeit. Eine derartige Auffassung von Philosophie kann
man in einer starken und in einer schwächeren Fassung
vertreten: In einer starken Fassung bedeutet sie, dass Philosophie im platonisch-aristotelischen Sinne Kontemplation oder »Schau« (griech. »theoria«) des göttlichen Seins
ist und dass der Mensch durch Kontemplation seines göttlichen Ursprungs oder Anteils am Göttlichen innewird.[51]
Da Gott oder das Göttliche das Höchste oder der höchste
Zweck im gesamten Kosmos ist und Philosophie als
»Theorie« des Höchsten selber die höchste Tätigkeit ist,
kann Philosophie von keinem anderen, notwendigerweise
geringeren Zweck her gerechtfertigt werden. Insofern ist

---

51 Vgl. Platon, *Timaios*, 90a–d; Aristoteles, *Metaphysik*, 1. Buch.

Philosophie reine, zweckfreie Theorie und für den Menschen höchste Praxis.

Redet man dagegen heute von Philosophie als zweckfreier oder reiner Theorie, meint man nur selten eine derartige metaphysische oder onto-theologische Philosophie. Vielmehr vertritt man dabei in der Regel lediglich die schwächere Fassung der Zweckfreiheit, dass Philosophie von ihrem prinzipiellen Kritik- oder Begründungsanspruch her in der Tradition des sokratischen »Rechenschaftgebens« (griech. »logon didonai«) keinem vorgegebenen Zweck verpflichtet sein kann. Sie darf aber sekundäre Zwecke wie Denkschulung, Handlungsorientierung oder Persönlichkeitsbildung als einen von ihr akzeptierten Nebeneffekt anstreben. Nach der schwächeren Fassung verfolgt also die Philosophie zwar, wie jede andere wissenschaftliche Grundlagenforschung, nicht primär einen unmittelbar verwertbaren Nutzen, sondern ist zunächst der reinen Forschung verpflichtet, selbst in Form angewandter Philosophie oder der so genannten Bindestrich-Philosophie. Wie jede andere Grundlagenwissenschaft und wie jedes Handeln aber muss sich auch Philosophie zusätzlich nach ihrem praktischen Zweck oder ihrer Nützlichkeit fragen lassen, zumal wenn sie im Bildungssystem der Hochschule und Schule einen angemessenen curricularen Platz und somit Geld- und Zeitressourcen beansprucht. Als reine Freizeitbeschäftigung wäre sie Privatsache, die jeder selbst frei wählen darf. Die Philosophie an der Institution Schule und Hochschule dagegen muss eine auch nach außen verantwortbare Zwecksetzung verfolgen, wenn sie reguläres Fach und nicht lediglich eine freiwillige Arbeitsgemeinschaft sein soll. Offensichtlich also besteht die Forderung, dass Philosophie einen zumindest mittelbaren Nutzen haben soll, zu Recht.

3. Die spezielle Wozu-Frage

In welchem Sinne aber kann Philosophie speziell in der Schule nützlich sein, wenn sie es allgemein sein soll? In der Schule ist Philosophie als persönliche Haltung oder Handlungsweise kaum praktizierbar. Unter der allgemeinen Bedingung, dass Schule ein lehr- und lernbares, zudem überprüfbares Wissen und Können zu vermitteln hat, können Lehrer und Schüler nicht primär eine philosophische Haltung oder Handlungsweise einüben, sei es als Meditation, revolutionäre Weltveränderung oder Askese. Ferner verbieten die Neutralitätsverpflichtung des Unterrichtenden oder das pädagogische Überwältigungsverbot eine direkte Einflussnahme auf eine bestimmte moralische oder weltanschauliche Erziehung. Außerdem würde eine Überfrachtung des zeitlich knapp bemessenen Unterrichts durch kaum realisierbare Erwartungen einer Haltungs- und Verhaltensänderung nur die Frustration von Schülern und Lehrern verstärken, falls sie in solch einem unbedachten Idealismus vom Schulalltag enttäuscht werden.

Es gibt aber durchaus zwei realisierbare, miteinander kombinierbare Möglichkeiten, wie Philosophie in der Schule nützlich werden könnte. Erstens kann Philosophie in einem inhaltlichen Sinne nützlich werden oder inhaltlich einen Zweck haben, indem im Unterricht Probleme behandelt werden, die für die Schüler von praktischer Bedeutung sind. Im Unterricht können beispielsweise Themen wie Glück, Freundschaft, Freiheit, Menschenwürde, Sinn des Lebens oder Lebenskunst behandelt werden. Im Philosophieunterricht kann man also zwar *über* Glück nachdenken, ohne dadurch allein aber bereits glücklich zu werden, wenn nicht unmittelbar praktische Übungen hinzukommen.[52] Indirekt

---

52 Vgl. Fritz-Schubert (2008) (u. a. Vertrauens- bzw. Auffangübungen, Klettertouren, Bewegungsspiele, Tanzen, Kochen, gemeinsames gesundes Essen etc.)

nützlich wäre somit Philosophie als thematisch angewandte Philosophie, wenn man sich jedenfalls in didaktischer Perspektive überlegt, welche Probleme für die Schüler individuell und gesellschaftlich wichtig sein könnten. Hierzu zählen nicht nur unmittelbar praktische, sondern auch, so zweitens, theoretische Themen der Erkenntnis- und Wissenschaftstheorie sowie der Argumentations- und Sprachtheorie, um zu klären, wie man überhaupt über praktische Themen sinnvoll reden oder zu begründeten Aussagen gelangen kann. *Über* diese kann man nicht nur reden, sondern man kann das, wovon die Rede ist, zusätzlich auch praktisch *einüben,* etwa durch eine Argumentationspraxis. Eine derartige Übung legt den Akzent nicht auf den Erwerb von Kenntnissen oder Erkenntnissen von Philosophie, sondern auf das Philosophieren als Tätigkeit des Erkennens.

Dem Philosophieren als Tätigkeit im Sinne eines methodischen Philosophierens ist in der letzten Zeit in der Philosophiedidaktik verstärkte Aufmerksamkeit gewidmet worden, auch deshalb, um der berechtigten Forderung der aktuellen Allgemeinen Didaktik nachzukommen, neben einem Wissen zugleich oder primär ein Können als Methodenkompetenz zu vermitteln, wie man sich Wissen erarbeitet und mit ihm umgeht.[53]

4. Methodenkompetenz des Philosophierens

Ein Konzept der Methodenkompetenz des Philosophierens lässt sich in der sokratischen Methodenpraxis der platonischen Frühdialoge erkennen und mit Hilfe der zuerst von Aristoteles explizierten Methodenreflexion in der *Nikomachischen Ethik* (VII 1) sowie mit Hilfe der neueren philosophischen Denkrichtungen präzisieren (vgl. Martens, 2003, S. 48 ff.). Die sokratischen Frühdialoge enthal-

---

53 Vgl. Steenblock (2002); Martens (2003); Rohbeck (2004).

ten weit mehr als die Methode des mündlichen »sokratischen Dialogs«, ebenfalls weit mehr als eine Begriffs- und
Argumentationsanalyse. Vielmehr exemplifizieren sie ein
umfassendes methodisches, im weiteren Sinne sokratisches
Philosophieren. Ein Beispiel bietet der Dialog *Laches* über
die Tapferkeit:

(1) Das sokratische Philosophieren geht von konkreten
Erfahrungen, Beobachtungen oder Phänomenen
der Lebenspraxis aus oder von dem, »was sich von
sich her zeigt« (griech. »phainomenon«), und dies
noch vor ausdrücklichen Deutungsversuchen. So
erinnert Sokrates die Feldherren an ihre problematisch gewordenen Erfahrungen von Tapferkeit
im Krieg als blindes Drauflosstürmen – manchmal
ist ein Rückzug taktisch klüger (Platon, *Laches*,
191a–c) (phänomenologische Methode).

(2) Ferner erinnert Sokrates seine Gesprächspartner an
ihre von Homer geprägten militärischen Deutungsmuster von Tapferkeit und erweitert ihren verengten
Blick auf das Phänomen Tapferkeit als einem
bloßen Verharren in einem Freund-Feind-Schema
um die Vorstellung von Zivilcourage, überlegter
Beharrlichkeit und Prinzipienfestigkeit (*Laches*,
192e–f) (hermeneutisch).

(3) Drittens werden die vorgebrachten Deutungsmuster durch die Was-ist-das-Frage (*Laches*, 190a) be-
grifflich-argumentativ analysiert; so ist der Begriff
»Tapferkeit« zu eng auf bloß militärische Erfahrungen bezogen (*Laches*, 191d) oder unterscheidet
nicht zwischen Mittel und Zweck von Handlungen
(*Laches*, 189e) (analytisch).

(4) Viertens philosophiert Sokrates in Form eines Dialogs oder einer Auseinandersetzung in Rede und
Gegenrede und spitzt entscheidende Gegensätze
zu: Tapferkeit ist einerseits ein Affekt der Beharr-

lichkeit und andererseits eine Art von Wissen oder Einsicht (*Laches*, 192b, 194d) (dialektisch).

(5) Fünftens schließlich lebt das sokratische Philosophieren von kreativen Momenten wie Gedankenexperimenten, Bildern, Metaphern oder Mythen. Was wäre, so legt der Dialog, der ohne ausdrückliches Ergebnis endet, dem Leser als »drittem« Dialogpartner die Frage nahe, wenn Feldherren oder Männer der Praxis wirklich anfingen zu philosophieren? Außerdem versucht das sokratische Philosophieren eine Antwort auf die Frage nach der Tapferkeit zu geben, indem es geradezu den Versuch aufdrängt, die beiden gegensätzlichen Positionen miteinander zu verbinden: Tapferkeit ist das beharrliche Festhalten an der Einsicht in die guten Ziele gegen widerstrebende Affekte der Tollkühnheit und Feigheit (kreativ-spekulativ).

Man kann die fünf Methoden mit einer gewissen Plausibilität als vollständige Beschreibung philosophischer Methodenkompetenz bezeichnen und in folgender Reihenfolge anordnen:

1. phänomenologische Methode: differenziert und umfassend beschreiben, was ich wahrnehme und beobachte;
2. hermeneutische Methode: das eigene Vorverständnis bewusst machen sowie (nicht nur philosophische) Texte lesen;
3. analytische Methode: die verwendeten zentralen Begriffe und Argumente hervorheben und prüfen;
4. dialektische Methode: ein (mündliches oder schriftliches) Dialogangebot wahrnehmen, auf Alternativen und Dilemmata zuspitzen und diese abwägen;
5. spekulative Methode: Phantasien und Einfälle zulassen und eigene Lösungsversuche wagen.

Die Denkmethoden sind nicht in einem fachlichen Sinne etwa eines Husserl, Gadamer, Frege, Marx oder Hegel zu verstehen, sondern in einem weiten Sinne als elementare Denkmethoden. Sie stehen nicht isoliert nebeneinander, sondern sind von vorneherein miteinander vernetzt, so dass sie sich im einzelnen oft nicht scharf voneinander unterscheiden lassen. Zwar können einzelne Methoden akzentuiert behandelt und angewendet werden, sie ergänzen und unterstützen sich aber gegenseitig – wie die fünf Finger einer Hand. Jede enthält die anderen als Teilmomente, und alle zusammen haben keinen festen Anfang und kein festes Ende, sondern bilden eine offene Spiralbewegung. So ist die Phänomenwahrnehmung immer schon durch bestimmte Deutungsmuster vorgeprägt, indem ich etwas *als* etwas wahrnehme und verstehe; dabei werden notwendigerweise bestimmte Begriffe in einem Argumentationszusammenhang benutzt, der kaum ohne kontroverse Zuspitzungen und Auseinandersetzungen auskommt und außerdem von oft emotional gefärbten Einfällen oder Spekulationen geprägt ist.

Beispielsweise kann man ein Bild von miteinander verbundenen kleinen, grünen Kügelchen als Pistazieneis, Schimmelpilz, alte Tennisbälle oder als Embryo im Frühstadium wahrnehmen und beschreiben. Fragt man ferner nach, was bei der Phänomenwahrnehmung genauer mit »Embryo« gemeint ist, kommen unterschiedliche Deutungen und Wertungen zum Vorschein, etwa »bloßer Zellhaufen« oder »schützenswertes Leben« (wobei die Assoziation »Leben« möglicherweise durch die nachträgliche Grünfärbung suggeriert wird, die unter dem Elektronenmikroskop selbst nicht zu sehen ist). Versucht man dann, die vorgebrachten Deutungen genauer zu klären, kommen Begriffe und Argumentationsmuster wie »Materie«, »Person« oder »Menschenwürde« heraus. Schließlich wird auch sichtbar, dass sich mit dem behaupteten Anblick des »Zellhaufens« oder des »menschlichen Lebens« höchst kontroverse ethische Ansichten verbinden, die zudem von tief sitzenden Phantasien oder Spekulationen über Fluch und Segen der Gentechnik geprägt sind.

Die einzelnen Denkmethoden könnten mit Hilfe allgemeiner Unterrichtsmethoden praktisch umgesetzt werden, etwa durch Rollenspiele, Schreibübungen oder bildliche Darstellungen. Sie stellen ein Graduierungs-Modell dar, insofern sie schrittweise das Philosophieren verbessern können, angefangen beim Philosophieren mit Kindern oder einem laienhaften bis hin zu einem hoch elaborierten Philosophieren. Das Einüben der Methoden bereitet ein selbstständiges Denken, Urteilen und Handeln autonomer Personen vor und dient insofern als Bildungsprinzip. Die methodische Akzentuierung bedeutet keineswegs eine Reduktion der Philosophie und des Unterrichts auf Methodik. Vielmehr ist der Inhaltsbezug vor allem in der hermeneutischen Arbeit an den Phänomenen, Deutungsmustern oder Ideen immer schon mit enthalten. Zudem ist das methodische Philosophieren ohnehin Mittel zum Zweck eines inhaltlichen Philosophierens. Man philosophiert über *etwas*, das heißt über Themen, die für uns oder die Schüler wichtig und sinnvoll sind.

5. Natürliches, elementares und akademisches Philosophieren

Das Konzept der schrittweise erlernbaren Methodenkompetenz erlaubt, die unterschiedlichen Formen des Philosophierens in ihrem jeweiligen Recht zu würdigen und in einen Zusammenhang zu bringen. In einem natürlichen und impliziten, das heißt, meist nicht ausdrücklichem Philosophieren (1) entwickelt das Kind durch seine ersten Interaktionen mit der Umwelt grundsätzliche Handlungs- und Sprachmuster. Es stellt als Weltneuling mit dem ersten Sprechenlernen naive »Kinderfragen« über das Woher und Wohin der Welt und der eigenen Existenz, über die Bedeutung von Wörtern, über Gut und Böse oder über Gott. In einem elementaren und expliziten Philosophieren ferner (2) denken Kinder, Jugendliche oder Erwachsene über ihre Vorstellungen genauer nach, auch mit Hilfe des akademischen Philosophierens (3). In diesem werden in Anknüpfung und in Auseinandersetzung mit den Klassikern und im Diskurs der Fachdisziplin Theorien entworfen und geprüft.

Historisch gesehen lassen sich die Übergänge vom natürlichen über das elementare zum akademischen Philosophieren zu Beginn unserer Philosophiegeschichte in den sokratischen Frühdialogen und späteren Dialogen Platons studieren (vgl. Martens, 2009). Auch systematisch gesehen stellt das akademische Philosophieren eine Differenzierung und Vertiefung von Erfahrungen und sprachlichen Mustern des natürlichen und elementaren Philosophierens dar. Dabei sind die Übergänge zwischen den drei Formen fließend. Außerdem sind die drei Formen nicht normativ als Höherentwicklung von einem primitiven über ein propädeutisches zu einem richtigen Philosophieren zu bewerten. Vielmehr sind sie unterschiedliche Versuche, die eigene Denk- und Lebenspraxis zu verstehen. Hierbei sind einerseits die ursprünglichen »Kinderfragen« und die mitgebrachten Erfahrungen und Überlegungen bleibendes Motiv und Ausgangspunkt der jeweiligen Verstehensprozesse, andererseits können die Überlegungen der Tradition und Fachphilosophie Anregungen für das eigene Weiterdenken liefern und sind insofern für die Philosophie in der Schule unentbehrlich. Wie das Kleine Einmaleins »richtige« Mathematik ist, ist auch das Philosophieren der Kinder und das elementare Philosophieren, etwa im Philosophieunterricht, »richtige« Philosophie. Einerseits gibt es einen Zuwachs an Differenziertheit der Themen und Schärfung der Argumente, andrerseits aber auch eine mögliche Abnahme des ernsthaften, personenbezogenen Philosophierens im akademischen Fachbetrieb.

Dass die Methoden und Schulrichtungen der akademischen Philosophie lediglich Weiterentwicklungen einer vorgängigen Praxis alltäglichen Sprechens und Denkens sind, betont auch der Dresdner Philosoph Thomas Rentsch: Alle genuin philosophischen Methoden entspringen »konkreten alltäglichen Sprach- und Handlungszusammenhängen und sind deren Hochstilisierungen: Dem Verstehen und Fragen entspringt die Hermeneutik, dem Beschreiben die Phänomenologie, dem Streiten und Widersprechen die Dialektik, dem Nachfragen, Klären und Erläutern von Bedeutungen das Analysieren der Sprachanalyse« (Rentsch, 2002, S. 26). Zu ergänzen ist neben der von Rentsch erwähnten Hermeneutik, Phänomenologie, Dialektik und Sprachanalyse das spekulative oder kreative Denken, dem allerdings weniger deutlich eine bestimmte Schulrichtung zuzuordnen ist.

Ähnlich wie Rentsch konstatiert auch Geert Keil eine Fundierung der philosophischen Fachsprache in der Umgangssprache und zieht hieraus didaktisch-methodische Konsequenzen für die Vermittlung von Philosophie: Diejenigen sprachtheoretischen Ansätze, »die der *Umgangssprache einen transzendentalen Status* im Sinne einer unhintergehbaren Reflexionsbasis für alle fachphilosophischen Spezialdiskurse zuschreiben«, würden »besondere Chancen für reflexive, subjektzentrierte und anamnetische Verfahren« bieten, denn »der Schüler kann *selbst* auf das Problemlösungspotential rekurrieren, das die Umgangssprache in sich birgt und über das wir implizit ›immer schon‹ verfügen«. Damit wäre Philosophiedidaktik »nicht mehr auf die pädagogisch so fatale Diskursrichtung ›von oben für unten‹ angewiesen, Selbstaufklärung statt Heteronomie wäre möglich« (Keil, 1988, S. 194).

Didaktisch gesehen strukturieren die drei Formen den Lernprozess des Philosophierens, indem das elementare Philosophieren an das natürliche Philosophieren der Kinder oder Jugendlichen anknüpft, ihr Vertrauen auf die

Denkmöglichkeiten ihres gesunden Menschenverstandes bestärkt und diese mit Hilfe des philosophischen Expertenwissens weiterentwickelt. Dabei kann und sollte der Lehrer die mitgebrachten, oft verschütteten und unklaren Fragen und Erfahrungen der Schüler einbeziehen. Er sollte mit Hilfe seines philosophischen Wissens den Prozess des elementaren Weiterdenkens bereichern, indem er Impulsfragen stellt, Irrwege umgeht, interessante Ideen aufgreift, Zwischenergebnisse und offene Fragen festhält sowie mögliche Antworten der Philosophie präsentiert und zur Diskussion stellt. Dabei können im Prozess des gemeinsamen Philosophierens die Rollen des Lehrenden und Lernenden phasenweise durchaus wechseln, indem Kinder und Jugendliche das routinierte Denken von Erwachsenen und von Fachphilosophen durch ihr unbeirrbares Fragen irritieren und sogar bereichern.

6. Wozu also? Elementare Kulturtechnik und Bildungsprinzip!

Auf die Frage, wozu Philosophie in der Schule gut sein soll, lässt sich zusammenfassend eine doppelte Antwort geben: Philosophieren, verstanden als Methodenkompetenz, ist eine elementare Kulturtechnik und zugleich ein unverzichtbares Bildungsprinzip (vgl. Martens, 2003, S. 30ff.). Die Kulturtechnik des Philosophierens ist auf den Zweck der Persönlichkeitsbildung bezogen. Das eine, die Kulturtechnik, ist lehr- und lernbar, das andere, das Bildungsprinzip, lässt sich nur indirekt einlösen. Beide Termini sind zu erläutern.

»Kulturtechnik« ist eine provozierende Analogiebildung zu den üblichen Kulturtechniken des Lesens, Schreibens und Rechnens. Die Bezeichnung führt allerdings leicht, wie bei den übrigen Kulturtechniken, zu dem Missverständnis, als ob damit bloß instrumentelle, mechanisch anwendbare Fertigkeiten für beliebige Zwecke gemeint seien. Eine Kulturtechnik ist Philosophieren aber nicht im Sinne einer instrumentellen Fertigkeit, sondern im Sinne einer Handwerkskunst oder Kunstfertigkeit (griech. »techne«). Sie geht gerade nicht im Mechanischen auf. Zwar lässt sich Philosophieren beispielsweise als Begriffs- und Argumentationskunst bis zu einem gewissen Grad durchaus lehren und lernen, erschöpft sich aber nicht im schematischen Gebrauch von Regeln und Faktenkenntnissen. Dasselbe gilt auch von den Kulturtechniken des Lesens, Schreibens oder Rechnens, ebenso von den Techniken des Atmens, Tanzens, Malens, Meditierens oder Liebens. Als Technik ist Philosophieren vielmehr, wie jede Handwerkskunst, auf ein nicht reglementierbares Fingerspitzengefühl angewiesen, beispielsweise darauf, wie man Gründe und Gegengründe abwägen, den Einzelfall angemessen beurteilen, den passenden Moment für ein Argument wählen oder guten Einfällen Raum geben kann. Ferner ist Philosophieren nicht nur eine Technik im formalen Sinn oder eine bloße »Werkzeugkiste«, etwa als korrektes Argumentieren und begriffliches Klären, sondern sie ist auch in einem inhaltlichen Sinn eine Materialkunde relevanter Gesichtspunkte und Deutungsmuster. Mit Hilfe der Kenntnis der Philosophiegeschichte oder der Fachdiskussion als »Schatztruhe« kann man in einer Diskussion zentrale, strittige Begriffe besser identifizieren und weitere Hinsichten zur Sprache bringen, etwa zur Differenzierung jeweils strittiger Kernbegriffe.

Auch ist Philosophieren als Technik nicht von ihrem Träger ablösbar. Das formale und inhaltliche Wissen der Philosophie als Tatbestand kann zwar aus der Außenperspektive gelehrt und gelernt werden, vollzieht sich aber primär aus der Innenperspektive der Person als Träger und ist eine autonome, nicht erzwingbare Handlung des Staunens, Fragens, Zweifelns, Behauptens oder Miteinanderredens. Als Kulturtechnik ist Philosophieren außerdem elementar: Elementar ist Philosophieren zunächst als eine grundlegende Technik, insofern es in sokratischer Manier als »Rechenschaftgeben« die Grundannahmen unseres alltäglichen und wissenschaftlichen Denkens, Sprechens und Handelns untersucht. Insofern ist Philosophieren nicht bloß additiv als »vierte« Kulturtechnik zu verstehen. Zweitens ist die Kulturtechnik elementar im Sinne von einfach, insofern sie keine elaborierten Fachkenntnisse der Philosophie voraussetzt, sondern von ihren ersten Anfangsschritten an im Prinzip von jedermann praktiziert werden kann.

Inwiefern aber ist das Philosophieren ein Bildungsprinzip (so die zweite Antwort auf die Wozu-Frage)? Die Antwort lautet, dass die Methodenkompetenz der Kulturtechnik des Philosophierens ein Mittel ist, das Selbstdenken und somit die Autonomie der Person zu fördern. Insofern gehört sie zur Persönlichkeitsbildung und stellt ein grundlegendes Bildungsprinzip des gesamten schulischen Unterrichts dar. Bildung und Philosophieren gehören untrennbar zusammen. Denn »sich in einem Akt von Freiheit zu dem bisher Gelernten und Gelebten in ein Verhältnis zu setzen, ist in der abendländischen Tradition seit Sokrates das Kennzeichen eines substantiellen, die eigenen Strukturen verändernden Lernens« (Peukert, 1992, S. 113).[54] Wie weit allerdings der Einzelne das Philosophieren in die Binnenperspektive seiner eigenen Lebensführung – auch im Zusammenleben mit anderen – integriert, bleibt seiner freien Entscheidung überlassen und lässt sich ohnehin nicht erzwingen. Zumindest kann und sollte die Institution Schule Philosophieren als Kulturtechnik zur Verbesserung der Reflexionsfähigkeit und somit der Persönlichkeitsbildung unterrichten, da sie eine notwendige Voraussetzung autonomer Lebensführung ist. Daher sollte Philosophieren möglichst früh, von Kindheit an, gelehrt, gelernt und geübt werden (vgl. Martens, 1999).

---

54 Vgl. auch Steenblock (1999).

Versteht man Philosophieren als elementare Kulturtechnik sowie als Bildungsprinzip, folgt daraus noch nicht, dass sie auch in der Schule unterrichtet werden sollte. Wozu also Philosophieren in der Schule? Philosophieren als elementare Kulturtechnik und Bildungsprinzip legitimiert sich vom immanenten Selbstverständnis der Schule in einer demokratischen Gesellschaft her, die sich nicht nur als Ausbildungs-, sondern auch als Bildungsstätte versteht. Schule soll nach ihrem Selbstverständnis nicht nur Wissen vermitteln, sondern auch, neben anderen Instanzen wie Familie, Kirchen oder den *peer groups*, Kinder und Jugendliche dazu bilden oder befähigen, ihr persönliches, berufliches und politisches Leben selbstverantwortlich und autonom zu gestalten. Die Institution Schule in einer demokratischen Gesellschaft versteht sich in einem weiten Sinn als eine Schule der Aufklärung und bedarf einer schulgerechten Philosophie *als* Schulung der Aufklärung. Von der Passung einer Schule der Aufklärung und einer Philosophie der Aufklärung her lässt sich Philosophie in der Schule in Form eines praktischen Syllogismus rechtfertigen:

(a) Wenn Reflexionsfähigkeit und Persönlichkeitsbildung in der Schule sein sollen (normative Prämisse) und

(b) wenn Philosophieren als Kulturtechnik hierfür tatsächlich ein wirksames Mittel ist (deskriptive Prämisse),

(c) soll Philosophieren in der Schule unterrichtet werden.

7. Wirksamkeit

Inwiefern aber kann Philosophieren als Methodenkompetenz durch den Unterricht tatsächlich wirksam unterrichtet werden? Ob sie wirksam sein kann, wäre in Vergleichs- und Langzeitstudien empirisch zu untersuchen, insofern sich jedenfalls, so das Kernproblem jeder empirischen Unterrichtsforschung, die multifaktoriellen Wenn-Dann-Beziehungen zuverlässig erfassen lassen. Als Ergänzung zur theoretischen und praktischen Philosophiedidaktik stellt eine empirische Philosophiedidaktik noch ein Defizit dar, was weitgehend auch für andere Fächer gilt. Eine empirische Philosophiedidaktik hätte die Aufgabe, die deskriptive Prämisse (b) zu überprüfen. Eine erste empirische Pilotstudie hat gezeigt, dass die Vermittlung philosophischer Methodenkompetenz tatsächlich die erwartete Unterrichtswirkung haben kann (weitere Untersuchungen werden vorbereitet).[55] Über die erwünschte Wirkung des Philosophierens als Kulturtechnik hinaus lässt sich allerdings seine Wirkung als Bildungsprinzip nicht quantitativ erfassen, bestenfalls durch eine qualitative Erhebung in Gesprächen mit den Betroffenen oder durch Betrachtung ihrer Lebensläufe. Ob einem aber »die« Philosophie persönlich etwas gebracht und die praktische Lebensführung bestimmt hat, bleibt letztlich offen. Subjektive Akzeptanz und objektive Wirksamkeit sind dabei zu unterscheiden. Auf jeden Fall aber muss die theoretische Antwort auf die Wozu-Frage der Philosophie in der Schule nicht nur unterrichtspraktisch eingelöst, sondern auch empirisch überprüft werden – soweit es jedenfalls möglich ist.

Literatur

Fritz-Schubert, Ernst: Schulfach Glück. Wie ein neues Fach die Schule verändert. Freiburg i. Br. 2008.

Keil, Geert: Die Fachsprache der Philosophie als didaktisches Problem. In: Zeitschrift für Didaktik der Philosophie 3 (1988) S. 191–198.

55 Vgl. Tiedemann (2004); Steenblock (2009).

Martens, Ekkehard: Philosophieren mit Kindern. Eine Einführung in die Philosophie. Stuttgart 1999.

– Methodik des Ethik- und Philosophieunterrichts. Philosophieren als elementare Kulturtechnik. Hannover 2003.

– Platon. (Grundwissen Philosophie). Stuttgart 2009.

Peukert, Helmut: Die Erziehungswissenschaft der Moderne und die Herausforderungen der Gegenwart. In: Zeitschrift für Pädagogik (Beiheft) (1992) S. 113–127.

Rentsch, Thomas: Phänomenologie als methodische Praxis. Didaktische Potentiale der phänomenologischen Methode. In: Johannes Rohbeck (Hrsg.): Philosophische Denkrichtungen. Dresden 2002. S. 11–28.

Rohbeck, Johannes (Hrsg.): Ethisch-philosophische Basis-Kompetenz. Dresden 2004.

Steenblock, Volker: Philosophische Bildung. Einführung in die Philosophiedidaktik und Handbuch: Praktische Philosophie. Münster 2002.

– Textkonstruktion und philosophisch-ethische Reflexivität. Überlegungen zu einer Nutzung von Elementen neuerer Lernforschung für den Philosophieunterricht. In: Johannes Rohbeck / Volker Steenblock / Urs Thurnherr (Hrsg.): Empirische Unterrichtsforschung und Philosophiedidaktik. Dresden 2009. S. 47–63.

Tiedemann, Markus: Ethische Orientierung für Jugendliche. Münster 2004.

III. Philosophieren lernen

GÜNTHER PATZIG

Über den Umgang mit Texten der philosophischen Tradition*

In den inzwischen mehr als 40 Jahren meiner Tätigkeit als Hochschullehrer habe ich festgestellt, dass meine Bemühungen z. B. im Feld der Bioethik gefördert wurden durch den ständigen Rückblick auf die philosophische Tradition von Platon, Aristoteles und der Stoa in der Antike, danach in der Neuzeit z. B. auf die Theorien von David Hume, Kant und den Utilitaristen. Eine solche Rückbindung an die Klassiker erscheint mir als das beste Mittel gegen die Gefahr, sich vom Hintergrundsrauschen der Medien und ephemeren Aufgeregtheiten zu sehr beeindrucken zu lassen, oder sich andererseits zu sehr auf eigene Intuitionen zu verlassen, die man gerne für evident hält, solange man sie nicht auch an den Klassikern überprüft hat.

Man kann aber die in der Tradition bereitliegenden Schätze nur nützen, wenn man sich an den *kritischen* Umgang mit überlieferten philosophischen Theorien gewöhnt hat. Was unter einem solchen »kritischen Umgang« zu verstehen ist, dazu möchte ich im Folgenden einige Bemerkungen machen. Es ist ein mir sehr willkommener Zufall, dass sich dabei auch Gelegenheit bietet zu einer Hommage an Aristoteles, seit meiner Dissertation 1950 mein philosophischer Lieblingsautor, und an Josef König (1893–1974), meinen verehrten Lehrer und Vorgänger auf dem Göttinger Lehrstuhl, den ich 1963 von ihm übernahm.

Lassen Sie mich statt einer allgemeinen Einführung gleich mit einem mich zur Zeit beschäftigenden (und in

* Dieser Beitrag von Günther Patzig ist zuerst erschienen in: *Schriften der Gesellschaft zur Förderung der Westfälischen Wilhelms-Universität zu Münster*, Heft 78, Münster: Aschendorff 2002.

vieler Hinsicht erfreulichen) exemplarischen Einzelfall beginnen: Ein junger Kollege, der vor einigen Jahren in Göttingen, auch bei mir, studiert hat, schickte mir zur Stellungnahme wegen einer möglichen Veröffentlichung, die
inzwischen gesichert ist, die von ihm hergestellte Abschrift eines Kollegtextes mit dem Thema »Einführung in
das Studium des Aristoteles an Hand einer Interpretation
seiner Schrift über die Rhetorik« (Braun, 2002). Dieses
Kolleg hatte Josef König im Sommersemester 1944 in
Göttingen gehalten. Er war überraschend von seinen Verpflichtungen als Offizier für ein Semester zu einem sogenannten »Arbeitsurlaub« befreit worden. König lässt von
der damaligen Situation, von der sich abzeichnenden militärischen Katastrophe, so gut wie nichts einfließen; nur
einmal wird ein Fliegeralarm erwähnt (darin unterscheidet
er sich von Martin Heidegger, der ja gern in seine Kollegs
Bemerkungen zur zeitgeschichtlichen Situation einflocht).
  Wie gelöst und geradezu heiter unterrichtete König die
Studenten und Studentinnen über etwas, das – wie immer
der Weltlauf sein möge – ein Schatz für alle Zeit (ein
κτῆμα εἰς ἀεί – mit den Worten des Thukydides) bleibt.
Aber vielleicht war gerade dies auch ein politisches Signal,
das König seinen Hörern und Hörerinnen vermittelte: Es
gibt zeitübergreifende Gehalte, und Aristoteles wird bleiben, und damit die Möglichkeit, sich an seinen Texten immer wieder zu klarem Denken zu bilden. König wurde,
52-jährig, im Sommersemester, ebenfalls überraschend, als
Major aus der Wehrmacht entlassen, jedoch im Herbst angesichts der sich rapide verschlechternden Kriegslage zum
Volkssturm eingezogen. Er konnte daher im Wintersemester 1944/45 keine Vorlesungen halten; das Sommersemester 1945 fiel in Göttingen wie an allen anderen deutschen
Universitäten aus. So war das erste Kolleg, das ich nach
Wiederaufnahme des Unterrichtsbetriebs an der Universität Göttingen im Wintersemester 1945/46 bei Josef König
hörte, in der Tat das auf das Aristoteles-Kolleg unmittel-

bar folgende. Was mich an diesem Kolleg, zu Kants »Kritik der praktischen Vernunft«, besonders fesselte und beeindruckte, war die Art, in der König sich mit Kant in eine kritische Sachdiskussion einließ. Er fragte an wichtigen Textstellen schlicht, ob das, was Kant da sage, einleuchte, und – eine andere Frage –, ob Kants Argumente ausreichten, um seine These hinreichend zu sichern.

Genau dies begegnete mir nun wieder in dem Text des Aristoteles-Kollegs: Bei einer Besprechung der aristotelischen Theorie des Mitleids (ἔλεος) im Zusammenhang einer Erörterung der Affekte, die ja für den Rhetor von großer Bedeutung sind, führt König aus »Rhetorik« B 8 einige Bestimmungen des Mitleids an, die Aristoteles vorträgt, und fragt dann mit überraschender Direktheit: »Aber stimmt nun, was Aristoteles sagt?« (Braun, 2002, S. 162–164). Die Frage bezieht sich auf den Satz des Aristoteles (1385b 13–16) – ich gebe den Satz gleich in deutscher Übersetzung –:

»Mitleid ist ein Gefühl des Schmerzes über ein offensichtliches Übel, das lebensbedrohlich oder schmerzlich ist und jemanden trifft, der es nicht verdient hat, wobei das Übel eines sein muss, von dem der Mitleidfühlende sich vorstellen kann, dass es auch ihn selbst, oder Menschen, die ihm nahestehen, treffen könnte.«

Diese letzte Klausel der Definition ist für König philosophisch interessant: Soll man sie so verstehen, dass niemand Mitleid empfinden kann, der sich nicht den entsprechenden Gefahren ausgesetzt weiß oder ausgesetzt fühlt? Oder sollen wir Aristoteles unterstellen, dass er sagen will: Das Mitleid *besteht darin*, dass ich beim Anblick fremden Unglücks daran denke, auch selbst gefährdet zu sein? So dass Mitleid eigentlich Sorge um uns selbst wäre?

König entscheidet sich, mit Recht, wie ich meine, für die erste Version: Niemand kann Mitleid empfinden, der nicht zugleich zu denken vermag, ein ähnliches Unglück könnte auch ihn (oder seine Angehörigen) treffen. Die Fähigkeit, dies zu denken, wäre etwas, das Aristoteles als eine Bedingung der Möglichkeit von Mitleid ansieht; das heißt aber nicht, dass die Empfindung des Mitleids das schmerzliche Bewusstsein eigener Gefährdung wäre.

Nachdem so geklärt ist, was Aristoteles wohl gemeint haben dürfte, fragt König, wie schon zitiert: »Aber stimmt nun, was Aristoteles sagt? Stimmt es, dass, wer das Fragliche nicht zu denken vermag, unmöglich Mitleid empfindet?« Und er fährt fort: »Ich für meinen Teil glaube, dass Aristoteles recht hat; aber auf das, was ich so glaube und meine, kommt es ja nicht an. Ein Beweis des Aristoteles liegt nicht vor.«

Das Argument, das Aristoteles für seine These anführt, dass nämlich die ganz und gar Elenden einerseits (für die es gar nicht mehr schlimmer kommen könnte) und die Glückskinder des Schicksals andererseits, die sich gegen jedes Unglück gefeit wähnen, kein Mitleid zu empfinden pflegen, genügt König nicht: Erstens ist es nicht ganz sicher, dass alle solche Menschen faktisch kein Mitleid zu empfinden pflegen; und selbst wenn das sicher wäre, so folgte doch noch nicht, dass es *unmöglich* wäre, dass sie jeweils Mitleid fühlen. König geht aus Zeitgründen der Suche nach einem besseren Argument nicht nach. Er weist aber darauf hin, dass hier eine hochinteressante Frage vorliege: Es könnte moralisch relevante Phänomene geben, die in einem ganz klaren Sinne egoistisch sind, und es könnte auch moralische Phänomene geben, die in einem nicht so klaren Sinne egoistisch sind, weil sie »irgendwie wesentlich mit dem Ich zusammenhängen. Das Mitleid könnte zu dieser zweiten Klasse gehören«. Soweit Königs Vorlesungstext.

Er eignet sich zur Einführung in unser Thema noch aus einem anderen Grund, der König vermutlich, als er sein Kolleg 1944 hielt, nicht vor Augen stand, weil er die spätere Erörterung der Natur des Mitleids bei Thomas Hobbes (1588–1679) *vielleicht* nicht und die entsprechende Kritik von Joseph Butler (1692–1752) an Hobbes *sicher* nicht kannte. Denn durch diese spätere Entwicklung wird das philosophische Thema »Mitleid« ein hervorragendes Beispiel für einen wirklichen *Fortschritt* in der Philosophie, weil gleichsam die Akten zu einem Problem geschlossen werden konnten, nachdem es durch eine zwingende Argumentation gelöst worden war. Hobbes hatte in seiner Schrift *On Human Nature* 1658, offenbar in Anknüpfung an das Rhetorik-Kapitel des Aristoteles, aber mit einer schwerwiegenden Veränderung, das Mitleid definiert als die ängstliche Vorstellung zukünftigen Unglücks, das uns selbst betreffen könnte, ausgelöst durch den Anblick des gegenwärtigen Unglücks anderer Menschen.

Was bei Aristoteles eine Bedingung für das Auftreten des Mitleids ist, wird bei Hobbes zum eigentlichen Inhalt dieser Gefühlsreaktion (*On Human Nature*, Kap. IX, § 10). Nach Thomas Hobbes ist Mitleid nicht eine emotionale Hinwendung zu den bemitleidenswerten Personen, sondern eine *auf uns selbst gerichtete Furcht.* Joseph Butler hatte nun keine Mühe, die absurden Folgen einer solchen Theorie zu benennen. Er tut dies in einem Buch mit dem Titel *Fifteen Sermons, preached at the Rolls Chapel* von 1726. Butler war nämlich ein hervorragender Philosoph und außerdem ein hoher kirchlicher Würdenträger, kurze Zeit auch Hofgeistlicher, der sich besonders um Königin Caroline, die Frau von Georg II, als Seelsorger kümmerte. (Diese schätzenswerte Verbindung von zwei wichtigen Kompetenzen ist inzwischen leider selten geworden.)

Butlers Argumentation finden wir in einer Fußnote zum Sermon V:[56] Hätte Hobbes recht, so bestünde keinerlei Grund, Menschen, die in besonderer Weise für lei-

---

56 Vgl. Butler (1964), Sermon V: Upon Compassion, S. 82–106, bes. Anm. 1, S. 84–86.

dende Mitmenschen Mitleid empfinden, hochzuschätzen.
Denn wenn Mitleid eigentlich Angst um uns selbst ist,
würden wir jemanden dafür hochschätzen, dass er ängstli-
cher ist als andere. Es müsste auch gelten, dass Menschen,
die besonders ängstlich sind, besonders häufig Mitleid mit
anderen empfinden; die Erfahrung scheint aber das Gegenteil zu zeigen, dass nämlich besonders ängstliche Menschen im allgemeinen gar keine psychische Kraft übrig haben, sich um das Unglück anderer Menschen ernstlich zu
kümmern. Nach seiner Devise »Everything is what it is,
and not another thing« schafft Butler in dem konzeptuel-
len Wirrwarr, das Hobbes angerichtet hatte, Ordnung:
Wenn wir jemanden sehen, der von einem Unglück betroffen ist (denken wir an einen durch Unfall schwer ver-
letzten Autofahrer), dann wird es im allgemeinen jedenfalls drei emotionale Reaktionen geben, die in einer Mischung auftreten, aber doch voneinander unterschieden
werden können: (1) Echtes Bedauern und Hilfsbereit-
schaft für den Betroffenen, (2) eine gewisse Erleichterung
und Freude darüber, dass es nicht wir selbst sind, die das
Unglück getroffen hat (religiös empfindende Menschen
werden in einer solchen Situation wohl auch Gott dafür
danken, dass er sie gnädig vor solchem Unglück bewahrt
hat), und (3) eine Art von Beklommenheit angesichts der
Tatsache, dass auch wir potentielle Opfer des gleichen
oder ähnlicher Schicksalsschläge sind.

Dass nun in einer entsprechenden Situation diese drei
emotionalen Komponenten häufig oder sogar regelmäßig
zusammen auftreten, könnte uns dazu verleiten, aber keineswegs dazu berechtigen, die oft das Mitleid begleitenden
anderen Reaktionen selbst als »Mitleid« zu bezeichnen.
Mitleid ist das lebhafte Bedauern für die vom Unglück Betroffenen und der Wunsch, ihnen nach Möglichkeit und
nach unseren Kräften zu helfen; die anderen Komponenten haben mit »Mitleid« wenig zu tun, außer eben, dass sie
häufig zusammen mit ihm auftreten.

Mir scheint, dass die Angelegenheit damit erledigt ist. Es kommt also vor, dass in der Philosophie umstrittene Fragen gelöst werden, und zwar ein für allemal. Leider sind das aber Einzelfälle. Für die großen Probleme, über die seit Sokrates und Platon diskutiert wird, z. B. die nach dem Ursprung der Welt, der Willensfreiheit, dem Verhältnis von Leib und Seele (oder, wie wir heute lieber sagen: dem Verhältnis von Gehirn und Bewusstsein), der Frage nach der Allgemeingültigkeit moralischer Normen, – für alle diese großen Probleme gilt das nicht. Aber die unbestreitbare Tatsache, dass es solche überzeugenden und wohl auch endgültigen Lösungen philosophischer Probleme gibt, von denen ich hier ja nur eines genannt habe, kann uns gegen die pauschale These misstrauisch machen, nach der die Philosophie eher einem ästhetisch vielleicht reizvollen Ideenfeuerwerk, ohne weitere Resultate, gleicht als einer Jahrhunderte übergreifenden Bemühung um Klarheit und Wahrheit in Grundfragen des menschlichen Denkens und Handelns.

Bemühung um Klarheit und Wahrheit: Das scheint uns zu verpflichten, den Wahrheitsanspruch ernst zu nehmen, der in den philosophischen Texten der Überlieferung gestellt wird. Wir müssen uns bei der Lektüre fragen, ob die Thesen, die von den Verfassern der Texte vertreten werden, als Beiträge zu unserem Weltverständnis akzeptabel sind, und ob die Argumente, die die Autoren für die Richtigkeit – oder wenigstens Plausibilität – ihrer Auffassungen anführen, überzeugen können. Eine solche Forderung an den heutigen Leser z. B. Platons und des Aristoteles, Kants oder Hegels zu stellen, kann als rührende Naivität erscheinen. Ist es denn erlaubt, an Theorien, die zum Teil vor sehr langer Zeit, in einer anderen Sprachwelt, beeinflusst von ganz anderen Traditionen und politischen Situationen, entstanden sind, den Maßstab der formalen Richtigkeit und der sachlichen Wahrheit anzulegen? Übertragen wir damit nicht nur unsere eigenen wissenschaftlichen und lebensweltlichen Horizonte, unsere eigenen Interessen und Vorurteile, in eine oft entfernte Vergangenheit, so als hätten wir absolute Maßstäbe? Hat nicht die Forschung längst aufgeklärt, dass der Mensch ein durch und durch geschichtliches Wesen ist, dessen Empfinden, Wahrnehmen und Denken jeweils geprägt wird von der historischen Lage, in der er lebt? Es könnte ja für die Klassiker der früheren Epochen wahr und formal richtig gewesen sein, was für uns heute nicht mehr als formal korrekt und sachlich wahr gilt. Daher sollten wir wohl die Wahrheit nach dem alten Spruch »Veritas filia temporis« (»Die Wahrheit ist eine Tochter der Zeit«) mit einem Epochenindex versehen. Jede Zeit hätte dann nicht nur ihre »Unmittelbarkeit« (wie Leopold von Ranke es ausdrückte) »zu Gott«, sondern auch zur Wahrheit.

Diese These von der historischen Relativität aller Wahrheit kann man wohl als die heute »herrschende Lehre« bezeichnen. Nicht jede herrschende Lehre ist falsch, aber ebensowenig ist jede herrschende Lehre wahr. Ich möchte mich ihr nicht anschließen; es ist daher meine Pflicht, *Gründe* für diesen Nonkonformismus anzugeben.

Mein Hauptgrund ist der, dass man mit der historisierenden Auffassung der Philosophie als einer jeweils wahrheitsunmittelbaren Zeitströmung einen verschwommenen Wahrheitsbegriff einführt, der zwischen Wahr-Sein und Für-Wahr-Gehalten-Werden nicht unterscheidet. Wenn für die klassische griechische Philosophie oder die Denker des Deutschen Idealismus (Kant bis Hegel) etwas wahr und gültig gewesen ist, das für unsere Zeit nicht mehr wahr sein kann, weil inzwischen andere Wahrheiten zu bestimmenden Faktoren unseres Denkens geworden sind, so wird hier etwas als wahr bezeichnet, das nach einem scharf definierten Wahrheitsbegriff nie hätte wahr sein können. Wir müssten sonst alles als »wahr« bezeichnen, was irgend jemand zu irgendeiner Zeit aus subjektiv nachvollziehbaren Gründen für wahr gehalten hat. Aber es hat nichts Widersprüchliches zu sagen, dass z. B. die These des Aristoteles, nach der ein bewegter Körper nur so lange seine Bewegung beibehält, als eine bewegende Kraft auf ihn einwirkt, *falsch war*, unabhängig davon, wie lange sich diese aristotelische Vorstellung in der Naturphilosophie behauptet haben mag.

Es liegt hier allerdings der Einwand nahe, dass jemand, der so über vergangene philosophische Theorien urteilt, seine eigenen oder die in seiner Zeit anerkannten Auffassungen absolut setzt und nicht mit der Möglichkeit rechnet, dass auch unsere heutigen Auffassungen vielleicht schon bald einer grundsätzlichen Korrektur unterzogen werden müssen. Dürfen wir sie in diesem Bewusstsein auch ihrer eigenen Überholbarkeit trotzdem als Maßstab für die Beurteilung der Theorien unserer Vorgänger heranziehen? Wir dürfen nicht nur, wir müssen! So wie der Medizinhistoriker oder Mathematikhistoriker zur Interpretation und Beurteilung der Inhalte medizinischer bzw. mathematischer Schriften aus der Vergangenheit den heutigen Kenntnisstand in Medizin und Mathematik heranzieht (soweit er ihm bekannt ist), so muss auch der Philosoph für das Verständnis und die Beurteilung philosophischer Texte seine eigenen und insbesondere weithin geteilte philosophische Auffassungen seiner Zeit nutzen. Das setzt natürlich die Vorstellung von einem Fortschritt in der Philosophie voraus, freilich nicht die Vorstellung von einem geradlinigen, gleichsam von selbst ablaufenden Fortschritt zu größerer Klarheit, vertiefter Einsicht, verbesserter Argumentationstechnik, sondern nur die *Idee* eines von Rückschlägen stets gefährdeten, ungleichmäßig und durch ständige Diskussionen gebahnten Wegs zu größerer Klarheit und geschärftem Problembewusstsein.

Gegen diese – nach meiner Meinung unabweisbare – Auffassung wenden sich nun viele einflussreiche und mit Recht respektierte Autoren. Theodor W. Adorno schrieb

(1964) im Kongressband »Die Philosophie und die Frage nach dem Fortschritt«:

> »So zwingend die _Übergänge_ von einer großen Philosophie zur anderen, vermittelt durch Kritik, sein mögen, so dubios bliebe gleichwohl die Behauptung, zwischen ihnen, Platon und Aristoteles, Kant und Hegel, oder sogar in einer philosophischen Universalgeschichte insgesamt, wäre ein _Fortschritt_ gewesen« (Kuhn/Wiedemann, 1964, S. 45).

Der beabsichtigte oder unbeabsichtigte Haken in diesem Satz Adornos, der den Gedanken des Fortschritts in der Philosophie suspekt machen soll, ist der Wechsel von den großen _Philosophien_ am Anfang des Satzes zu den großen _Männern_, die hinter diesen Systemen stehen. »Übergang« ist kein Fortschritt, denn dann müsste Aristoteles ein größerer Denker als Platon, Hegel ein größerer Denker als Kant gewesen sein. Das ist absurd; also gibt es keinen Fortschritt in der Philosophie. Diese Beweisart wird noch deutlicher gegen Ende des Vortrags, wo Adorno sagt: »Einen Fortschritt von Hegel zu den logischen Positivisten anzunehmen, die jenen als unklar und sinnleer abtun, ist nur noch komisch« (S. 46).

Bei einem so bewussten Stilisten, wie es Adorno war, kann man es nicht als bloße Lässigkeit des Sprachgebrauchs ansehen, wenn er die »logischen Positivisten« (man würde ihn gern fragen: »Wen meinen Sie konkret?«) nicht _Hegels Schriften_, sondern _Hegel selbst_ als _unklar oder sinnleer_ bezeichnen lässt. Das ist Advokatenkunst: Statt eines wirklichen Vertreters des Logischen Positivismus, etwa Moritz Schlick oder Rudolf Carnap, wird nur das namenlose Heer der sogenannten »logischen Positivisten« ins Auge gefasst und ihnen der große, einsame, tiefdenkende Hegel gegenübergestellt. Wer wollte da noch zweifeln, dass der Tadel der Epigonen von dem philosophischen Heros wirkungslos abprallt? Dabei wäre es doch gar kein Widerspruch, wenn jemand sagen wollte: »Hegel war ein großer Denker, dem wir tiefe Einsichten in historische Prozesse verdanken und der mit Recht bedeutenden Einfluss ausgeübt hat, z. B. auch auf die Philosophiegeschichtsschreibung. Aber seine Darstellungsart an wichtigen Stellen ist dunkel und unklar, und außerdem sagen manche seiner Sätze, so tiefsinnig sie klingen (wie z. B. der berühmte Satz aus der *Phänomenologie des Geistes* [Vorrede]: ›Das Wahre ist so der bacchantische Taumel, bei dem kein Glied nicht trunken ist‹), offenkundig nichts über die Wirklichkeit aus, sind also in diesem Sinne ›sinnleer‹.« Wer das sagt, vergleicht sich nicht mit Hegel im Hinblick auf philosophische Kraft und Originalität.

Adorno hätte nur dann recht mit seiner These, dass der Begriff eines Fortschritts in der Philosophie ins Komische umschlägt, wenn der Gedanke hinzuträte: »Wenn es einen Fortschritt in der Philosophie gäbe, dann würde folgen, dass die heute Lebenden und Schreibenden, oder jedenfalls hinreichend viele von ihnen, bessere Philosophen wären als ihre Vorgänger, einschließlich solcher Giganten wie Platon, Aristoteles, Descartes, Hume, Kant und Hegel.« Aber dies ist eine durch nichts begründete Annahme, die vermutlich ebenso falsch wäre wie die Meinung, dass ein heute lebender Physiker, der Relativitätstheorie und Quantenmechanik beherrscht, schon deshalb ein besserer Physiker als Newton sei.

Ähnlich wie Adorno formulierte Hans-Georg Gadamer in *Wahrheit und Methode*, 1960:

»Das naive Selbstgefühl der Gegenwart mag sich dagegen auflehnen, daß das philosophische Bewußtsein der Gegenwart einräumt, seine eigene philosophische Einsicht sei der eines Platon und Aristoteles, eines Leibniz, Kant oder Hegel gegenüber geringeren Ranges. Man mag eine Schwäche des gegenwärtigen Philosophierens darin sehen, daß es sich der Auslegung seiner klassischen Überlieferung mit solchem Eingeständnis seiner eigenen Schwäche zuwendet. Sicher ist es aber eine noch viel größere Schwäche des philosophischen Gedankens, wenn einer sich einer solchen Erprobung seiner selbst nicht stellt und vorzieht, den Narren auf eigene Faust zu spielen« (1960, S. XIV).

Diese Sätze, besonders der letzte, haben es sozusagen in sich; sie haben eine starke suggestive Kraft, ähnlich dem schon zitierten Satz von Adorno. Gadamer geht von einem jedenfalls für die deutsche Nachkriegsphilosophie kaum bestreitbaren Faktum aus, dass nämlich das Interesse der Philosophen (und zugleich natürlich das Themenangebot im akademischen Unterricht der Universitäten) sich stark auf die Interpretation der klassischen Autoren konzentrierte, so dass systematische Untersuchungen (und Vorlesungen) eher die Ausnahme bildeten. Jedoch ist eine solche Interessenrichtung auf die reiche philosophische Tradition nicht deshalb schon ein »Eingeständnis eigener Schwächen«; man kann in der Interpretation und systematischen Diskussion klassischer philosophischer Positionen große systematische Selbständigkeit beweisen und souveräne Kritik vortragen. Das ist eine bedeutende Tradition in England: Ich nenne nur John Stuart Mills *Examination of Sir William Hamilton's Philosophy* von 1865, oder C. D. Broads *Examination of McTaggart's Philosophy* in zwei Bänden von 1933 und 1938, sowie von demselben C. D. Broad, *Five Types of Ethical Theory* (1930), ein hervorragendes Buch, in dem die ethischen Theorien von Spinoza, Butler, David Hume, Kant und Sidgwick interpretiert *und* systematisch evaluiert werden. Auch Karl Poppers *The Open Society and its Enemies* (1945), ein ohne Zweifel bedeutender Beitrag zur politischen Philosophie, hat die Form einer kritischen Auseinandersetzung mit Platon, Hegel und Marx. Man kann sich auch im Bewusstsein eigener neuer Einsichten kritischen Studien der Tradition zuwenden. (Als Beitrag zur Interpretation der philosophischen Theorien der drei Klassiker ist das Buch freilich weniger erfolgreich.)

In einer unerwarteten Wendung heißt es dann bei Gadamer, es sei aber eine noch viel größere Schwäche des philosophischen Gedankens, »wenn einer sich einer solchen Erprobung seiner selbst nicht stellt und vorzieht, den Narren auf eigene Faust zu spielen«. Inwiefern ist die Beschäftigung mit der Klassik eine Erprobung seiner selbst (doch wohl der eigenen philosophischen Kräfte)? Klang es nicht zunächst nach einem hilfesuchenden Sichanlehnen, einem Untertauchen in der Tradition aus erkannter eigener Schwäche? Und ist der Entschluss, »den Narren auf eigene Faust zu spielen«, die einzige sich noch öffnende Alternative? Das Wort von dem »Narren auf eigene Faust« ist ja sicherlich eine Anspielung auf Goethes Gedicht von 1812:

> »Ein Quidam sagt: ›Ich bin von keiner Schule!
> Kein Meister lebt, mit dem ich buhle.
> Auch bin ich weit davon entfernt,
> daß ich von Toten was gelernt.‹
> Das heißt, wenn ich ihn recht verstand:
> ›Ich bin ein Narr auf eigene Hand.‹«[57]

Hier wird aber die falsche Alternative, vor die Gadamer uns stellt, überdeutlich: Goethe will klarmachen, dass es grundsätzlich falsch ist, einen Mangel an Originalität darin zu sehen, dass man zu Meistern in die Lehre geht und von Traditionen zehrt. Die Geschichte zeigt, dass es selten jemanden gibt, der ohne gründliche Studien der Klassiker der Philosophie als Autodidakt bedeutende Beiträge zur

57 Unter dem Titel »Den Originalen«, gedruckt in: *Goethes sämtliche Werke, Jubiläumsausgabe*, hrsg. von E. v. d. Hellen [u. a.], 1902–1912, Bd. 2, S. 161.

Philosophie geleistet hat. Vielleicht gilt das für Wittgenstein; aber der war ein Genie, und seine Philosophie wäre vermutlich noch weit interessanter und solider geworden, hätte er mehr Klassiker gelesen. Gadamers Dilemma ist daher eine unrealistische Konstruktion.

Ich denke, es ist deutlich geworden, dass die Vorstellung von Fortschritten in der Philosophie keine Überlegenheit der ihre Vorgänger kritisierenden oder korrigierenden jeweils praktizierenden Philosophen voraussetzen müsste. Nicht die Philosophen werden besser, sondern die Philosophie kommt weiter. Und indem sie weiterkommt, gefördert durch viele Einzelbeiträge, bewahrt sie die einzelnen Philosophen, wenn sie sich in der Geschichte der Philosophie auskennen, davor, Fehler zu machen, deren Gefahr vor Zeiten noch nicht durchschaut war. Eine der wichtigsten Lektionen, die im Laufe der Zeit gelernt worden sind, ist Vorsicht im Gebrauche der Sprache, die das Denken leicht in die Irre führt. Leibniz war einer der ersten, die anstelle der natürlichen Sprachen eine »characteristica universalis« setzen wollten, um die Dinge klar und eindeutig bezeichnen zu können. Schon Georg Christoph Lichtenberg (1742–1799) hat gesagt:

> »Unsere falsche Philosophie ist der ganzen Sprache einverleibt, wir können sozusagen nicht räsonieren, ohne falsch zu räsonieren [...] Unsere ganze Philosophie ist Berichtigung des Sprachgebrauchs, also die Berichtigung einer Philosophie, und zwar der allgemeinsten« (siehe Promies, 1971, S. 197 f.).

Wittgenstein spricht – sicher in Anlehnung an Lichtenberg, den er kannte und schätzte – von der »Verhexung unseres Verstandes durch die Sprache«, und Gottlob Frege, um die Reihe damit abzuschließen, sagte im Vorwort seiner epochemachenden *Begriffsschrift* von 1879:

»Wenn es eine Aufgabe der Philosophie ist, die Herrschaft der Worte über den menschlichen Geist zu brechen, indem sie die Täuschungen aufdeckt, die durch den Sprachgebrauch über die Beziehungen der Begriffe oft fast unvermeidlich entstehen, indem sie den Gedanken von demjenigen befreit, womit ihn allein die Beschaffenheit der sprachlichen Ausdrucksmittel behaftet, so wird meine Begriffsschrift [...] den Philosophen ein brauchbares Werkzeug werden können« (1964, S. XII–XIII).

So bewegen wir uns als Philosophen heute in einem Feld, das durch die Anstrengungen von Generationen sicherer geworden ist. Ähnlich wie auch die Seefahrt heute dadurch leichter geworden ist, dass bessere Seekarten vorliegen, die Stellen, wo früher Kapitäne auf Riffe gelaufen sind, durch Wracktonnen bezeichnet worden sind usw. (Die Parallele der Philosophie zur Seefahrt liegt mir aus biographischen Gründen nahe, und ich habe mich darüber gefreut, als ein von mir geschätzter Kollege meine philosophischen Bemühungen gelegentlich, freilich wohl eher in kritischer Absicht, als eine »Kapitänsphilosophie« bezeichnet hat.)

Nachdem wir der hermeneutischen Relativierung der Wahrheitsansprüche philosophischer Texte mit Nachdruck widersprochen haben und trotz Adornos und Gadamers Schaudern schon bei der bloßen Erwähnung der Möglichkeit eines Fortschritts in der Philosophie die Tatsache eines solchen Fortschritts (wenn auch mit entsprechenden Kautelen) konstatiert haben, wollen wir nun den Grundsätzen einer richtig verstandenen Hermeneutik den angemessenen Respekt erweisen: Wir wollen nachdrücklich betonen, dass die Auslegung eines bedeutenden philosophischen Textes der Vergangenheit nur dann richtig vollzogen werden kann, wenn man sich im Voraus darüber klar ist, dass es sich um eine unaufhebbar doppelte Aufgabe handelt. Die Schwierigkeit, wie auch der Reiz,

liegt darin, dass man zwei sehr voneinander verschiedene
Dinge gleichzeitig tun muss, die sich nicht nacheinander
erledigen lassen, weil von jeder Sache auf die andere genau
das Licht fällt, das wir zum Arbeiten brauchen: Einerseits
müssen wir aus dem Text mit Hilfe der inzwischen ausge-
feilten philologisch-historischen Methoden den eigentlichen Gehalt, die Meinung des Autors, die Natur seiner
Denkschritte, seine Originalität und seine Abhängigkeiten
herauszuheben versuchen. Bei diesem Vorgehen ist der
zeitgenössische Sprachgebrauch in der jeweils von Autor
benutzten Sprache, Griechisch oder Latein oder eine der
neuzeitlichen europäischen Sprachen, außerdem die besondere politische und philosophische Situation, in der
der Autor schrieb, angemessen zu berücksichtigen. Andererseits müssen wir uns beim Eindringen in den Text von
den Theorien, die sich schrittweise erschließen lassen, zu
eigenem Nachdenken über die jeweils verhandelten Sachfragen provozieren lassen. Solche Überlegungen zu den
vorgelegten Gedanken führen öfters auch zu einem neuen
Verständnis des Textes. Das Ideal einer angemessenen Interpretation eines philosophischen Textes wäre ein vollkommenes Gleichgewicht zwischen den beiden gleich
wichtigen Seiten des Verfahrens. Weder der *basso continuo*
der philologischen Methoden noch die Oberstimme der
philosophischen Interpretation dürfen jeweils die anderen
Stimmen übertönen. Dies ist, wie gesagt, eine Idealforde-
rung, die nie voll erfüllt werden kann. Aber sie muss als
Ziel festgehalten werden, wenn die Philosophiegeschichte
nicht zum Friedhof von Merkwürdigkeiten und Opfern
willkürlicher Interpretationen werden soll.

Als einschlägiges Beispiel dafür, wie man es auf keine
Weise machen darf, möchte ich hier auf Heideggers Interpretation der griechischen Philosophen verweisen, und als
exemplarisch auf seine »Interpretation« des berühmten
Spruchs des Heraklit (Diels, B 50). Der lautet auf Griechisch:

»οὐκ ἐμοῦ ἀλλὰ τοῦ λόγου ἀκούσαντας ὁμολογεῖν σοφόν ἐστιν ἓν πάντα εἶναι.«

Das heißt *wörtlich*:

»Nicht auf mich hörend, sondern auf den Logos, ist es weise, mit dem Logos übereinstimmend zu sagen: Eins ist Alles.«

Und das kann *interpretiert* werden etwa so:

»Nicht auf mich, den sterblichen Menschen Heraklit hört hin, sondern auf den Logos der Welt, der in dem, was ich sage, zum Ausdruck kommt. Und wenn Ihr den Sinn dieses Logos verstanden habt, ist es weise, mit dem Logos übereinzustimmen und zu sagen: Eins ist Alles.«

Heidegger lässt zunächst einmal das Verbum εἶναι (Eins *ist* Alles) beiseite, weil »der Rest genügt«. Seine Übersetzung lautet:

»Nicht mir, aber der lesenden Lege gehörig: Selbes liegen lassen: Geschickliches west (die lesende Lege): Eines einend alles« (vgl. Heidegger, 1954, S. 207–229).

Dies hat, so möchte ich mit aller Höflichkeit, aber auch Entschiedenheit behaupten, mit dem Text des Fragments B 50 und der Philosophie des Heraklit gar nichts zu tun.

Als ein ähnlich deutliches Beispiel, was bei einer Interpretation und Übersetzung herauskommt, wenn der Übersetzer umgekehrt zwar ein geschulter Philologe ist, aber vom *philosophischen Inhalt* des Textes, man muss wohl sagen: keine Ahnung hat, kann neben anderen Beispielen die Übersetzung von Aristoteles' *Logischen Schriften* (*Organon*) im angesehenen Meiner-Verlag gelten. Nicht auf Inkompetenz, sondern auf selbstgewählter Zurückhaltung beruht es wohl, dass der vier Bände umfassende Kommentar von Heinz Heimsoeth zur zweiten Hälfte (Transzendentale Dialektik und Methodenlehre) von Kants *Kritik der reinen Vernunft* sich auf die »Erläuterung« und »historische Einbettung« von Kants Darlegungen beschränkt, ohne auch nur einmal zu fragen, ob Kants Thesen sachlich richtig sind und seine Argumente für diese Thesen als formal korrekt und sachlich plausibel gelten können (siehe Heimsoeth, 1966–1971).

Zum Glück gibt es inzwischen eine große Zahl hervorragender Kommentare zu philosophischen Schriften, die dem skizzierten Ideal nahe kommen: Aus den Gebieten, die ich am besten kenne, möchte ich hier nur anhand vieler Beispiele, die ich nennen könnte, die Bücher zur vorsokratischen Philosophie von Hermann Fränkel, die Kommentare zu aristotelischen Schriften von John Ackrill, J. Brunschwig und H. Weidemann nennen, zu platonischen Dialogen die Kommentare von M. Cornford, von Myles Burnyeat, E. R. Dodds und Dorothea Frede, zu Kants *Kritik der praktischen Vernunft* etwa den des U. S.-Amerikaners (!) Lewis White Beck.

Nachdem ich versucht habe, deutlich zu machen, wie man in angemessener Weise mit philosophischen Texten als Beiträgen zu einer zeitübergreifenden philosophischen Diskussion umgehen sollte, möchte ich zum Abschluss noch drei einflussreiche, aber nach meiner Ansicht nicht haltbare konkurrierende Vorstellungen kurz charakterisieren, die mit den Namen Hegel, Nietzsche und Richard Rorty verknüpft sind.

Hegel hat mit einem Schlagwort, das immer wieder zitiert wird, behauptet, die Philosophie sei »*ihre Zeit in Gedanken erfaßt*« (Hegel, 1970, S. 58). Was damit gemeint ist, erfährt man genauer aus den *Vorlesungen über die Geschichte der Philosophie*, Einleitung Abschnitt B. 1. c.: »Die Philosophie als der Gedanke ihrer Zeit« (Hegel, 1971, S. 73–75). In der Philosophie spiegelt sich nach Hegel der gesamte Zustand, in dem ein Volk oder eine Völkergruppe zu einer bestimmten Zeit gelebt und gewirkt haben; sie ist die »höchste Blüte« einer geschichtlichen Ausprägung menschlicher Lebensformen. Das ist ein interessanter Satz, aber er scheint mir einer der falschesten Sätze zu sein, die so umlaufen, darin vergleichbar etwa Dostojewskis Satz, »Wenn Gott nicht existiert, ist alles erlaubt«. Philosophen sind ja, wie die Erfahrung durch die Geschichte hin zeigt, im Regelfall eher Einzelgänger, die sich von der Menge ihrer Zeitgenossen absondern. Goethe sagt: »Wer philosophiert, ist mit seiner Umwelt uneins.« In fast jeder Zeit gibt es ja auch ganz entgegengesetzte philosophische Positionen; man denke an die Sophisten und Sokrates, man denke an Dogmatiker und Skeptiker, man denke an Idealisten und Realisten: Welche dieser Gruppen soll dann jeweils als repräsentativ gelten? Aristoteles ist ein besonders gutes Gegenbeispiel gegen die These von Hegel, dass die Philosophie »ihre Zeit in Gedanken erfaßt«, sei. Denn Aristoteles schrieb seine *Politik*, in der der Stadtstaat, die Polis, als das Modell von politischen Organisationsformen schlechthin behandelt wurde, als die Grundlagen dieser Theorie durch Alexander den Großen, des Aristoteles' zeitweiliger Zögling, längst aufgehoben waren.

Vor allem aber: Die Philosophen *wollen gar nicht* die geistige Essenz ihres Zeitalters erfassen, sondern schreiben im Normalfall etwas, das sie jedenfalls für zeitlos, für gültig über ihre Epoche hinaus, für wichtig halten. Leibniz z. B. geht ohne Zweifel darin nicht auf, ein Barock-Philosoph zu sein, und Bach ist eben auch weit mehr als ein Barock-Komponist. Gerade die großen Philosophen sind im allgemeinen nicht Repräsentanten ihrer Zeit; ich würde z. B. Christian Garve (1742–1798), den heute wohl nur noch die Fachleute kennen, für einen viel typischeren Philosophen der Aufklärungszeit halten als etwa Kant.

Nietzsche sah das Interesse an der Philosophie zwar auch nicht in der Belehrung über Sachfragen, aber doch

auch nicht, wie Hegel, in der Tatsache begründet, dass
man an den Theorien der Philosophen die geistige Epoche
erfassen kann, in der sie jeweils lebten. Für ihn lag das Interesse an der Philosophie an der Möglichkeit, »die großen
Menschen«, die hinter den philosophischen Systemen stehen, kennenzulernen:

> »Wer [...] an großen Menschen überhaupt seine Freude
> hat, hat auch seine Freude an solchen Systemen, seien
> sie auch ganz irrtümlich: Sie haben doch einen Punkt an
> sich, der ganz unwiderleglich ist, eine persönliche Stim-
> mung, Farbe; man kann sie benutzen, um das Bild des
> Philosophen zu gewinnen: wie man vom Gewächs an
> einem Orte auf den Boden schließen kann. *Die* Art zu
> leben und die menschlichen Dinge anzusehn ist jeden-
> falls einmal dagewesen und also möglich: Das ›System‹
> ist das Gewächs dieses Bodens oder wenigstens ein Teil
> dieses Systems, - - Ich erzähle die Geschichte jener Phi-
> losophen vereinfacht: Ich will nur den Punkt aus jenem
> System herausheben, der ein Stück *Persönlichkeit* ist
> und zu jenem Unwiderleglichen, Undiskutierbaren ge-
> hört, das die Geschichte aufzubewahren hat: Es ist ein
> Anfang, um jene Naturen durch Vergleichung wieder-
> zugewinnen und nachzuschaffen und die Polyphonie
> der griechischen Natur endlich einmal wieder erklingen
> zu lassen: Die Aufgabe ist, das ans Licht zu bringen,
> was wir *immer lieben und verehren* müssen und was
> uns durch keine spätere Erkenntnis geraubt werden
> kann: der große Mensch« (Nietzsche, 1956, Bd. 3, S. 349–
> 413).

Nietzsche hat ohne Zweifel darin recht, dass man durch
das Studium philosophischer Texte in geeigneten Fällen
auch einen starken Eindruck von der Persönlichkeit des
Autors erhält, von dem dieser Text stammt. Es ist einer
der Reize historischer Studien überhaupt, und der philo-

sophischen Studien vielleicht in besonderem Maße, dass man in Kontakt zu Personen tritt, zu denen man eine persönliche Beziehung entwickeln kann, die unser Leben bereichert. Aber dies ist nun zweifellos nur ein möglicher *Nebeneffekt* der Beschäftigung mit philosophischen Texten der Tradition. Zu Nietzsches Zeiten war man wohl weithin geneigt, zu meinen, dass man aus diesen Texten nichts mehr lernen könne, und so lag es vielleicht nahe, eine andere Beschäftigungsart mit diesen Texten vorzuschlagen, die man dann etwa die »physiognomische« nennen könnte.

In unseren Tagen, im Zeichen des Dekonstruktivismus und der Postmoderne, hat, in ähnlicher Richtung wie Nietzsche, Richard Rorty mit erstaunlich viel Beifall alle Wahrheitsansprüche philosophischer Texte außer Kraft gesetzt. »Objektivität« und das Streben nach ihr sei etwas Unmenschliches und Gefühlloses; viel wichtiger sei Solidarität, die Einbettung in vertraute gesellschaftliche und politisch liberale Verhältnisse (*Solidarität oder Objektivität?*, 1988). Die philosophischen Texte könnte man trotzdem noch mit Gewinn lesen, aber nicht mehr als Quelle von philosophischen Informationen oder Inspiration, sondern als Literatur, wie andere Literatur auch, zur gebildeten Unterhaltung. Das scheint mir sehr unplausibel, um ein verhältnismäßig mildes Wort zu benutzen; und zwar schon deshalb, weil wir philosophische Qualitäten und literarische Qualitäten von Texten als voneinander verschieden und weitgehend voneinander unabhängig ansehen. Diese Qualitäten können im Einzelfall zusammenfallen, aber auch divergieren. Niemand wird wohl daran zweifeln, dass Platons Dialoge Meisterwerke der sprachlichen Darstellungskunst *und ebenso* philosophische Meisterwerke sind. Aber das ist ein seltener Fall. Aristoteles war Platon als Philosoph ebenbürtig; aber kaum jemand wird Aristoteles als Stilisten mit Platon in einem Atem nennen wollen. Schopenhauer war ein glänzender Schriftsteller, wie auch Nietzsche; aber es ist sicher kein Zufall, dass beide mehr bei Künstlern und gebildeten Laien Interesse und Nachfolge gefunden haben als bei Fachphilosophen. Und wie immer in solchen Fällen sind die meisten Bücher, die sich mit Philosophie befassen, *weder* bedeutende Beiträge zur philosophischen Forschung *noch* gelungene Beiträge zur Belletristik (dies in einem gewissen Gegensatz zu Odo Marquards Scherzwort von der »Transzendentalbelletristik«).

Aus solchen eher ernüchternden Feststellungen kann uns, so denke ich, zum Schluss ein Zitat herausführen, das ich dem schon eingangs genannten Kollegtext von Josef König entnehme, und das in jedenfalls für meinen Geschmack unübertrefflicher Weise die Art von auch literarischem Genuss beschreibt, den wir *legitimerweise* aus der Lektüre philosophischer Texte ziehen können. König sagt:

»Aristoteles ist der wortkargste Philosoph, den ich kenne. Und dies Urteil ist allgemein. Gerade deshalb muß man dem, was er äußert und dessen sprachliche Fixierung er für notwendig erachtet, sorgfältig nachgehen. Es lohnt sich immer. Es ist nicht nur notwendig für das begriffliche Verstehen, sondern gewährt den Genuß, einen in seinen Gegenstand verlorenen Künstler und Meister bei der Arbeit zu sehen: wie er Striche hinsetzt, die sitzen. Dieses zu verfolgen und immer wieder mit ihm nachzuvollziehen, ist überhaupt der tiefste Gewinn solcher Schriften. Der liegt nicht darin, daß uns irgendwelche großen Gedanken über Gott und die Welt vorgetragen werden, Gedanken, die dann andere auch große Philosophen bestreiten und die sich schließlich doch irgendwo im Dunkel verlieren. Er liegt in der Qualität der Arbeit, in dem tiefen Handwerk. Dies zu bewahren, die Möglichkeit und Wirklichkeit solchen selbstverlorenen Sachbezugs an irgendeinem scheinbar und vielleicht auch wirklich wenig bedeutungsvollen Punkt und Satz leibhaft vor sich zu sehen ist ein κτῆμα εἰς ἀεί: ein dauernder Besitz. Von den sogenannten großen umfassenden Gedanken gilt das nicht. In diesen kleinen Dingen liegt die Realität des Philosophierens. Und wer sie da nicht erfaßt, dem wird die Philosophie immer nur ein eingebildeter und zufälliger Besitz sein« (siehe Braun, 2002, S. 5).

Literatur

Braun, Nicolas (Hrsg.): J. König. Einführung in das Studium des Aristoteles an Hand einer Interpretation seiner Schriften über die Rhetorik. Freiburg i. Br. 2002.

Butler, Joseph: Fifteen Sermons, and a Dissertation on the Nature of Virtue. Hrsg. von W. R. Matthews. London ⁵1964.

Frege, Gottlob: Begriffsschrift (1879). Hrsg. von Ignacio Angelelli. Darmstadt 1964.

Gadamer, Hans-Georg: Wahrheit und Methode. Tübingen 1960.

Hegel, Georg Wilhelm Friedrich: Grundlinien der Philosophie des Rechts. Hrsg. von Bernhard Lakebrink. Stuttgart 1970.

– Vorlesungen über die Geschichte der Philosophie. In: G. W. F. H.: Werke. Bd. 18. Frankfurt a. M. 1971.

Heidegger, Martin: Vorträge und Aufsätze. Pfullingen 1954.

Heimsoeth, Heinz: Transzendentale Dialektik. 4 Bde. Berlin 1966–1971.

Kuhn, Helmut / Wiedemann, Franz (Hrsg.): Die Philosophie und die Frage nach dem Fortschritt. Regensburg 1964.

Nietzsche, Friedrich: Werke in drei Bänden. Hrsg. von Karl Schlechta. München 1956.

Promies, Wolfgang (Hrsg.): Lichtenbergs Schriften und Briefe. Bd. 2. Sudelbücher II. München 1971.

Rorty, Richard: Solidarität oder Objektivität? Drei philosophische Essays. Stuttgart 1988.

Argumentieren lehren. Eine kleine Fallstudie

In der Philosophie wird argumentiert. Philosophieunterricht ohne besondere Einübung in die Kunst des Argumentierens ist so verfehlt wie Sportunterricht ohne Bewegungstraining. Aber Philosophen argumentieren nicht nur über philosophische Themen, sie denken seit den griechischen Anfängen der Philosophie auch darüber nach, wie man gut argumentiert, auch außerhalb der Philosophie. Deshalb ist der Philosophieunterricht geradezu der ideale Ort, um dort das Argumentieren zu thematisieren und einzuüben.

Alle Welt argumentiert, und ebenso ist die Rede über das Argumentieren allgegenwärtig. In auffälligem Kontrast dazu sind sich viele Menschen keineswegs darüber im Klaren, was ein Argument ist. Dieser verbreiteten Unklarheit muss jeder gute Philosophieunterricht entgegenwirken. Dabei ist es nicht schwierig, Argumente allgemein zu charakterisieren. Das gelingt am besten von den Zielen her, die wir mit dem Argumentieren verfolgen. Am häufigsten argumentieren wir, um andere, oftmals auch uns selbst, davon zu überzeugen, dass eine bestimmte Aussage wahr ist, die uns oder unseren Gesprächspartnern fragwürdig erscheint oder von der wir bisher noch nicht wissen, ob sie wahr ist. Mit einem Argument versuchen wir die Wahrheit der fraglichen Aussage zu entscheiden. Argumentierend führen wir ihre Wahrheit auf die Wahrheit bestimmter anderer Aussagen zurück. Daher haben Argumente eine Prämissen-Konklusion-Struktur. Die Konklusion ist diejenige Aussage, deren Wahrheit auf die Wahrheit der anderen Aussagen, die Prämissen, zurückgeführt wird. Mit diesen Unterscheidungen lässt sich kurz und bündig sagen: Wer argumentiert, behauptet, dass die Kon-

klusion seines Arguments wahr ist, weil seine Prämissen
es sind.

Noch durchsichtiger wird ein Argument, sobald man
sich vergegenwärtigt, dass man sich mit einem Argument
genauer auf drei Behauptungen verpflichtet. (1) Die Prämissen sind wahr. (2) Wenn die Prämissen wahr sind, ist
auch die Konklusion wahr. (3) Wegen (1) und (2) ist die
Konklusion ebenfalls wahr. Ein Argument scheitert somit
auf jeden Fall dann, erweist sich mindestens eine der drei
Behauptungen am Ende doch als falsch.

Teilbehauptung (2) soll uns genauer beschäftigen.
Selbstverständlich muss man auch sie als wahr einsehen.
Ließe sich allerdings diese Einsicht nur dadurch erzielen,
dass man schon weiß, ob die Konklusion wahr ist oder
nicht, könnte man sich das Argument sparen, das ja allererst dazu dienen soll, die Wahrheit der Konklusion sicherzustellen. Somit erreicht ein Argument sein Ziel höchstens
dann, wenn man ohne Wissen um die Wahrheit der Konklusion einsehen kann, dass die Konklusion wahr ist, falls
die Prämissen es sind. Erfüllt ein Argument diese Bedingung, redet man davon, dass die Konklusion aus den Prämissen (logisch) folgt (vgl. Tetens, 2006). Oftmals lassen
sich solche Folgerungsbeziehungen zwischen Aussagen
unmittelbar einsehen. In anderen Fällen kann das schwierig werden. Zum Glück hilft uns die formale Logik weiter.
Deren Aufgabe ist es, alle Folgerungsbeziehungen zwischen Aussagen systematisch zu untersuchen (vgl. Hoyningen-Huene, 1998). Freilich werde ich mich im Folgenden auf Beispiele beschränken, bei denen sich ohne weiteres einsehen lässt, dass die Konklusion aus den Prämissen
folgt.

Gleichgültig, ob man selber argumentiert oder mit dem
Argument eines anderen konfrontiert ist: Argumente sollte man selber so weit durchschauen und auch so transpa-
rent darstellen können, dass klar wird, was die Konklusion eines Arguments ist, was seine Prämissen sind und ob

die Prämissen tatsächlich die Konklusion logisch zur Folge haben. Allerdings verletzen in vielen Texten und Gesprächssituationen innerhalb, aber mindestens so oft auch außerhalb der Philosophie die Argumentierenden diese Grundanforderung an ein transparentes und gut nachvollziehbares Argumentieren. Argumentieren zu lernen heißt daher erst einmal, sich diese Grundanforderung zu eigen zu machen und zu wissen, wie man sie einlöst.[58]

Niemand lernt überzeugend zu argumentieren, indem er schematische Regeln des Argumentierens, etwa die Schlussregeln der Logik, beigebracht bekommt und sie anschließend nur noch auf beliebige Aussagen anwendet. Wir alle lernen an Beispielen und an Beispielen überzeugend zu argumentieren. Das Argumentieren verlangt viel Urteilskraft, und sie erwirbt man nur im längeren Umgang mit guten und schlechten Argumenten. Deshalb müssen Beispiele und nicht schematische Regeln und ihre schematische Anwendung im Mittelpunkt des Argumentationsunterrichts stehen.

Wir wollen diesen Grundsatz selber beherzigen und werden daher an einem Beispiel vorführen, wie man (auch im Schulunterricht) die Argumente einer kontroversen Debatte im Einklang mit der eben formulierten Grundanforderung aufarbeiten und darstellen kann.

Seit längerer Zeit wird in den Vereinigten Staaten darüber gestritten, ob in den Schulen die Entstehung der biologischen Arten durch die moderne Evolutionstheorie oder durch die Annahme eines Schöpfergottes (Kreationismus) erklärt werden soll.[59] Der Kreationismus hat eine

---

58　Eine umfassende Einführung in die Rekonstruktion, Darstellung und kritische Analyse von (philosophischen) Argumenten enthält Tetens (2006).

59　Es versteht sich für die nachfolgenden Überlegungen von selbst, dass ich nicht selber in der Sache Stellung beziehe, denn es geht nur um eine Illustration, wie man Argumente angemessen und für ihre Beurteilung hilfreich rekonstruiert und präsentiert. Um jedes Missverständnis von Anfang an abzuwehren: Ich bin alles andere als ein Kreationist.

lange geistesgeschichtliche Tradition hinter sich und ist in seiner gemäßigten Form nichts anderes als eine Spielart der so genannten »natürlichen Theologie«. Gott, so die natürliche Theologie, hat sich nicht nur durch das Wort der Bibel offenbart, man kann über ihn auch etwas durch vernünftige Betrachtung der Welt erfahren. Das Herzstück der natürlichen Theologie ist dabei der so genannte teleologische Gottesbeweis. Kant hat in seiner *Kritik der reinen Vernunft* versucht, den teleologischen Gottesbeweis prägnant in die Form eines Arguments zu gießen (um es allerdings anschließend scharf zu kritisieren). Hier Kants Formulierung des teleologischen Gottesbeweises[60]:

»Die Hauptmomente des gedachten physischtheologischen Beweises sind folgende: 1) In der Welt finden sich allerwärts deutliche Zeichen einer Anordnung nach bestimmter Absicht, mit großer Weisheit ausgeführt und in einem Ganzen von unbeschreiblicher Mannigfaltigkeit des Inhalts sowohl, als auch unbegrenzter Größe des Umfangs. 2) Den Dingen der Welt ist diese zweckmäßige Anordnung ganz fremd, und hängt ihnen nur zufällig an, d.i. die Natur verschiedener Dinge konnte von selbst durch so vielerlei sich vereinigende Mittel zu bestimmten Endabsichten nicht zusammenstimmen, wären sie nicht durch ein anordnendes vernünftiges Prinzip nach zum Grunde liegenden Ideen dazu ganz eigentlich gewählt und angelegt worden. 3) Es existiert also eine erhabene und weise Ursache (oder mehrere), die nicht bloß als blindwirkende allvermögende Natur durch Fruchtbarkeit, sondern als Intelligenz durch Freiheit die Ursache der Welt sein muss. 4) Die Einheit derselben lässt sich aus der Einheit der wechselseitigen Beziehung der Teile der Welt als

---

60 Kant nennt den teleologischen Gottesbeweis auch den »physiko-theologischen« (im Text »physischtheologischen«).

Glieder von einem künstlichen Bauwerk an demjenigen, wohin unsere Beobachtung reicht, mit Gewissheit,
weiterhin aber nach allen Grundsätzen der Analogie
und Wahrscheinlichkeit schließen« (*Kritik der reinen
Vernunft*, B 652/653).

Bei aller Hochachtung vor Kant muss man doch kritisieren, dass er den teleologischen Gottesbeweis in einer Weise vorstellt, die der Grundanforderung an die Präsentation
eines Arguments nicht gerecht wird. Keinesfalls kann es
im Philosophieunterricht und erst recht nicht in den Un-
terrichtsabschnitten, die ausdrücklich dem Nachdenken
über das Argumentieren gewidmet sind, genügen, das Beispiel Kant nur zu zitieren oder den Inhalt des teleologischen Arguments in Anlehnung an Kants Worte grob
nachzuerzählen. Man muss Kants Text in einer Weise
durcharbeiten, dass man das Argument nach Prämissen
und Konklusion klar geordnet so reformuliert, dass zugleich leicht erkennbar wird, dass und wie aus den Prämissen die Konklusion folgt.[61] Bevor man den teleologischen Gottesbeweis nicht so hinzuschreiben vermag, hat
man ihn als Argument nicht wirklich verstanden. Schon
dieses Beispiel lehrt, dass angemessene Rekonstruktionen
von Argumenten oftmals kein leichtes Unterfangen sind.
Trotzdem darf man beim Philosophieren darauf nicht verzichten und schon gar nicht bei der Unterweisung in der
Kunst des Argumentierens. So lässt sich der teleologische
Gottesbeweis erheblich durchsichtiger als bei Kant selbst
präsentieren:

1. *Prämisse:* Die Natur ist insgesamt ein Funktionszu-
   sammenhang, in dem alle Einzeldinge und Prozesse

---

61 Wie man Kants Text so durcharbeitet, dass man seine Argumente im Einklang mit der oben formulierten Grundforderung reformulieren kann, habe
   ich in Tetens (2006a) ausführlich vorzuführen versucht.

aufeinander abgestimmt sind und sich zu einem geordneten, regelmäßigen und höchst zweckmäßig eingerichteten Ganzen zusammenschließen.

2. *Prämisse:* Zureichend erklären lässt sich die Ordnung und Zweckmäßigkeit der Natur nicht aus den kausalen Prozessen, die die Materie bestimmen, sondern nur in Analogie zu den von Menschen hergestellten Artefakten dadurch, dass ein allmächtiges Wesen von überragender Intelligenz die Natur nach seinem Plan geschaffen hat.

3. *Prämisse:* Wenn x der Fall ist und wenn x sich nur dadurch erklären lässt, dass y der Fall ist, dann ist y der Fall.

4. *Konklusion:* Also gibt es ein allmächtiges Wesen von überragender Intelligenz, das die Natur nach seinem Plan geschaffen hat.

Kreationisten identifizieren den Schöpfer der Welt, dessen Existenz der teleologische Gottesbeweis zu beweisen beansprucht, mit dem Gott der Bibel. Was berechtigt sie zu dieser Identifikation? Sie werden darauf verweisen, dass nach der Bibel Gott die Welt nach einem Plan geschaffen habe, der teleologische Gottesbeweis bestätige daher die Bibel. Viele könnten geneigt sein, den Kreationisten diese Überlegung abzukaufen. Aber so einfach liegen die Dinge nicht. Ob das Argument der Kreationisten tatsächlich Hand und Fuß hat, entpuppt sich frühestens dann, wenn man es sorgfältig mit allen erforderlichen Prämissen formuliert hat. Alle erforderlichen Prämissen eines Arguments ans Tageslicht zu holen, ist eine der wichtigsten Schritte jeder Argumentationsanalyse. Anders als die obige lockere Formulierung der kreationistischen Überlegung vermuten lässt, offenbart erst die Explikation der Prämissen, dass eine ganze Reihe teilweise problematischer Prämissen zu investieren ist, um bei der von den Kreationisten gewünschten Identifikation des Schöpfergottes des teleologischen Gottesbeweises mit dem biblischen Gott anzukommen. So ließe sich das Argument der Kreationisten rekonstruieren:

1. *Prämisse:* Nach dem physischtheologischen Gottesbeweis steht fest, dass es ein allmächtiges Wesen von überragender Intelligenz gibt, das die Natur nach seinem Plan geschaffen hat.
2. *Prämisse:* In der Bibel wird von Gott als einem allmächtigen Schöpfer der Natur berichtet.
3. *Prämisse:* Ist p der Fall und wird in einem Text behauptet, dass p der Fall ist, so ist wahr, was der Text behauptet.
4. *Zwischenkonklusion:* Also ist wahr, was die Bibel über Gott als den Schöpfer der Natur berichtet.
5. *Prämisse:* Wenn überhaupt, kann es nur ein einziges allmächtiges Wesen von überragender Intelligenz geben, das die Natur nach seinem Plan geschaffen hat.
6. *Konklusion:* Also ist der im teleologischen Gottesbeweis bewiesene Schöpfergott identisch mit dem Gott der Bibel.

Bis zur Zwischenkonklusion 4 lässt sich gegen das Argument nicht viel sagen, vorausgesetzt, man akzeptiert Prämisse 1. Doch aus der Zwischenkonklusion folgt nicht die Konklusion 6, selbst nicht mit der zusätzlichen Prämisse 5, die sowieso ihrerseits keineswegs unproblematisch und durch den teleologischen Gottesbeweis jedenfalls nicht gedeckt ist. Konklusion 6 folgt deshalb nicht, weil der im teleologischen Gottesbeweis gefolgerte Schöpfergott nur dann mit dem biblischen Gott identisch ist, wenn auf ihn all das zutrifft, was in der Bibel außerhalb der Schöpfungsgeschichte sonst noch von Gott berichtet wird. Aber in dem Argument wird viel weniger begründet, begründet wird nämlich nur, dass der Gott des teleologischen Gottesbeweises lediglich hinsichtlich einer einzigen Eigenschaft, nämlich die Welt nach einem Plan geschaffen zu haben, mit dem Gott der Bibel übereinstimmt.

Um exemplarisch die kontroverse Debatte zwischen Kreationisten und ihren Gegnern auf der Seite der Evolutionstheorie analysieren zu können, müssen wir uns der Evolutionstheorie zuwenden. Nach der Evolutionstheorie[62] sind viele Eigenschaften und Fähigkeiten eines Lebewesens genetisch festgelegt, sodass sich diese Eigenschaften und Fähigkeiten durch Veränderung der Gene verändern. Gene verändern sich durch ihre Rekombination bei der geschlechtlichen Fortpflanzung oder durch andere Faktoren (z. B. radioaktive Strahlung), die direkte Mutationen in den Genen hervorrufen. So entstehen Individuen einer Art mit unterschiedlichen Eigenschaften und Fähigkeiten, die deshalb auch unterschiedlich gut an ihre Umwelt angepasst sind. Je besser Individuen einer Art an ihre Umwelt angepasst sind, desto häufiger und zahlreicher pflanzen sie sich fort. Die an ihre Umwelt angepassten Individuen haben hinreichend viele Nachkommen, während die unangepassten aussterben («natürliche Auslese»). So entstehen ohne Absichten und Planungen durch ein intelligentes Wesen die verschiedenen biologischen Arten auseinander, deren Individuen gut an ihre Umwelt angepasst sind.

Jetzt wissen wir, worüber Verfechter der Evolutionstheorie und die Kreationisten miteinander streiten. Sie widersprechen einander in der Beantwortung der Frage, wie das Auftreten hochgradig funktional organisierter Organismen am besten zu erklären ist; nach kreationistischer Auffassung nur durch den Plan eines intelligenten Wesens, nach der Evolutionstheorie hingegen durch natürliche Mechanismen ohne jeden Rückgriff auf die Absichten und Pläne eines intelligenten Wesens.

---

62 Ein ausgezeichnetes, auch für die Schule sehr gut geeignetes Buch zur Evolutionstheorie ist Mayr (2003).

Welche der beiden Erklärungen ist die bessere? Die Anhänger der Evolutionstheorie berufen sich zum Beispiel
auf paläontologische Fossilienfunde, von denen sie glauben, dass nur die Evolutionstheorie sie erklären kann. Was
wenden Kreationisten dagegen ein? Philip Henry Gosse
(1810–1888), ein kreationistischer Naturforscher aus dem
19. Jahrhundert, bringt gegen Fossilien als empirische Evidenz für die Evolutionstheorie zum Beispiel vor, »Gott
habe die Erde vollständig mit Schichten von sorgfältig arrangierten Fossilien erschaffen, vielleicht, um unseren
Glauben auf die Probe zu stellen« (zitiert nach Dupré,
2005, S. 24 f.). Selbst in diesem kurzen Zitat steckt ein Argument, jedoch vollkommen verkürzt, weil lediglich die
wichtigste Prämisse genannt wird. Obwohl nicht ausdrücklich genannt, ist auch die Konklusion noch bekannt.
Da Gosse darauf hinaus will, Fossilien seien kein Beweis
für die Evolutionstheorie, muss dies die Konklusion seines Arguments sein. Mit solchen Hinweisen, die dem sehr
kurzen Zitat zu entnehmen sind, sollte man die Schüler
auffordern, das Argument vollständig hinzuschreiben. So
könnte eine einfache Musterlösung aussehen:

1. *Prämisse:* Gott hat Fossilien geschaffen, um mit
   scheinbaren Evidenzen für die Evolutionstheorie
   und gegen ihn selbst als Schöpfergott unseren Glauben auf die Probe zu stellen.
2. *Prämisse:* Wenn Gott die Fossilien geschaffen hat,
   um mit scheinbaren Evidenzen für die Evolutionstheorie und gegen ihn selbst als Schöpfergott unseren
   Glauben auf die Probe zu stellen, dann bestätigen die
   Fossilien nicht die Evolutionstheorie.
3. *Konklusion:* Also bestätigen die Fossilien keineswegs
   die Evolutionstheorie.

Was lässt sich gegen dieses Argument einwenden? Schüler
werden vielleicht kritisieren, dass die erste Prämisse unbe-

gründet erscheint. Aber ein durchschlagender Einwand wird daraus erst, sobald man gezeigt hat, dass die Prämisse tatsächlich falsch ist. Allein, lässt sich widerlegen, dass Gott die Fossilien geschaffen hat? Wohl kaum, jedenfalls nicht mit Verweisen auf die Fossilien oder auf andere empirische Befunde. Muss man sich dem Argument also beugen? Man könnte die Schüler mit der Frage zum Nachdenken provozieren, ob der vermeintliche Vorteil der ersten Prämisse, sich empirisch nicht widerlegen zu lassen, in Wahrheit nicht höchst problematisch sei. Lässt sich nicht von allem in der Welt behaupten, Gott habe es geschaffen, um unsere Glaubensstärke zu prüfen? Jeder beliebige Sachverhalt ließe sich so erklären. Vielleicht kommt ein Schüler jetzt von sich aus auf den folgenden Einwand:

1. *Prämisse:* Die Kernbehauptung der Kreationisten, Gott habe die Natur aufgrund eines intelligenten Planes geschaffen, kann mit jedem beobachtbaren Sachverhalt durch den zusätzlichen Hinweis, Gott habe diesen Sachverhalt unter anderem oder allein deshalb geschaffen, weil er unseren Glauben auf die Probe stellen will, verträglich gemacht werden, selbst mit denjenigen Sachverhalten, die eigentlich gegen die Existenz und das Wirken Gottes sprechen.
2. *Prämisse:* Ein Sachverhalt, der mit jedem beobachtbaren Sachverhalt verträglich ist, erklärt überhaupt nichts.
3. *Konklusion:* Also ist die Erklärung, Gott habe aufgrund eines intelligenten Planes alle hochgradig funktional organisierten Arten von Lebewesen geschaffen, keine und schon gar keine gute Erklärung.

Wie weit reicht dieser Einwand? Widerlegt er schon den Kreationismus? Das wäre ein glatter Fehlschluss. Wenn ein Sachverhalt etwas besser erklärt als ein anderer Sachverhalt, so folgt daraus nicht, dass der schlechter oder gar nicht erklärende Sachverhalt nicht der Fall ist. Im Argumentationsunterricht müsste man an dieser Stelle ausführlich thematisieren, was ein Fehlschluss ist und wie man einen solchen identifiziert. Ich kann hier nur grob skizzieren, was zu tun ist. Man hat ein Gegenbeispiel in Gestalt eines Arguments zu konstruieren mit einer offenkundig wahren Prämisse der Form »*der Sachverhalt x erklärt den Sachverhalt y besser als der Sachverhalt z es tut*« und der offenkundig falschen Konklusion der Form »*der Sachverhalt z ist nicht der Fall*«.[63] Ein solches Gegenbeispiel wäre etwa das folgende:

1. *Prämisse:* Dass der Mensch rücksichtslos den Lebensraum von Antilopen zerstört hat, erklärt die Tatsache, dass diese Tiere vom Aussterben bedroht sind, sehr viel besser als die Tatsache, dass Antilopen von Leoparden gejagt und getötet werden.
2. *Konklusion:* Antilopen werden nicht von Leoparden gejagt und getötet.

Das Wissen um diesen Fehlschluss verbietet es, die Existenz eines göttlichen Schöpfers der Natur nur deshalb zu leugnen, weil die genetische Vielfalt und natürliche Selektion die Entstehung hochgradig funktional angepasster biologischer Arten besser erklärt als der Verweis auf die Absichten und den Plan eines intelligenten Wesens. Anders ausgedrückt: Die Überlegenheit der Evolutionstheorie bei der Erklärung vieler biologischer Tatsachen widerlegt nicht schon den Kreationismus.

Kritiker des Kreationismus werden aber nicht locker lassen. Sie wollen aus der überlegenen Erklärungskraft der Evolutionstheorie mehr Kapital gegen den Kreationismus schlagen. Sie werden sich fragen, mit welcher Zusatzan-

---

63 Zur Methode, durch Gegenbeispiele zu beweisen, dass aus den Prämissen eines Arguments nicht seine Konklusion folgt, vgl. Rosenberg (2006).

nahme die überlegene Erklärungskraft der Evolutionstheorie nicht doch den Kreationismus widerlegt. Nach solchen Zusatzannahmen zu fragen ist wiederum eine typisch argumentationstheoretische Überlegung. Bleiben wir bei unserem Beispiel: Wäre der Kreationismus widerlegt, falls man einen Schöpfergott bisher nur angenommen hat, weil man glaubte, die funktionale Ordnung der organischen Welt nicht anders erklären zu können, dieser Grund aber mit der Evolutionstheorie nun entfällt? Ein stärkeres Argument gegen den Kreationismus wäre daher das folgende:

1. *Prämisse:* Genetische Vielfalt und natürliche Selektion erklären die Entstehung hochgradig funktional angepasster biologischer Arten besser als der Verweis auf die Absichten und den Plan eines intelligenten Wesens.
2. *Prämisse:* Außer der Möglichkeit, die Existenz hochgradig funktional organisierter biologischer Arten zu erklären, gibt es keine anderen Evidenzen und Gründe für die Annahme eines göttlichen Schöpfers des Universums.
3. *Prämisse:* Erklärt x y besser als z und gibt es für die Annahme z keine anderen Gründe als allein die Möglichkeit, die Tatsache y durch z zu erklären, so gibt es keinen guten Grund, z anzunehmen.
4. *Konklusion:* Also gibt es keinen guten Grund für die These von der Existenz eines intelligenten Schöpfers.

Das Argument kann nur akzeptiert werden, falls seine Prämissen 1 und 2 auch tatsächlich zutreffen. Kreationisten werden beiden Prämissen ihre Zustimmung verweigern. Betrachten wir kurz die Prämisse 2 des obigen Arguments. Wie verändert sich die argumentative Lage für den Verfechter der Evolutionstheorie, sobald ein Kreationist die Prämisse 2 explizit bestreitet? Zunächst einmal ist offenkundig, dass der nun zu führende Streit um die zweite Prämisse über das Für und Wider der Evolutionstheorie hinausführt. Jetzt ist darüber zu debattieren, wie sich die Kernaussage des Theismus rechtfertigen lässt, derzufolge es einen Gott mit den ihm in der Tradition zugeschriebenen Eigenschaften gibt. Möglicherweise lässt sich die Existenz Gottes noch ganz anders als nur mit dem Hinweis auf die funktionale Ordnung der organischen Welt begründen.[64] Dann wäre Prämisse 2 falsch und der Schluss auf die Konklusion blockiert.

Doch hier ließe sich eine weitere Überlegung anschließen. Selbst wenn das obige Argument zusammenbrechen sollte, weil sich die Existenz Gottes noch anders als mit Verweis auf die funktionale Ordnung der organischen Welt begründen ließe, so wäre das trotzdem kein Wasser auf die Mühlen der Kreationisten, wie das folgende Argument zeigt:

1. *Prämisse:* Entweder ist die Erklärung der funktionalen Ordnung der organischen Welt der einzige Grund für die Annahme eines Schöpfergottes oder es gibt andere davon unabhängige gute Gründe.

2. *Prämisse:* Ist die besagte Erklärung der einzige Grund, so gilt weiterhin das obige Argument und die Kernbehauptung des Kreationismus wäre in Frage gestellt.

3. *Prämisse:* Oder es gibt andere unabhängige gute Gründe für die Annahme eines Schöpfergottes, dann wären das angesichts des obigen Arguments die einzig haltbaren Gründe, die jedoch mit den Behauptungen und Begründungen des Kreationismus nichts zu tun haben, womit der Kreationismus erst recht fragwürdig bliebe.

---

64 Diese Frage würde uns zur Debatte um die philosophischen Gottesbeweise führen, übrigens eine wahre Fundgrube von interessanten Beispielen für Argumente und daher als Übungsfeld für den Argumentationsunterricht bestens geeignet; ich verweise auf Mackie (1985) und Meyer (2003).

4. *Prämisse:* Gilt a oder b und gilt c sowohl, wenn a gilt, als auch, wenn b gilt, so gilt c.
5. *Konklusion:* Also bliebe in jedem Falle der Kreationismus fragwürdig.

Zum Schluss werfen wir noch einen Blick auf die Frage, die die Gemüter in den Vereinigten Staaten erst so richtig in Wallung bringt, nämlich ob die Evolutionstheorie oder ob der Kreationismus in den Schulen unterrichtet werden soll.

Kreationisten glauben, selbst vehemente Verfechter der Evolutionstheorie mit einem Prinzip, das in der Tat vernünftig ist, von ihrem Vorschlag überzeugen zu können. Das Prinzip bildet die zweite Prämisse des nachstehenden Arguments:

1. *Prämisse:* Zwischen Evolutionstheorie und dem Kreationismus herrscht mindestens eine Pattsituation im Meinungsstreit der Experten.
2. *Prämisse:* Wenn in einer wissenschaftlichen Frage verschiedene Theorien miteinander konkurrieren, ohne dass in der Gemeinschaft der Wissenschaftler Einigkeit über den Vorrang einer Theorie herrscht, dann darf in der Schule nicht nur eine der Theorien unterrichtet und der Eindruck erzeugt werden, diese Theorie stelle die anerkannte Meinung der Experten dar, sondern alle Theorien sind zusammen mit einem Hinweis auf die Pattsituation zwischen ihnen den Schülern darzubieten.
3. *Konklusion:* Also muss der Kreationismus als gleichberechtigt neben der Evolutionstheorie den Schülern im Unterricht dargeboten werden.

Anhänger der Evolutionstheorie werden nicht so dumm sein, die vernünftige Prämisse 2 abzulehnen. Prämisse 1 werden sie abstreiten. Für sie hält der Kreationismus keinem kritischen Vergleich mit der Evolutionstheorie stand. Trotzdem könnte selbst aus der Sicht der Gegner des Kreationismus ein anderes als das in Prämisse 2 genannte Prinzip dafür sprechen, die Schüler mit dem Kreationismus vertraut zu machen. Das Prinzip umfasst die Prämissen 1 und 2 des nachfolgenden Arguments, das die wichtige argumentationstheoretische Tatsache illustriert, dass man dieselbe Konklusion verteidigen kann, obwohl man sie jeweils mit unverträglichen Prämissen begründet:

1. *Prämisse:* Ob eine Auffassung in der Schule gelehrt werden soll oder nicht, hängt nicht davon ab, ob sie als Wissenschaft gelten kann oder nicht, sondern daran, ob es für die Verständigung, das Zusammenleben und die Kooperation von Menschen in einer Gesellschaft wichtig ist, dass alle oder hinreichend viele Menschen schon in der Schule diese Auffassungen kennen lernen.

2. *Prämisse:* Aber in einer freien und aufgeklärten Gesellschaft ist jede Auffassung, die in der Schule gelehrt wird, selbstverständlich mit den Gründen, die für sie sprechen, und den Gegengründen, die gegen sie sprechen, den Schülern zu präsentieren.

3. *Prämisse:* Da relevante Minderheiten in den USA Kreationisten sind und die Evolutionstheorie ablehnen, ist die Kenntnis der Evolutionstheorie, des Kreationismus und ihres Gegensatzes für die Verständigung und das Zusammenleben der US-Bürger sicher wichtig.

4. *Konklusion:* Also sollten Evolutionstheorie und Kreationismus jeweils mit Gründen und Gegengründen (also unter anderem unter Einschluss der oben vorgestellten Überlegungen) den Schülern in der Schule präsentiert werden.

Beenden wir unsere kleine Fallstudie. Mehr als einen ersten Eindruck, worauf es unter anderem beim Argumentationsunterricht ankommt[65], kann ein kurzer Aufsatz nicht
vermitteln. Fassen wir das, was diese kleine Fallstudie il-
lustrieren sollte, in wenigen didaktischen Faustregeln zusammen:

- Das Argumentieren lernt man nur an Beispielen für
  gute und an Gegenbeispielen für schlechte Argumente. Die Güte eines Arguments ist immer auch durch
  seine Inhalte bestimmt, nie ausschließlich formal.
- Man muss den Schülern klar machen, dass von den
  Zielsetzungen her ein Argument aus Prämissen und
  einer Konklusion aufgebaut ist und dass der Argu-
  mentierende sich mit ihm auf drei Teilbehauptungen
  verpflichtet: (a) Die Prämissen sind wahr; (b) Wenn
  die Prämissen wahr sind, ist die Konklusion wahr;
  (c) Wegen (a) und (b) ist die Konklusion wahr.
- Den Schülern sollte es zur Selbstverständlichkeit
  werden, dass die wichtigste sachliche Kritik an einem
  Argument durch den Nachweis zu führen ist, dass
  mindestens eine der drei mit einem Argument verbundenen Teilbehauptungen nicht wahr ist.
- Im Argumentationsunterricht ist vor allem die Fähigkeit einzuüben, Argumente so zu präsentieren und
  gegebenenfalls daher so zu ergänzen, dass alle Prämissen explizit formuliert sind, die man für einen wahr-
  heitserhaltenden Schluss auf die Konklusion benötigt.
- Die Schlussregeln der formalen Logik stehen nicht
  im Mittelpunkt eines gehaltvollen Argumentations-

---

65 Aus Platzgründen aussparen musste ich die Analyse, ob sich einzelne Argumente unbeschadet ihrer isoliert voneinander beurteilbaren »inneren«
Qualität in einer kontroversen Debatte richtig aufeinander beziehen. Das
gehört in die Dialektik, versteht man darunter die Kunst und Theorie kon-
troverser Debatten, vgl. Tetens (2006). Eine von Gregor Betz ausgearbei-
tete umfassende »Theorie dialektischer Strukturen« erscheint 2010.

unterrichts, freilich sind sie ein unverzichtbares Hilfsmittel, um zu testen, dass die Konklusion eines Arguments tatsächlich aus den Prämissen folgt.

Literatur

Dupré, John: Darwins Vermächtnis. Die Bedeutung der Evolution für die Gegenwart des Menschen. Frankfurt a. M. 2005.

Hoyningen-Huene, Paul: Formale Logik. Eine philosophische Einführung. Stuttgart 1998.

Mackie, John L.: Das Wunder des Theismus. Argumente für und gegen die Existenz Gottes. Stuttgart 1985.

Mayr, Ernst: Das ist Evolution. München 2003.

Meyer, Kirsten: »Gottesbeweise als Übung im philosophischen Argumentieren«. In: Zeitschrift für Didaktik der Philosophie und Ethik 24 (1) (2003) S. 36–41.

Rosenberg, Jay: Philosophieren. Ein Handbuch für Anfänger. Frankfurt a. M. 2006.

Tetens, Holm: Philosophisches Argumentieren. Eine Einführung. München 2006.

– Kant »Kritik der reinen Vernunft«. Ein systematischer Kommentar. Stuttgart 2006a.

DIETER BIRNBACHER

Schule des Selbstdenkens – das Sokratische Gespräch

1. Von der sokratischen Methode zur Methode des Sokratischen Gesprächs

In der allgemeinen Didaktik hat die sokratische Methode eine sich über Jahrhunderte erstreckende Tradition, die von Michel de Montaigne (1533–1592) im 16. Jahrhundert über Erhard Weigel (1625–1699), Christian Thomasius (1655–1728), Joachim Heinrich Campe (1746–1818) bis zu Karl Weierstrass (1815–1897) an der Schwelle zum 20. Jahrhundert reicht. Bereits im 18. Jahrhundert muss diese Methode bereits so populär gewesen sein, dass Pestalozzi (1746–1827) 1801 rückblickend von einer »Modezeit des Sokratisierens« sprechen konnte und davor warnte, sie auch bereits dann anzuwenden, wenn die Schüler noch nicht über die erforderliche Erfahrung und Reife verfügten (nach Loska, 1995, S. 62). Die systematische Bestimmung der Bedingungen, unter denen die Anwendung der sokratischen »Hebammenkunst« pädagogisch sinnvoll sein kann, machte sich vor allem der Mathematiker Karl Weierstrass in seiner Abhandlung von 1903 zur Aufgabe (vgl. Weierstrass, 1903). Er charakterisierte die sokratische Methode folgendermaßen:

»Sokrates befolgte nicht die Weise der meisten Philosophen vor ihm und nach ihm, bestimmte Wahrheiten als das Resultat angestellter Forschungen vorzutragen und in fortlaufender Rede die Gründe derselben zu entwickeln. Sein Bemühen ging vielmehr darauf hinaus, die Erkenntniss in der Seele des Lernenden nach und nach sich entwickeln zu lassen, in der Art, dass sie ihm als Produkt seiner eigenen geistigen Kraft erscheinen sollte, wenn die auch noch zu schwach war, um ohne fremde Führung das Rechte zu finden. Darum war sein Unterricht nicht sowohl ein eigentliches Mittheilen als vielmehr ein Anregen und Beleben der geistigen Thätigkeit« (Weierstrass, 1903, S. 321).

Die Grundidee der sokratischen Methode ist, den Lernenden ein ohne textliche Hilfsmittel lösbares Problem weitgehend selbstständig und aufgrund eigener Anschauung und eigener Einsicht bearbeiten zu lassen. Die Anstrengungen des Lernenden gelten nicht der Klärung fremder, sondern der Klärung eigener Gedanken. Der Lehrer übernimmt dabei lediglich eine begleitende und unterstützende Funktion. Aufgabe des sokratischen Lehrers ist es, »die Schüler *von Anfang an* auf sich zu stellen, sie das *Selbst*gehen zu lehren, ohne daß sie darum *allein* gehen« (Nelson, 2002, S. 46 f.). Es ist klar, dass sich die Anwendungsmöglichkeiten dieser Methode auf Probleme beschränken, die eine solche Bearbeitung von der Sache her zulassen, also Probleme der Philosophie, der Mathematik und der (introspektiven) Psychologie. Soll der Lernende durch die sokratische Methode lernen, aus eigener Kraft und ohne inhaltliche Hilfe von außen zu Resultaten zu kommen, dann kommen für die sokratische Methode nur Erkenntnisse in Frage, »welche entweder ihre Quelle unmittelbar in den Anlagen der menschlichen Natur haben, oder aus bereits vorhandenen Vorstellungen, Begriffen und Ideen abgeleitet werden können« (Weierstrass, 1903, S. 323).

Von einer »sokratischen Methode« zu sprechen, heißt allerdings nicht zu unterstellen, dass der Sokrates, wie wir ihn aus den platonischen Dialogen kennen, in jeder Hinsicht als Vorbild des sokratischen Lehrers gelten kann. Dennoch finden wir die sokratische Methode in denjenigen Zügen des platonischen Sokrates, die gemeinhin dem *historischen* Sokrates zugeschrieben werden, am deutlichsten ausgeprägt – dem Sokrates, dessen primäres Interesse nicht auf philosophische Lehrgebäude, Theoreme oder Begriffsanalysen um ihrer selbst willen zielt, sondern auf eine mit begrifflich-analytischen Mitteln vollzogene Selbstklärung und Selbstprüfung bei sich und anderen. Nennt Sokrates in seinem philosophischen Credo in der *Apologie* (37d), dass für ihn »ein Leben ohne Selbsterforschung nicht lebenswert sei«, so wird dem Philosophieren damit eine weniger theoretische als ethische und therapeutische Aufgabe zugewiesen. Philosophische Selbstreflexion soll als Vehikel der Selbsterforschung im Zeichen der Tugend fungieren. Nicht Wahrheit um ihrer selbst willen ist das Ziel, sondern ein durch Wahrheit und Wahrhaftigkeit gekennzeichnetes gutes Leben. Insofern sieht sich Sokrates primär nicht als Lehrmeister, der eine Lehre zu verkünden hat, sondern als *Erzieher*, und dies nicht – wie so oft – nur im Sinn einer ironischen Pose, sondern als authentisches und tragendes Element seines Selbstverständnisses.

Angesichts dieses pädagogisch-praktischen Selbstverständnisses mag es zunächst überraschen, dass sich in Sokrates' Form des dyadisch-dialogischen Philosophierens nur wenige positive und konstruktive Momente finden. Überall da, wo Sokrates nicht nur oder primär als Sprachrohr Platons fungiert, überwiegt das *Kritisch-Destruktive*: die Bloßstellung von Unverstand, Scheinwissen und intellektueller Überheblichkeit. Aber das ist der Tatsache geschuldet, dass das natürliche Denken und der »gesunde Menschenverstand« über weite Strecken keine wahrsprechenden Orakel sind, sondern allenfalls unvollkommene Heuristiken, die bei abstrakten und komplexen Aufgaben schnell an ihre Grenzen stoßen und überdies in großem Maße Einflüssen des Zeitgeists und des Modegeschmacks unterliegen. Philosophische Erkenntnis ist auf diesem Hintergrund primär negativ: Sie strebt weniger nach Wissenserweiterung als vielmehr nach Aufdeckung von Nichtwissen und der Entlarvung vermeintlicher Gewissheiten als bloßer Konventionen und interessengeleiteter Vorurteile.

Das sokratische Philosophieren begegnet uns bei Platon in der Form des *Dialogs*. Aber zweifellos sind die sachlichen Ergebnisse dieses Philosophierens keineswegs an die Form des Dialogs gebunden. Im Prinzip ließen sich die – zumeist negativen – Einsichten Sokrates' zumeist auch monologisch, durch die Denkanstrengung eines einsamen Sprachanalytikers gewinnen. Dialogisch wird das sokratische Philosophieren erst durch seine pädagogisch-therapeutische Zielsetzung: Es zielt auf Prozesse des Bewusstseinswandels. Die kommunikative Form des Philosophierens ist nicht nur Darstellungsmoment, sondern Zweckbestimmung. Sokrates geht es bei seinem Philosophieren darum, über das Denken die Person zu erreichen. Indem das sokratische Befragen und Infragestellen das *Denken* des Anderen läutert, soll es die *Person* des Anderen als ganze läutern.

2. Das Sokratische Gespräch bei Nelson und Heckmann

Die Methode des Sokratischen Gesprächs lässt sich als eine *besondere* und besonders *radikale* Ausformung der sokratischen oder mäeutischen Methode verstehen. Die herkömmliche sokratische Methode war orientiert am dyadischen sokratischen Dialog, wie wir ihn vor allem in Platons Frühschriften finden. Dieses Muster wurde noch bei Weierstrass auf das Gespräch zwischen Lehrer und einzelnem Schüler übertragen. Im Gegensatz dazu ist das Sokratische Gespräch kein Dialog zwischen Lehrer und Lernendem, sondern ein »Polylog«, bei dem jeder der Teilnehmer an einer Gesprächsgruppe als »Hebamme« für die philosophischen Entdeckungen der anderen fungiert. Ziel dieser »Mäeutik« bzw. der »Hebammenkunst« ist es, eine gemeinsame, von der Gruppe als ganzer getragene philosophische Erkenntnis ans Licht zu bringen.

Durch den Wechsel von der Dyade zur Gruppe wird die Rolle des Leiters dabei sowohl eingeschränkt als auch ausgeweitet. Eingeschränkt wird sie insofern, als ein Teil seiner »Hebammenaufgaben« nunmehr von der Gruppe übernommen wird. Ausgeweitet wird sie insofern, als die Aufrechterhaltung der Gesprächsdisziplin und die Steuerung des Gruppenprozesses aufgrund der größeren Komplexität und Reichhaltigkeit des Gesprächs und der vermehrten Möglichkeiten eines Entgleisens seine Aufgabe wesentlich erschwert.

Die Konzeption des Sokratischen Gesprächs geht in erster Linie auf den Göttinger Philosophen, Pädagogen und politischen Aktivisten Leonard Nelson (1882–1927) zurück, insbesondere auf seine Rede »Die sokratische Methode« vor der Pädagogischen Gesellschaft in Göttingen 1922 (vgl. Nelson, 2002). Nelson beschreibt die sokratische Methode als die Kunst, nicht Philosophie, sondern philosophieren zu lehren. Sie sei »nicht die Kunst, über Philosophien zu unterrichten, sondern Schüler zu Philosophen zu machen« (ebd., S. 21). Ethik zu lehren, bedeutet danach nicht, ethisches Wissen zu vermitteln, sondern die Fähigkeit zu entwickeln, sich ethische Einsichten durch eigene Anstrengungen der Problemidentifikation, der Problemlösung und der reflexiven Selbstklärung anzueignen. Das Ziel der Philosophie ist primär nicht die Weitergabe von Wissen, sondern die Entfaltung von Kompetenzen.

Nelson erweiterte die sokratische Methode aber nicht nur zu einer Didaktik des Gruppengesprächs. Er verknüpfte (oder, wie man es auch sehen kann, belastete) die Methode des Sokratischen Gesprächs zusätzlich mit einer transzendentalphilosophischen Deutung der mittels dieser

Methode aufgefundenen Wahrheiten und integrierte sie so in eine umfassende Theorie der Vernunfterkenntnis: Philosophische Wahrheiten lassen sich danach entdecken, indem man nach den Voraussetzungen fragt, die in unseren alltäglichen Denkprozessen implizit enthalten sind. Nelsons – von Jakob Friedrich Fries (1773–1843) übernommene – Methode der *Regression* soll die unseren Sichtweisen der Welt zugrunde liegenden letzten Prämissen aufweisen, aber auch, dass sie sich als transzendentale Wahrheiten in einem objektiven und allgemeingültigen Sinn rechtfertigen lassen. Was Fries und Nelson »Selbstvertrauen der Vernunft« genannt haben, ist das Vertrauen in die Fähigkeit der menschlichen Vernunft, auf diese Weise – mithilfe einer Kombination aus psychologischer Introspektion und philosophischer Reflexion – letztgültige philosophische Wahrheiten aufzuspüren. Allerdings ist diese transzendentalphilosophische Deutung der Resultate des Sokratischen Gesprächs nach Nelson von der Form des Gesprächs gänzlich unabhängig. Die Regressionsmethode soll gleichermaßen für das monologische Philosophieren gelten. Um zu letztbegründeten Wahrheiten zu gelangen, ist die Gesprächsform nicht notwendig. Notwendig ist allein, von den konkreten Anschauungen auszugehen.

Der wesentliche Beitrag Gustav Heckmanns (1898–1996) zur Entwicklung des Sokratischen Gesprächs liegt darin, diese Methode von Nelsons spezifisch neukantianischen Hintergrundannahmen emanzipiert zu haben (vgl. Heckmann, 1993). Bei Heckmann wird das Sokratische Gespräch autonom. Indem es sich vom Transzendentalismus Nelsons löst, verwandelt es sich in eine offene, nicht mehr auf einen strikten Objektivismus verpflichtete didaktische Methode. Hinzu kommt, dass während Nelson die sokratische Methode als eine Form des philosophischen Unterrichts versteht, sie bei Heckmann zum Medium der Philosophie schlechthin wird. Der Dialog bzw.

das Gruppengespräch ist wie bei Sokrates nicht mehr nur Methode oder Vermittlungsform, sondern eigenständiges Ziel. Das Sokratische Gespräch dient weder primär der Vermittlung unabhängig gewonnener philosophischer Erkenntnisse, noch ist es eine bloße Übung zur Aneignung einer philosophischen Technik, auf die nach erlangter Beherrschung verzichtet werden kann. Es ist vielmehr die Praxis der Philosophie selbst. In dieser fallen Wahrheitsfindung und Vermittlung nicht länger auseinander – ohne dass dabei dem Gespräch (wie etwa in der Diskurstheorie von Jürgen Habermas) zugleich eine *wahrheitskonstitutive* Funktion zugeschrieben würde. Philosophie ist danach kein geschlossenes Lehrgebäude, sondern eine Praxis des gemeinsamen Fragens und Suchens.

Wie in der Diskursethik gelten im Sokratischen Gespräch dabei alle Teilnehmer als *gleichberechtigt*. Die Arbeitsgrundlage des Sokratischen Gesprächs ist die Überzeugung, dass philosophische Einsichten prinzipiell jedermann zugänglich sind, der über hinreichende Denkfähigkeit und guten Willen verfügt. Die Philosophie wird damit zu einem durch und durch *demokratischen* Unternehmen. Privilegien aufgrund ›höheren‹ Wissens werden nicht anerkannt. Vielmehr gilt jeder als prinzipiell gleichwertiger Gesprächspartner – was nicht heißt, dass man auch die Meinungen eines jeden anderen gleicherweise anerkennen muss.

Allerdings ist das Prinzip demokratischer Privilegienlosigkeit eher für Heckmanns als für Nelsons Philosophieverständnis charakteristisch. Nelson war nicht nur in der politischen Philosophie Demokratieskeptiker. Zwar hat Nelson die Tendenz des Sokrates zur Gleichsetzung von Explikations- und Begründungswissen als problematisch durchschaut und erkannt, dass Sokrates in den angestrebten Resultaten seiner Begriffsanalysen durchweg mehr sieht als die Bewusstmachung der Strukturen und Inhalte bestimmter sprachlicher Konventionen. Insbeson-

dere ethische Begriffsklärungen scheinen für Sokrates ja
einen über die semantische Selbstvergewisserung hinaus-
gehenden substanziell ethischen Erkenntnisgehalt zu besitzen. Die *semantische* Frage danach, was »Tugend« *bedeutet*, wird von Sokrates nicht klar getrennt von der *ethischen* Frage danach, was Tugend *ist*. Wer die Bedeutung
des Worts »Tugend« erfasst hat, soll damit auch schon das
Wesen der Tugend und insofern die *wahre* Tugend kennen. Nelson sieht, dass in dieser Annahme ein Kategorien-
fehler steckt. Zu wissen, was die sprachlichen Ausdrücke
»gut«, »Pflicht« oder »Recht« in moralischen Aussagen
bedeuten, ist etwas anderes als zu wissen, was im moralischen Sinn gut, pflichtgemäß oder berechtigt *ist*. Es ist
Nelson jedoch nicht gelungen, die erkannte Kluft zwischen dem durch die Regressionsmethode gewonnenen
Explikationswissen und einem unabhängig fundierten Begründungswissen anders als durch die Berufung auf die eigenen Intuitionen zu überbrücken. Während das Explikationswissen durch eine für jeden kontrollierbare semantische Analyse gewonnen werden soll, postuliert er für das
Begründungswissen eine nicht weiter nachprüfbare und
sich Dialog und Diskurs systematisch entziehende intuiti-
ve Evidenz.

Eng verknüpft mit der Voraussetzung der Chancen-
gleichheit aller Teilnehmer ist eine weitere Basisnorm des
Sokratischen Gesprächs, der *partnerschaftliche Charakter*
des Gesprächs in seinem konkreten Vollzug. Durchweg
sollen die Würde und Autonomie jedes anderen Ge-
sprächspartners respektiert werden. Diese Norm sollte im
Grunde selbstverständlich sein, wird aber von Nelson und
Heckmann besonders deshalb hervorgehoben, weil beide
bemüht sind, sich in diesem Punkt von dem Vorgehen des
Sokrates in den platonischen Dialogen abzugrenzen. Während der Sokrates der platonischen Dialoge u. a. auch ma-
nipulative Mittel einsetzt, um zum Ziel zu gelangen (z. B.
seine Gesprächspartner dem Spott anderer preiszugeben),

ist im Sokratischen Gespräch jede persönliche Bloßstellung und Beschämung kategorisch ausgeschlossen. Während der platonische Sokrates über weite Strecken das Gespräch so stark dominiert, dass sich die Rolle der Gesprächspartner auf die von Statisten reduziert, soll der Gesprächsleiter im Sokratischen Gespräch nur mit äußerster Zurückhaltung ins Gespräch eingreifen. Anstatt wie Sokrates seinen Gesprächspartnern keine Zeit zum Nachdenken oder auch nur zum Nachvollziehen seiner eigenen Gedanken zu lassen, soll der Gesprächsleiter den Gesprächsteilnehmern so viel Zeit lassen, wie sie brauchen, um in der Klärung komplexer Problemstellungen weiterzukommen. Während der platonische Sokrates – als der »Zitterrochen«, als der er sich beschreibt (*Menon* 80a ff.) – seine Gesprächspartner nicht nur herausfordert, sondern auch benommen macht und geistig lähmt, soll der Gesprächsleiter im Sokratischen Gespräch zwar stimulieren, aber nur im Sinn von Anregung und Weckung latenter geistiger Potenziale. Während Sokrates seine Dialogpartner irritiert und auf diese Weise ihnen ihre besten Kräfte nimmt, ist es u. a. Aufgabe des sokratischen Gesprächsleiters, bei den Gesprächsteilnehmern die bestmöglichen Voraussetzungen für eine selbstständige Wahrheitsfindung zu schaffen.

3. Regeln

Der Erfolg eines Sokratischen Gesprächs hängt u. a. davon ab, dass die für diese Methode geltenden Regeln konsequent eingehalten werden. Diese Regeln (die ich zunächst in ihrer »kanonischen« Form vorstelle) sind von dreierlei Art: Regeln für den *Gesprächsleiter* (im Englischen *facilitator* genannt), Regeln für die *Gesprächsteilnehmer* und *Verfahrensregeln* (wer Erfahrungen mit der von Ruth Cohn unabhängig entwickelten therapeutischen Methode der Themenzentrierten Interaktion (TZI) gemacht hat, wird zwischen beiden Methoden große Ähnlichkeiten feststellen) (vgl. Neißer, 1989). Zunächst die Regeln für den Gesprächsleiter:

1. Zurückhaltung, non-direktives Verhalten in Sachfragen
2. Unparteilichkeit, Schutz des langsam Denkenden
3. Wechselseitiges Verstehen ermöglichen und fördern
4. Festhalten der Frage
5. Anzielen eines Konsenses

Die erste Regel ist die wichtigste: Die Aufgabe des sokratischen Leiters ist es, die Teilnehmer bei ihrer Arbeit an einer philosophischen oder mathematischen Frage zu begleiten, ohne sie inhaltlich anzuleiten. Die Nicht-Direktivität bezieht sich dabei allerdings nur auf inhaltliche Fragen. In Verfahrensfragen darf oder (sofern es um die Einhaltung der Regeln geht) muss er auch direktiv sein. Er hat die Aufgabe, die Gesprächsdisziplin aufrechtzuerhalten und darauf zu achten, dass ein einmal erreichtes Niveau der Gesprächskultur nicht wieder verloren geht. Dagegen gehört es nicht zu seinen Aufgaben, die Positionen anderer, am Gespräch nicht beteiligter Philosophen, oder eigene Theorien und Lösungsansätze einzubringen.

Die Aufgaben des Gesprächsleiters gehen aber über die Aufrechterhaltung von Disziplin hinaus. Er soll das Gespräch auch aktiv fördern, indem er die atmosphärischen Voraussetzungen für ein offenes und freies Gespräch schafft und darauf hinwirkt, dass sich möglichst alle beteiligen. Die zweite Regel zielt auf denselben Aspekt. Sie ist wichtig besonders in heterogenen Gruppen mit signifikanten Unterschieden in Vorkenntnissen und Kompetenzen.

Die dritte Regel gibt dem Gesprächsleiter auf, sicherzustellen, dass alle Äußerungen innerhalb der Gruppe von allen übrigen verstanden werden und dass jeder eine

Chance bekommt, weitere Klärungen zu verlangen. Klarheit (eine Qualität, die Nelson wie kaum ein anderer als Philosoph verkörperte) ist insgesamt einer der Höchstwerte des Sokratischen Gesprächs. Auch wenn Gefühle und Einstellungen, wie es häufig vorkommt, in sich diffus, intransparent oder nur teilweise verständlich sind, sollten sie so klar wie möglich geäußert werden, um der Gruppe als ganzer die Möglichkeit zu bieten, sich an ihrer weiteren Klärung und Durchdringung zu beteiligen. Darüber hinaus ist es dem Gesprächsleiter durchaus erlaubt, von sich aus weitere Klärungen zu verlangen, wann immer dies ihm auf der Grundlage seiner überlegenen Sachkenntnis für den Gesprächsverlauf fruchtbar erscheint.

Auch die vierte Regel dient im wesentlichen dazu, das Gespräch in ein greifbares Ergebnis einmünden zu lassen. In der Praxis des Sokratischen Gesprächs zeigt sich immer wieder, dass die sich entwickelnde Gruppendynamik leicht dazu führt, dass persönlich geprägte Äußerungen gemacht werden, die von der Gruppe zwar begrüßt werden, aber nicht immer für die Lösung der Ausgangsfrage relevant sind.

In der fünften Regel entdeckt man die Spuren von Sokrates' (und teilweise Nelsons) Vorstellung, dass für die Ergebnisse sokratischer Selbstbefragung ein Wahrheitsanspruch (oder zumindest eine Wahrheitsvermutung) erhoben werden kann. Diese Vorstellung ist zwar in der Geschichte des Sokratischen Gesprächs niemals ganz aufgegeben, aber doch – zumindest für den Bereich moralischer und ästhetischer Wertungen – relativiert worden.

Was das Verhältnis zwischen Konsens und Wahrheit betrifft, so formuliert etwa Gisela Raupach-Strey betont vorsichtig, im »Paradigma der Sokratischen Gespräche ist als Zielvorstellung der Konsens enthalten, von dem man mit guten Gründen annehmen kann, daß er Wahrheit enthält oder ihr doch möglichst nahe kommt« (Raupach-Strey, 2002, S. 59). Es leuchtet ein, dass sich für begriffsanalytische und mathematische Themenstellungen ein Wahrheitsanspruch sehr viel eher erheben lässt als für moralische oder weltanschauliche Fragen. So ist etwa für Themenstellungen begrifflicher Art wie »Wie frei bin ich?« oder »Was heißt ›Aufarbeitung der Vergangenheit‹?« nicht nur eher mit einem abschließenden Konsens, sondern auch eher mit einem begründeten Wahrheitsanspruch für die erzielten Ergebnisse zu rechnen als für Themenstellungen normativer Art wie »Wofür sind wir verantwortlich?« oder »Wo liegen die Grenzen der Toleranz?«. Dennoch bleibt doch ein Konsens in der Sache ein – nicht immer zu erreichendes – regulatives Ziel, über das der Leiter die Teilnehmer von Anfang ins Bild setzen muss. Das Hinarbeiten auf einen Konsens ist von offensichtlicher Bedeutung dann, wenn die Gesprächsergebnisse (wie in der Institutionenberatung) zur Grundlage praktischer Regeln oder Entscheidungen werden sollen. Aber auch dann, wenn ein Einverständnis über die zu treffenden praktischen Entscheidungen erreicht ist, ist das eigentliche Ziel des Sokratischen Gesprächs noch nicht erreicht. Ein Sokratisches Gespräch zielt stets auf allgemeine und über den konkreten Anlass hinausreichende Einsichten, nicht auf partikuläre Entscheidungen. Es ist primär wahrheits- und erst sekundär anwendungsorientiert.

Zu den Regeln, auf deren Einhaltung der Gesprächsleiter hinwirken muss, gehören zweitens die Regeln für die *Gesprächsteilnehmer*:

1. Sich verständlich ausdrücken
2. Sich wechselseitig zu verstehen suchen
3. Eigene Erfahrungen zum Ausgangspunkt nehmen
4. Unbehagen artikulieren

Von diesen ist die am eindeutigsten »sokratische« Regel zweifellos die dritte. Als Ausgangspunkt des Gesprächs soll eine für die zu bearbeitende Frage relevante Erfahrung dienen. Diese Erfahrung wird der Gruppe in Gestalt eines detaillierten Berichts präsentiert, nachdem sie unter mehreren Angeboten von der Gruppe als die geeignetste ausgewählt worden ist.

Das Standardverfahren sieht so aus, dass der Gesprächsleiter, nachdem die zu bearbeitende Frage festgelegt worden ist, fragt, wer bereit ist, eine passende Erfahrung vorzutragen. Die sich meldenden Teilnehmer skizzieren dann in kurzen Worten, was sie anbieten können, so dass die Gruppe eine Grundlage dafür hat, unter den Angeboten eine sinnvolle Auswahl zu treffen. Häufig ergibt sich ein Überangebot an »Beispielen« (wie sie offiziell genannt werden), so dass einige Angebote zurückgestellt werden können. Dies bietet sich vor allem dann an, wenn sie ersichtlich komplexer oder schwieriger sind. Es ist dann Sache des Gesprächsleiters, die Ergiebigkeit der angemeldeten Beispiele abzuschätzen und an geeigneter Stelle den Übergang zu einem neuen Beispiel anzuregen, von dem er sich die Erhellung bisher nicht berücksichtigter Aspekte der Ausgangsfrage erhofft.

Beispiel: In einem sich über vier Tage erstreckenden Blockseminar zum Thema »Was ist Autorität?« für Studierende des Lehramts fragt der Leiter in der ersten Sitzung nach der Vorstellung der Methode und der Verständigung über die Gesprächsregeln nach konkreten Beispielen im Zusammenhang mit Autorität. Mehrere Beispiele werden angeboten und kurz skizziert. Die Gruppe wählt das von H. vorgeschlagene Beispiel aus, einen konkreten Autoritätskonflikt zwischen H. und seinen Eltern, u. a. wegen seiner Universalität. H. schildert den Konflikt im Detail, die Gruppe fragt nach Einzelheiten und danach, wie H. den Konflikt damals und gegenwärtig sieht und wie ihn seiner Meinung nach seine Eltern damals gesehen haben. Die Machtkonstellationen und Abhängigkeiten innerhalb der Familie werden deutlich, die traditionellen Rollenvorstellungen des (türkischen) Vaters und die zu erwartenden Sanktionen. In einem zweiten Schritt lenkt der Leiter die Diskussion auf Fragen der Legitimation der von H.s Eltern beanspruchten Autorität und ihrer faktischen und vermuteten Gründe, etwa in selbstzugeschriebenen Erziehungsverpflichtungen, Dankbarkeitserwartungen und überlegener Lebenserfahrung. In einem weiteren Schritt wird die Frage nach möglichen Begründungen von elterlicher Autorität insgesamt gestellt.

Um weitere Facetten von Autoritätsverhältnissen zu erkunden, werden an den folgenden Tagen drei weitere Beispiele bearbeitet, die (aus der nicht geäußerten Sicht des Leiters) den Bereichen Sachautorität, Amtsautorität und charismatische Autorität zugeordnet werden können. Jedes Mal entscheidet sich die Gruppe »intuitiv« für ein angebotenes Beispiel, das die Diskussion weiterbringt und neue Einblicke in die komplexe Struktur des Themas eröffnet: M. schildert ein Beispiel, anhand dessen die Unterschiede zwischen Sachkompetenz und Sachautorität herausgearbeitet werden; S. präsentiert einen Konflikt zwischen Amtsautorität und freundschaftlich-partnerschaftlichem Beziehungsangebot, das die Frage nach dem richtigen Maß an Distanz zwischen Vorgesetzten und Mitarbeitern aufwirft; F. berichtet über die Autoritätsbeziehung zu einem früheren Therapeuten und fragt sich nach den teils bewussten, teils unterschwelligen Faktoren, die dabei eine Rolle gespielt haben.

Eine auffällige Tendenz des Gesprächs war eine zunehmend positive Besetzung des Autoritätsbegriffs. Während der Autoritätsbegriff zu Anfang vorwiegend negativ konnotiert war, wurde er am Ende mehr und mehr aufgewertet, indem die stützenden und entlastenden Aspekte von Autorität in den Blick kamen.

Eine weitere Aufgabe des Gesprächsleiters besteht darin sicherzustellen, dass das präsentierte Beispiel zunächst in allen relevanten deskriptiven Einzelheiten geklärt und verstanden worden ist, bevor aus ihm Aufschlüsse für die zu bearbeitende Frage gezogen werden. Diese Aufgabe stellt sich insbesondere bei ethischen Fragen, bei denen häufig Entscheidungskonflikte zur Sprache kommen, die der »Beispielgeber« für sich selbst noch nicht vollständig oder befriedigend gelöst hat oder (wenn diese Konflikte in der Vergangenheit liegen) deren faktische Lösung er noch nicht völlig verstanden hat. Die Klärung der Situation und der beteiligten Motive kann dann der gesamten Gruppe (einschließlich des Beispielgebers selbst) zur Aufgabe gemacht werden. Emotionale Reaktionen auch heftiger Art sind dabei nicht ganz auszuschließen, sollten aber so weit wie möglich in einer Form artikuliert werden, die sie auf eine kognitive Ebene hebt und Argumenten zugänglich macht.

Die vierte Regel (die wiederum einer der für Ruth Cohns TZI-Methode charakteristischen Regeln entspricht) steht in engem Zusammenhang mit der Besonderheit des Sokratischen Gesprächs, als Bestandteil jedes Gesprächs ein sogenanntes *Metagespräch* vorzusehen, das den Gesprächsverlauf selbst zum Gegenstand hat. Nach Heckmann sollte das Metagespräch ungefähr ein Drittel der gesamten Gesprächsdauer einnehmen und dabei vom Sachgespräch streng getrennt sein, um die Kontinuität und Kohärenz des Gesprächsgangs nicht zu stören. Das Metagespräch bietet Gelegenheit, sich über die formalen und prozeduralen Aspekte der Gruppenarbeit auszutauschen und, wenn nötig, am Verhalten des Gesprächsleiters und einzelner Teilnehmer Kritik zu üben. Die Rolle des Gesprächsleiters sollte im Metagespräch deshalb auf einen der erfahreneren Teilnehmer übergehen. Es ist wiederum Sache des Gesprächsleiters, ein Metagespräch vorzuschlagen (z. B. dann, wenn er in der Gruppe wachsendes Unbehagen bemerkt). Alternativ kann der Bedarf nach einem Metagespräch auch von jedem beliebigen Teilnehmer angemeldet werden.

Drittens ist die Methode des Sokratischen Gesprächs durch vier sogenannte *Verfahrensregeln* definiert:

1. Die Themenwahl entwickelt sich aus der Gruppe
2. Ausgangspunkt des Gesprächs sind eigene Erfahrungen
3. Alle wichtigen geäußerten Gedanken werden festgehalten
4. Sachgespräch und Metagespräch werden getrennt

Die erste Verfahrensregel, die auf den Umstand zurückgeht, dass Leonard Nelson ursprünglich an seiner eigenen Schule »Walkemühle« mit einer konstanten Gruppe arbeitete, wird heute nur noch selten befolgt. Akademische und freie Sokratische Seminare werden in der Regel von vornherein zu bestimmten Themen angeboten (vgl. die Liste bei Krohn/Walter, 1996, S. 137 ff.), im Schulzusammenhang ergibt sich die Thematik zumeist aus dem Lehrplan. Der Gruppe bleibt allerdings die Möglichkeit, das Thema nach ihren Vorstellungen zu interpretieren und nach Maßgabe ihrer Interessen inhaltlich zu spezifizieren. Dafür, dass die Themenwahl beim Gesprächsleiter verbleibt, sprechen mehrere Gründe: Die Themenwahl in der Gruppe kann sich als sehr langwierig darstellen, und ein erfahrener Gesprächsleiter kann die Eignung eines Themas im Allgemeinen besser abschätzen. Um für die Gruppenarbeit geeignet zu sein, müssen die Themen ja bestimmten Kriterien genügen: Sie müssen sich für eine a priori verfahrende Klärung eignen (dürfen also nicht auf empirische oder historische Informationen angewiesen sein, über die die Gruppe nicht verfügt), sie müssen hinreichend komplex und undurchsichtig sein, um neue und produktive Einsichten zu ermöglichen, und sie müssen genug Interesse wecken, um die Teilnehmer dazu zu motivieren, ein erhebliches Pensum anstrengender, wenn auch letztlich lohnender gedanklicher Arbeit auf sie zu verwenden.

4. Revisionen des Regelkanons

Die Erfahrung mit der Sokratischen Gruppenarbeit hat verschiedentlich gezeigt, dass die Regeln in ihrer »kanonischen« Form zu rigide sind, um den spezifischen Anforderungen unterschiedlicher Anwendungskontexte gerecht zu werden.

1. Die tatsächlichen Bedingungen, unter denen Sokratische Gespräche stattfinden, entsprechen nicht immer dem in den Regeln vorausgesetzten Ideal. Bei manchen Themen fällt es schwer, die Teilnehmer zu persönlichen Erfahrungsberichten zu motivieren. Es ist dann sinnvoll, auch andere als selbst erlebte Beispiele zuzulassen, z. B. Beispiele vom Hörensagen oder fiktive Fälle aus Literatur und Film, auch wenn dies mit einem Verlust an persönlichem Engagement erkauft wird.

2. Das Metagespräch muss nicht, wie es ›kanonisch‹ gefordert worden ist, eine ganze Sitzung einnehmen. Viele Sokratiker unterbrechen das Sachgespräch unmittelbar oder nach Abschluss eines inhaltlichen Punkts, sobald ein Teilnehmer ein Metagespräch beantragt.

3. Eine substanziellere Modifikation des ursprünglichen Kanons ist die von einer Reihe von Praktikern vorgeschlagene Lockerung der Regel der strengen Zurückhaltung des Gesprächsleiters. Es hat sich herausgestellt, dass sachhaltige Beiträge des Leiters gelegentlich außerordentlich hilfreich sein können, z. B. um das Gespräch aus einer Sackgasse zu manövrieren. Weiterhin kommt es des öfteren zu Situationen, in denen der Leiter wichtige Hintergrundinformationen, über die die Teilnehmer nicht verfügen, beisteuern kann. Falls alle Teilnehmer außer dem Leiter jünger sind, sollte es ihm nicht verwehrt sein, das

Spektrum der Beispielfälle aus seiner eigenen Lebenserfahrung heraus zu bereichern oder die eine oder andere sachdienliche psychologische Erklärung beizusteuern.

4. Schließlich muss das Sokratische Gespräch stärker als zu Nelsons Zeiten der Tatsache Rechnung tragen, dass auch in relativ homogenen Gruppen der für unsere hochdifferenzierte Gesellschaft charakteristische Wertpluralismus zutage tritt und ein Konsens vielfach nicht zu erreichen ist. Das methodische Ziel der Konsensorientierung und die regulative Funktion der Wahrheitsidee werden dadurch nicht relativiert. Aber man sollte sich über die Realisierbarkeit dieser Ziele keine Illusionen machen. Falls ein Konsens nicht herstellbar ist, verschiebt sich der inhaltliche Schwerpunkt des Gesprächs auf die Klärung von Verzweigungspunkten und der ethische Schwerpunkt auf die Bereitschaft zu Verständnis und Toleranz, aber auch auf die Fähigkeit zum Aushandeln pragmatischer Kompromisse.

In der Regel erweisen sich – eine hinreichende Erfahrung des Gesprächsleiters vorausgesetzt – Sokratische Gespräche als in kognitiver wie in nonkognitiver Hinsicht ausgesprochen erfolgreich. In kognitiver Hinsicht ist die enge Interaktion einer Reihe von Köpfen, die konzentriert über ein Problem nachdenken, vielfach ergiebiger als das individuelle Nachdenken. In affektiver Hinsicht bedeutet die Teilnahme an einer sokratischen Gesprächsgruppe in der Regel eine als ausgesprochen befriedigend empfundene Erfahrung eines Gleichgewichts von Rationalität und Sachlichkeit auf der einen und Wärme, Angenommensein und Offenheit auf der anderen Seite. Auf der kognitiven Seite ist es eine Übung in rationaler Problemlösung im Rahmen einer strengen Gesprächsdisziplin. Auf der affektiven Seite erlaubt es, innerhalb des stützenden Rahmens der Gruppe eigene Konflikte zu erkennen, zu verstehen, seine eigene Selbstwahrnehmung an der Rückmeldung durch andere zu überprüfen und sich mit dem Denken und Fühlen anderer empathisch zu identifizieren.

Wie zu erwarten, führt die Dichte der Interaktion gelegentlich auch dazu, dass sich psychologische Probleme mit dem einen oder anderen Teilnehmer verschärfen. Falls zu deren Bearbeitung das Metagespräch nicht geeignet zu sein scheint, müssen diese Probleme außerhalb des Gruppengesprächs in individuellen Gesprächen geklärt werden. Die Erfahrung zeigt, dass sich die Homogenität von intellektuellem Hintergrund, Erwartungen, Motivation und Kommunikationsstil günstig auf eine erfolgreiche und harmonische Interaktion auswirken, während es gelegentlich Probleme mit der Integration von Teilnehmern mit prononciert unterschiedlichem Hintergrund gibt, oder mit solchen, die nur die Methode kennenlernen wollen und an der Sache, um die es geht, weniger interessiert sind.

Zur Anwendung kommt die Methode des Sokratischen Gesprächs gegenwärtig in vielfältigen Kontexten: im schulischen Philosophie- und Ethikunterricht (vgl. Draken (1989); Krohn [u. a.] (2002); Neißer (2002); Raupach-Strey (2002), Kap. IV), in der Lehrerbildung (vgl. Raupach-Strey, 2002, Kap. VIII), in der medizinethischen Ausbildung von angehenden Medizinern (vgl. Birnbacher, 1999), in der Psychotherapie (vgl. Stavemann, 2002) sowie in der Unternehmens- und Institutionenberatung (vgl. Kessels, 2001).

Im schulischen Philosophie- und Ethikunterricht kann das Sokratische Gespräch insbesondere das Gegengewicht gegen einen einseitig textorientierten Unterricht sein. Mit ihm lässt sich der Philosophieunterricht lebens- und erfahrungsnäher gestalten, ohne dabei an intellektueller und kommunikativer Disziplin einzubüßen. Insbesondere die durch die Beispielwahl erzwungene Verankerung philosophischer Fragestellungen in der konkreten biographischen

Erfahrung (das »Fußfassen im Konkreten« [Heckmann, 1993, S. 85]) wirkt motivierend und regt zu eigenem Nachdenken an. Sie fungiert als Brücke zwischen den konkreten Fragen, die die Teilnehmer ›auf dem Herzen haben‹ und den abstrakten Antworten der philosophischen Klassiker. Darüber hinaus lässt sie die Teilnehmer erfahren, wie weit sie – unterstützt durch die jeweils Anderen – durch eigenes Reflektieren kommen und wie viele der Gedanken der großen Klassiker sie sich aus eigener Kraft zu erarbeiten in der Lage sind. Nach dem oben erwähnten sokratischen Seminar zum Thema »Was ist ›Autorität‹?« habe ich mir einmal das Vergnügen gemacht, die (auf Wandzeitungen festgehaltenen) Ergebnisse des Gesprächs mit dem Inhalt der einschlägigen Monographie von Bochenski (1974) zu vergleichen und festzustellen, dass nahezu alle einzelnen Begriffsdifferenzierungen des Buchs selbstständig aufgefunden und diskutiert worden waren. Im schulischen Unterricht, in dem das Gespräch in der Regel nur intermittierend durchgeführt werden kann, ist das Festhalten der wesentlichen Schritte und der Ergebnisse des Gesprächs im Sinne der dritten kanonischen Verfahrensregel naturgemäß von besonderer Bedeutung. Bei jeder Wiederaufnahme und Weiterführung des Gesprächs sollte der bisherige Gesprächsverlauf ohne große Mühe rekonstruierbar sein.

Geeignet ist die Methode des Sokratischen Gesprächs überall da, wo ausgehend von einem konkreten Problem allgemeine Lösungen gesucht werden. Gerade außerhalb der akademischen Philosophie hat sich das Sokratische Gespräch dadurch bewährt, dass es das selbstständige Nachdenken aller Teilnehmer fordert (und fördert) und gleichzeitig Verbindlichkeit anstrebt, also Subjektivität mit Intersubjektivität, Individualität mit überindividuellen Geltungsansprüchen zusammenbringt. Wie immer die in einem Sokratischen Gespräch gefundene Lösung im Einzelnen beschaffen ist, entscheidend ist, dass sie zu Einsichten verhilft, die über den Einzelfall hinausreichen. Nur dadurch hält die Sokratische Gesprächsform der unverwechselbar »sokratischen« Tradition die Treue, nach dem Allgemeinen und Wesentlichen zu fragen.

Literatur

Birnbacher, Dieter: The Socratic method in teaching medical ethics: Potentials and limitations. Medicine, Health Care and Philosophy 2 (1999) S. 219–224.

Bochenski, Joseph M.: Was ist Autorität? Freiburg i. Br. 1974.

Draken, Klaus: Schulunterricht und das Sokratische Gespräch nach Leonard Nelson und Gustav Heckmann. In: Zeitschrift für Didaktik der Philosophie 11 (1989) S. 46–49.

Heckmann, Gustav: Das sokratische Gespräch. Erfahrungen in philosophischen Hochschulseminaren (1981). Mit einem Vorwort neu hrsg. von Dieter Krohn. Frankfurt a. M. 1993.

Kessels, Jos: Die Macht der Argumente. Die sokratische Methode der Gesprächsführung in der Unternehmenspraxis. Weinheim/Basel 2001.

Krohn, Dieter [u. a.] (Hrsg.): Das Sokratische Gespräch im Unterricht. Frankfurt a. M. 2000.

Krohn, Dieter / Walter, Nora: Sokratische Gespräche der Philosophisch-Politischen Akademie seit 1966 – eine Dokumentation. In: Silvia Knappe [u. a.] (Hrsg.): Vernunftbegriff und Menschenbild bei Leonard Nelson. Frankfurt a. M. 1996. S. 135–148.

Loska, Rainer: Lehren ohne Belehrung. Leonard Nelsons neosokratische Methode der Gesprächsführung. Bad Heilbrunn 1995.

Neißer, Barbara: Leonard Nelsons Sokratische Methode im Vergleich mit der Themenzentrierten Interaktion. In: Dieter Krohn [u. a.] (Hrsg.): Das Sokratische Gespräch. Ein Symposion. Hamburg 1989. S. 125–146.

– Das Sokratische Gespräch im Philosophieunterricht der Sekundarstufe II. In: Dieter Birnbacher / Dieter Krohn (Hrsg.): Das sokratische Gespräch. Stuttgart 2002. S. 198–214.

Nelson, Leonard: Die sokratische Methode (1922). In: Dieter Birnbacher / Dieter Krohn (Hrsg.): Das sokratische Gespräch. Stuttgart 2002. S. 21–72.

Raupach-Strey, Gisela: Sokratische Didaktik. Münster 2002.

Stavemann, Harlich H.: Sokratische Gesprächsführung in Therapie und Beratung. Weinheim/Basel 2002.

Weierstrass, Karl: Über die sokratische Lehrmethode und deren Anwendbarkeit beim Schulunterrichte. In: K. W.: Mathematische Werke. Bd. 3. Berlin 1903. S. 315–329.

JOHANNES ROHBECK

Philosophische Methoden im Unterricht

In der Philosophie spielen Methoden eine fundamentale Rolle. Da Philosophie über keinen eigenen Gegenstand verfügt, kommt es auf die Art und Weise an, durch die eine Reflexion als philosophisch gelten kann. Wer Schülerinnen und Schülern in einem Einführungskurs mitteilen will, was Philosophie denn eigentlich sei, wird weniger von den Inhalten sprechen, die ja denen anderer Schulfächer weitgehend ähneln, als vielmehr die Methoden des Philosophierens zu erläutern versuchen.

Aus fachdidaktischer Perspektive schlage ich deshalb vor, auch im Philosophie- und Ethikunterricht spezifisch philosophische Methoden zu Grunde zu legen. Dazu gehören: unterschiedliche Gesprächsformen wie der Sokratische Dialog oder die mittelalterliche Disputation, die hermeneutisch fundierte Textlektüre, das von der Dekonstruktion inspirierte kreative Schreiben sowie das Schreiben philosophischer Essays nach dem Vorbild philosophischer Denkrichtungen wie Dialektik oder Phänomenologie.

Die didaktische Grundidee meines Vorschlags besteht darin, die Methoden der Philosophie in philosophische Verfahren des Unterrichts zu transformieren. *Transformation* bedeutet hier die Übertragung und Umformung dieser Methoden in philosophische Praktiken, die von Schülerinnen und Schülern erlernt und selbstständig angewendet werden können. Die Philosophie ist zwar nicht ihre eigene Didaktik, wohl aber enthält sie didaktische Potenziale, die einer separaten Ausarbeitung lohnen.[66] Das erfordert die Auswahl, Modifizierung und Ergänzung derje-

---

66 Vgl. Rohbeck (2008), S. 10 ff., S. 51–71.

nigen Möglichkeiten, die sich im Unterricht besonders gut verwirklichen lassen. Leitend dafür sind die philosophischen Kompetenzen, die den Lernenden vermittelt werden sollen.

1. Sokratischer Dialog und Disputation

Das »klassische« philosophische Paradigma für das Unterrichtsgespräch ist der *Sokratische Dialog*, dessen Methode für den Unterricht am besten ausgearbeitet worden ist.[67] Freilich besteht die heutige Attraktivität weniger in der Gesprächsform des Originals, in dem sich bekanntlich keine gleichwertigen Dialogpartner gegenüberstehen, als in der historischen Fortentwicklung, die zu grundlegenden Wandlungen geführt hat. Zunächst hat sich das Ideal der Wahrheitsfindung geändert. Es war der Neukantianismus, der die platonische Ideenlehre durch die moderne Erkenntnistheorie ersetzt und dadurch den Beitrag der Teilnehmer neu definiert hat. Im Dialog wird nun Erkenntnis gemeinsam hergestellt – freilich noch im Sinne der historischen Epoche der Aufklärung, der zufolge eine allgemeingültige Wahrheit für möglich und wünschenswert gehalten wurde.

Im Zuge der pragmatischen Wende ist aus der *einen* Wahrheit der dialogisch konstituierte Konsens geworden. Und seit der Idee des »herrschaftsfreien Dialogs« wird auf die Gleichberechtigung der Dialogpartner Wert gelegt, so dass sich der Gesprächsleiter möglichst zurückhalten und alle Äußerungen aus der Gruppe gelten lassen soll. Heute wird nicht nur der Lehrerin und dem Lehrer mehr Fachautorität zugebilligt; es ist auch zu fragen, ob der angestrebte Konsens wirklich so zwingend notwendig ist.

---

67 Nelson (1970), S. 269–316, hier S. 271 ff.; Heckmann (1981); Martens (1979); Raupach-Strey (2002); vgl. Birnbacher, S. 215 im vorliegenden Bd.

Demgegenüber ist nämlich auch z. B. das Modell des reflektierten Dissenses vertretbar. Immerhin verbindet sich damit das Unterrichtsziel, die jeweils unterschiedlichen Auffassungen zu verstehen und zu dulden. Ein so verstandener Dissens, der zur Toleranz erzieht, ist nicht weniger angemessen als der versöhnlich stimmende Konsens.

Darüber hinaus sind aus der philosophischen Tradition noch andere Formen des Dialogs überliefert, die auf ihre didaktische Tauglichkeit hin zu prüfen sind. Auch die *philosophischen Dialoge des Mittelalters* bestehen aus Kommunikationsstrukturen, die sich in den Philosophieunterricht übertragen lassen. Dabei gilt es zu unterscheiden zwischen den geschriebenen Dialogen, die verhältnismäßig zahlreich erhalten sind, und den diskursiven Praktiken der Disputation, die an den Universitäten institutionalisiert waren.[68] Beide Arten enthalten bemerkenswerte Variationen und sind daher in didaktischer Hinsicht interessant.

Wie vielfältig die *geschriebenen Dialoge* im Einzelnen auch sein mögen, so sind doch generelle Merkmale feststellbar, die für das Unterrichtsgespräch anregend sein können. Zum einen gibt es fiktive Dialoge, an denen Christen, Juden, Heiden oder Philosophen teilnehmen. Mit veränderten Rollen lassen sich ähnliche Dialoge auch im Philosophieunterricht inszenieren. Zum andern überwiegen Meister-Schüler-Dialoge, in denen der Autor als Lehrer auftritt. Aber die dabei konstitutive Asymmetrie des Gesprächs wird in einigen Fällen umgekehrt. Dass der Wissende den Gesprächsverlauf bestimmt, ist nur eine Möglichkeit unter anderen. Auch diese Konstellation kommt vor: Der Schüler fragt und bestimmt so das Dialoggeschehen. So entstehen zwei Asymmetrien, nämlich die Einsichts- und die Aktivitätssymmetrie, die einander gegenläufig sind. Der Lehrer lehrt den Schüler, Fragen zu stellen, er erzieht ihn zum aktiven Mitdenken.

---

68 Jacobi (1999); Schulthess/Imbach (1996), S. 151 ff.

Ebenso bietet die mittelalterliche *Disputation* eine spannungsreiche Alternative für das Unterrichtsgespräch. Während im sokratischen Dialog seelenverwandte Freunde gemeinsam um die Wahrheit ringen, gleicht diese Form der Disputation eher einem Tournierkampf. Es wird eine These aufgestellt und gegen Angriffe verteidigt. Dabei polarisiert sich die Argumentation in Pro und Kontra, eine Zuspitzung, die hilfreich sein kann. Das Publikum hört zu und entscheidet, wer überzeugender argumentiert und in diesem Sinne gewonnen hat. Auch in diesem Fall gibt es mehrere Varianten. Zum einen stellt der Lehrer in einem kurzen Vortrag eine These auf, die von den Schülern durch Einwände in Frage gestellt wird; der Lehrer hat dann nochmals die Gelegenheit zu einer Erwiderung. Zum anderen stellen die Schüler unbequeme Fragen, die den Lehrer in Schwierigkeiten bringen können. Heute wird an den Hochschulen die »Verteidigung« von Dissertationen wieder praktiziert. Hier ist es der Schüler, der seine These gegen die Experten des Faches zu verteidigen hat. Das fördert die individuelle Argumentations-Kompetenz und die allgemeine Streitkultur.

An die Variante des fiktiven Dialogs knüpfen die geschriebenen Dialoge der Aufklärung an, indem das Muster der verteilten Rollen übernommen wird (man denke nur an David Humes Dialoge über natürliche Religion). Dabei verlagert sich das Streitgespräch auf binnenphilosophische Probleme, bei deren Entfaltung die vertretenen Positionen verändert werden. Es diskutiert nicht nur ein Christ mit einem Philosophen, sondern die Philosophen streiten sich untereinander, also der Theist mit dem Deisten, der Rationalist mit dem Empiristen usw. Und die Diskussion hat jetzt meist ein offenes und damit skeptisches Ende, wodurch wieder eine Nähe zur Sokratik entsteht. Diese Dialogform lässt sich im Unterricht als eine Art Rollenspiel inszenieren: Im Laufe eines Ethikkurses führen etwa ein Aristoteliker, ein Kantianer und ein Utilitarist ein Streitgespräch über ein Fallbeispiel. Ein solches Gespräch eignet sich zum Abschluss einer Stundensequenz, wenn die einzelnen Positionen bekannt sind und noch einmal aufeinander bezogen werden.

2. Lektüre philosophischer Texte

Die *Textlektüre* ist ein unverzichtbarer Bestandteil des Philosophie- und Ethikunterrichts. Die Schülerinnen und Schüler werden mit neuen Gedanken konfrontiert, die ihnen in der Regel nicht selber einfallen. Es ist gerade diese Neuartigkeit, die bei den Lernenden Faszination auslöst und den Unterricht attraktiv macht. Umgekehrt sind die Lehrenden dazu verpflichtet, den Denkhorizont der Schüler zu erweitern. Dazu gehören ungewöhnliche, ja auch unbequeme Fragestellungen und überraschende Lösungsansätze. Der Bildungsauftrag der Schule gebietet es, auch Philosophiegeschichte zu vermitteln. Letztlich geht es also um die berechtigte Teilhabe an einer kulturellen Tradition.

Philosophische Texte treten uns meist in Form umfangreicher und systematischer *Traktate* gegenüber. Daraus Ausschnitte zu wählen, ist insofern problematisch, als für ein gründliches Verständnis der Kontext fehlt. Umgekehrt scheinen lange Texte im Unterricht kaum zumutbar zu sein. Eine Alternative sind *philosophische Essays*, die für eine Lektüre im Unterricht den Vorteil haben, dass sie elegant geschrieben und verhältnismäßig verständlich sind. Sie behandeln oftmals lebensweltliche Themen, von denen die Schülerinnen und Schüler unmittelbar angesprochen werden. Mit der Lektüre der *Essais* von Michel de Montaigne (1533–1592) lässt sich eine Brücke zum Verfassen eigener Texte schlagen. Eine andere literarische Gattung ist die *autobiographische Erzählung* wie z. B. die *Abhandlung über die Methode* von René Descartes (1596–1650) oder die *Bekenntnisse* von Augustinus (354–430) und

Jean-Jacques Rousseau (1712–1778). Hier erzählt ein Autor, wie er persönlich zu seiner eigenen Philosophie gelangt ist. Dabei erfährt man nicht nur etwas über die jeweiligen Lebensumstände, sondern auch über die Hintergründe und Motive der theoretischen Arbeit. Außerdem bietet die narrative Form des Philosophierens die besondere Möglichkeit des identifizierenden Nachvollzugs. Geeignet für den Philosophieunterricht sind auch *Briefe*, die ebenfalls subjektiv und kommunikativ verfasst sind. Auch sie stellen eine schriftliche Form des Dialogs dar, enthalten jedoch eine komplexere Kommunikationsstruktur, weil Zeit und Ort der Dialogpartner divergieren. Das erlaubt eine intime Nähe und distanzierte Reflexion zugleich.

Insgesamt handelt es sich bei den erwähnten Beispielen um Textformen, die zwischen Sprache und Schrift angesiedelt sind. Aus diesem Grund eignen sie sich besonders gut dafür, die Übergänge vom Unterrichtsgespräch zur Textlektüre und umgekehrt zu gestalten. Diese *marginalen Gattungen* nehmen eine Mittelstellung ein und können so zur Vermittlung zwischen den Unterrichtsphasen beitragen (vgl. Rohbeck, 2008, S. 189–211). Dabei wird nicht allein das Verhältnis zwischen Philosophie und Literatur funktional genutzt, vielmehr steht die literarische Gestalt philosophischer Texte zur didaktischen Disposition.

Doch Texte verstehen sich nicht von selbst. Zum Textverständnis gehört vielmehr ein aktiver Leser, der sich fremdes Wissen selbstständig aneignet. Die minimale Anforderung besteht darin, die Gedanken eines Autors nachzuvollziehen, was jedoch ohne eigenes Denken gar nicht möglich wäre. Die maximale Erwartung an den Leser besteht darin, sich den Sinn eines Textes nicht vorgeben zu lassen, sondern ihn selber zu erzeugen. Zwischen diesen Extremen gibt es eine ganze Bandbreite von Möglichkeiten, die eines gemeinsam haben: Sie erfordern jeweils bestimmte *Methoden* der Interpretation.

Nun befinden sich die Philosophie und deren Didaktik

in der komfortablen Lage, über eine eigene Theorie des Verstehens zu verfügen, nämlich über die *Hermeneutik* mit ihren verschiedenen Varianten, die jeweils spezifische didaktische Potenziale enthalten. Die Philosophiedidaktiker sind gut beraten, diese hausgemachten Ressourcen für die Lektüre im Unterricht zu nutzen. Ziel ist es, diese Methoden bei der Textlektüre zur Geltung zu bringen (vgl. Rohbeck, 2008, S. 163–174). Die Schülerinnen und Schüler sollen befähigt werden, diese Methoden bei der Interpretation philosophischer Texte anzuwenden.

Hermeneutik als »objektive« Interpretation: Die Annahme, ein Text enthalte einen bestimmten Sinn, stellt sozusagen die natürliche Einstellung des Lesers zu seinem Gegenstand dar. Die provokative Bezeichnung »objektiv« meint zweierlei: Zum einen bezieht sie sich auf einen vorgegebenen Inhalt, der zu entdecken ist, zum andern bedeutet »objektiv« die intersubjektive Verständigung auf eine konsensfähige Interpretation. Um einen auf diese Weise betrachteten Text zu interpretieren, haben sich im Unterricht einige methodische Schritte bewährt: das behandelte Problem erkennen, die verwendeten Begriffe klären, die Argumentation rekonstruieren, Kritik üben und eigenes Urteil bilden.[69] Man mag diese Methode für antiquiert halten – sogar für autoritär, weil ja im Zweifelsfall der Lehrer bestimmt, was im Text steht. Er fungiert wie ein allwissender Erzähler oder als Sachwalter eines tradierten Bildungsgutes. Doch hat das Verfahren auch seine Berechtigung. Denn es ist handwerklich solide und seit Generationen erprobt. Außerdem haben die Schüler ein Anrecht darauf, einen gewissen Standard der Interpretation kennen zu lernen. Die entsprechende Aufgabe lautet: *Geben Sie den Inhalt des Textes wieder, indem sie die Begriffe klären und die Argumentation nachvollziehen.*

---

69 Vgl. Rehfus (1986), S. 121–138; Klaus Langebeck unterscheidet hier zwischen lehrer- und schülerorientierten Methoden (1985, S. 3–11, hier S. 5 ff.).

Intentionalistische Hermeneutik: In dieser Methode wird nach der *Intention* des Autors gefragt. Dabei setzt man voraus, dass der Autor seinen Text in der Absicht geschrieben hat, eigene Gedanken anderen mitzuteilen, und dass der Leser grundsätzlich imstande ist, diese Schreibabsicht zu erschließen (vgl. Ridder, 2000, S. 124–132). Zwar ähneln die methodischen Schritte denjenigen der »objektiven« Interpretation, aber sie zielen jetzt mehr auf die *Strategie* und beabsichtigte *Wirkung* der Argumentation. Didaktisch wichtig ist diese Variante, weil sie es erlaubt, sich in die Situation eines Autors zu versetzen. Das eröffnet die Suche nach alternativen Denkmöglichkeiten. Die Aufgabe lautet: *Erschließen Sie die Schreibabsicht des Autors.*

Philosophische Hermeneutik: Hans-Georg Gadamer (1900–2002) betont die *Fremdheit* und *Differenz*, die das Verstehen überhaupt zum Problem werden lassen (vgl. Steenblock, 2001, S. 81–115), sowie die aktive und *produktive* Rolle des Lesers. Demnach verfügt jeder Leser über ein bestimmtes Vorverständnis, das die Lektüre maßgebend prägt und das sich im Laufe der Textarbeit verändert. Ein vertieftes Verständnis entsteht, wenn die beiden Sinnhorizonte miteinander verschmelzen. Die »Horizontverschmelzung« lässt sich in eine spezielle Unterrichtsmethode übertragen, indem das Vorverständnis der Lernenden und das später erarbeitete Textverständnis explizit gemacht und miteinander konfrontiert werden. Dabei handelt sich um die Methode des *verzögernden Lesens*, die aus zwei Schritten besteht: Zuerst wird der Anfang eines Textes gelesen mit der Aufgabe, darüber nachzudenken, wie der Text weitergehen oder enden könnte; dazu eignen sich auch Titel, Überschriften oder Schlüsselbegriffe, die einen bestimmten Erwartungshorizont eröffnen. Sodann werden die folgenden Textpassagen gelesen mit der Aufgabe, den jetzt bekannten Textinhalt mit der anfänglichen Erwartung zu vergleichen. Dieses Verfahren ist didaktisch wichtig, weil auf diese Weise die Schüler als autonome Leser ernst genommen werden. Die Schreibaufgabe lautet: *Formulieren Sie vor der Lektüre Ihre Erwartungen an den Text und konfrontieren Sie dieses Vorverständnis mit Ihrem Verständnis des Textes nach der Lektüre.*

3. Schreiben eigener Texte

Das *Schreiben* verleiht dem Philosophieunterricht eine handwerkliche Komponente, die in anderen Didaktiken handlungs- und produktionsorientierter Unterricht genannt wird. Dadurch werden das Unterrichtsgespräch und die Textlektüre nicht nur ergänzt, sondern selbst noch einmal verändert. Das Innovative dieser Verfahren besteht darin, dass Sprechen, Lesen und Schreiben in ein produktives Verhältnis gesetzt werden. Der Weg führt sowohl vom Lesen zum kreativen Schreiben als auch umgekehrt vom Schreiben zu einer neuartigen Lektüre. Hier geht es nicht nur um technische Fertigkeiten, sondern auch um ein gewandeltes Verständnis von Texten. Dahinter verbergen sich bestimmte Theorien der Textanalyse, die aus dem Konstruktivismus, Strukturalismus und Dekonstruktivismus stammen (vgl. Rohbeck, 2008, S. 175–186).

Geschrieben wird im Philosophieunterricht natürlich schon früher, nur beschränkt sich dies üblicherweise auf die *Analyse* und *Kommentierung* von Textausschnitten. Es kommt jedoch auf die konkrete Aufgabe an. Wird gefordert, den Inhalt eines Textes in eigenen Worten wiederzugeben, handelt es sich bereits um eine Form des »Umschreibens«. Ferner ist jede schriftliche Interpretation eines Textes ein kreativer Akt, weil dabei gegenüber der Vorlage etwas Neues und Eigenes entsteht. Trotzdem lohnt es sich, den produktiven Aspekt noch stärker zu akzentuieren.

In diese Richtung weist der Vorschlag, das Schreiben auf das Verfassen eigener *Primärtexte* zu erweitern (vgl.

Engels, 1993, S. 250–257). An die Stelle des Kommentars
tritt das *freie Schreiben* (vgl. Dege, 1995, S. 27–36). Es gibt
dem Schüler die Gelegenheit, über eigene Erfahrungen,
Gefühle und Reflexionen zu schreiben. So entstehen individuelle Texte, in denen das Subjektiv-Authentische zum
Ausdruck kommt. Davon unterscheiden sich Formen des
prozessorientierten Schreibens, das im Anschluss an Texte
organisiert wird (vgl. Runtenberg, 2001). Dahinter ver-
birgt sich ein gewandeltes Verständnis von Text und
Schrift: Die Lektüre zielt nicht mehr auf die Intention des
Autors, dessen »Spur« sich verläuft, sondern primär auf
den Text, dessen Struktur und Eigensinn in den Vordergrund rückt. Der Text bildet nur noch den Rahmen, innerhalb dessen vielfältige Deutungen möglich sind. Er
fungiert wie ein Baukasten, dessen Elemente neu zusam-
mengefügt werden können. Das erlaubt es den Schülerinnen und Schülern, mit der literarischen Vorlage auf experi-
mentelle Weise umzugehen. In diesem Spielraum eröffnen
sich kreative Gestaltungsmöglichkeiten. Ein solches Verfahren hat etwas Entlastendes, weil weder die ›Einfüh-
lung‹ des Kommentators noch das ›Genie‹ des freien Es-
say-Schreibers gefordert ist, sondern ein handwerkliches
Können, das durch angemessene Übungen erlernbar wird.
Im Einzelnen lassen sich folgende Techniken auflisten:

Schreiben nach einem Muster: Es werden bestimmte literarische Formen vorgegeben wie beispielsweise der Essay. Hat man im Unterricht Essays etwa von Montaigne
gelesen und analysiert, bietet es sich an, diese Textsorte
zum Vorbild zu nehmen, nach der die Schüler eigene Essays schreiben sollen.[70] Dabei wird eine bestimmte Methode des Schreibens festgelegt, die jedoch genügend Spielraum für eigene Gedanken lässt. Als Muster für derartige
Schreibübungen eignen sich auch andere Gattungen wie
der bereits genannte fiktive Dialog oder der Brief.

---

70 Vgl. Rohbeck (1999), S. 86–91, hier S. 87; Dege (1999), S. 116–128.

Umschreiben eines philosophischen Textes: Hier wird den Lernenden vorgeschlagen, schwer verständliche Textstellen aus philosophischen Traktaten in Essays umzuformen, damit sich die scheinbare Hermetik des Textes in unterschiedliche Perspektiven und in sich wandelnde Fassungen auflöst. Eine solche Methode ist auch auf einen Essay anwendbar, indem eine Sentenz etwa in ein Dilemma, in einen Dialog oder Brief transformiert wird. Zu entscheiden ist, ob die Schülerinnen und Schüler selbst diese Schreiberfahrung machen sollen oder ob der Folgetext vom Lehrer verfasst wird, um das Verständnis zu erleichtern.

Fortschreiben einer Textvorlage: Wie Montaigne häufig von Sentenzen der antiken Philosophie ausgeht, um seine eigenen Reflexionen daran anzuschließen, so können auch Schüler dazu angeregt werden, ausgewählte Zitate nach eigenem Gutdünken fortzuschreiben. Literarische und philosophische Vorlagen werden als Schreibanstöße benutzt. Wie in Heinrich von Kleists (1777–1811) »Über die allmähliche Verfertigung der Gedanken beim Reden« kann es auch dem Schreibenden ergehen, indem jeder geschriebene Satz sozusagen das Stichwort für den nächsten Satz gibt. Das Schreiben ist ein kreatives Mittel, um zu erfahren, was man denkt.

Textteile rekonstruieren oder Lücken ausfüllen: Im ersten Fall wird ein Text in einzelne Stücke zerschnitten mit der Aufgabe, die Fragmente wieder zusammenzusetzen und so den Zusammenhang zu rekonstruieren. Derartige Experimente mit einem sokratischen Dialog (z. B. *Menon*) waren insofern aufschlussreich, als sich mehrere Varianten herausstellten, die im Ergebnis plausibel erschienen. Das liegt zum einen an der häufig austauschbaren Antwort des Menon, zum anderen an der nicht sehr stringenten Argumentation des Sokrates. Überraschend für die Teilnehmer war die Konfrontation mit dem Originaltext, der nun mit anderen Augen gelesen wurde, als wenn man mit der Lek-

türe des Ganzen begonnen hätte. Manche Rekonstruktion
schien »sokratischer« zu sein als das Original. Ähnliche
Erfahrungen stellen sich ein, wenn man aus einem Text
eine Passage herausschneidet und von den Lernenden ergänzen lässt.

4. Essays schreiben nach philosophischen Methoden

Schließlich möchte ich ein Unterrichtsprojekt vorstellen,
in dem die Methoden der philosophischen Denkrichtungen in Schreibaufgaben transformiert werden.[71] Dazu wird
den Schülerinnen und Schülern *zuerst* eine bestimmte Methode vermittelt, die sie *dann* bei der Produktion eigener
Texte selbstständig anwenden sollen. Auch in diesem Fall
ergeben sich innerhalb eines methodischen Rahmens kreative Gestaltungsmöglichkeiten. Doch dank der Orientierung an philosophischen Denkrichtungen erhält das
»kreative Schreiben« eine bestimmte fachspezifische Fär-
bung.

Ausdrücklich verweise ich darauf, dass in diesem
Schreibverfahren die *Vermittlung* philosophischer Methoden unverzichtbar ist, damit tatsächlich eine neuartige
Methodenkompetenz erworben werden kann. Ohne ex-
plizite Einführungen bleiben die Chancen dieser Art methodischen Lernens im Philosophie- und Ethikunterricht
unausgeschöpft. Dabei bilden die Denkrichtungen nicht
etwa den Gegenstand des Unterrichts. Vielmehr besteht
die didaktische Kunst darin, praktikable Verfahren des
Philosophierens an Beispielen zu erläutern. Daraus resul-
tieren dann möglichst genaue Aufgaben für die Produkti-

---

71 Weiter ausgeführt in Rohbeck (2008), S. 75–90; siehe auch die von mir
  herausgegebenen Bände 2, 3 und 4 des *Jahrbuchs für Didaktik der Philosophie und Ethik: Denkrichtungen der Philosophie*, Dresden 2001, *Denkstile der Philosophie*, Dresden 2002, *Didaktische Transformationen*, Dresden 2003; vgl. Martens (2003).

on eigener Essays. Wie beim »kreativen Schreiben« gilt auch hier: Spontaneität und Fantasie entstehen erst unter methodischen Vorgaben. Eine derartige Vermittlung kann je nach Lerngruppe und Situation unterschiedlich aufwändig ausfallen.[72]

Am Beispiel der Phänomenologie werde ich nun andeuten, wie eine Einführung auf mittlerer Ebene konkret durchgeführt werden kann und welche Ergebnisse dabei zu erwarten sind: Die phänomenologische Methode hat den Vorteil, dass sie es in besonderer Weise erlaubt, an die Erfahrungen der Schülerinnen und Schüler anzuknüpfen. Doch sollte man nicht der Illusion verfallen, diese Erfahrungen seien unmittelbar zugänglich. Es bedarf vielmehr einer methodischen Anleitung,[73] um die Wahrnehmungen zum Thema einer phänomenologischen Reflexion zu machen, die in der Sekundarstufe II wie folgt erläutert werden könnte:

Die Phänomenologie ist eine philosophische Methode, durch die alltägliche »Phänomene« unserer Lebenswelt in den Vordergrund rücken. Dabei kommt es darauf an, das Nicht-Selbstverständliche oder das Verborgene hinter dem offen zutage Liegenden bewusst zu machen. Thema der Phänomenologie sind daher Bewusstseinsinhalte, Strömungen von Gedanken und Gefühlen, die sich bei der Wahrnehmung und beim Erleben unwillkürlich einstellen. Dazu eignen sich mehrere spezielle Verfahren wie die Methode der sowohl kognitiven als auch emotionalen Ent-Täuschung, mit deren Hilfe das Selbstverständliche alltäglicher Erlebnisse zum Vorschein gebracht werden kann. Eine weitere Methode ist die Verlangsamung oder Dehnung eines Ereignisses, das

---

72 Zur »dialektischen« Methode siehe ausführlich Rohbeck (2008), S. 119–160.

73 Ich orientiere mich hier besonders an Rentsch (2002), S. 11–28; vgl. Rentsch/Rohbeck (2007), S. 75–81.

*in kurzer Zeit stattgefunden hat und im Essay ausführ-
lich beschrieben wird. Ebenso ertragreich ist die Beschreibung einer Wahrnehmung bei gleichzeitiger Bewegung des eigenen Leibs. Überhaupt spielt der Wechsel
der Perspektiven eine Rolle: Ich versetze mich in die
Lage eines anderen Wesens.*

Die entsprechende Schreibaufgabe lautet:

*Schreiben Sie einen Essay nach der phänomenologischen
Methode über einen Gegenstand oder über ein Erlebnis.
Wenden Sie dabei die Methoden der Enttäuschung, der
Verlangsamung oder des Perspektivwechsels an.*

Die phänomenologische Methode lässt sich am Beispiel einer »Enttäuschung« mit dem folgenden Essay verdeutlichen:

Irritation durch Bier

Es gibt nichts Schöneres, als nach einem anstrengenden
Tag nach Hause zu kommen und sich mit einem kühlen
Getränk von seinen Strapazen zu erholen. Man sieht
also das halb gefüllte Glas mit der gelblich-klaren Flüssigkeit auf dem Tisch warten – Apfelsaft. Die Ge-
schmackszellen der Zunge bereiten sich auf ihn vor.
Man schmeckt ihn förmlich schon und die Gier wächst.
Der Weg zum Tisch scheint ewig, und man hält es nicht
mehr aus, bis das kühle, süße Nass die Lippen berührt.
Doch wenn es mit der Zunge in Berührung kommt,
lässt es uns erschaudern. Die Flüssigkeit verbreitet sich
auf der Zunge, lässt die wartenden Geschmackspartikel
im vorderen Teil des Organs unbefriedigt hinter sich
und nähert sich mit bedrohlicher Zielstrebigkeit seinem
hinteren Bereich der Bitternis. Es sei hinzugefügt, dass
aufgrund der Giftigkeit verschiedener Stoffe dieser Ge-
schmacksrichtung ihre Sensoren möglichst weit hinten

im Mund liegen, um zuverlässig den Brechreiz als letzte Schutzmaßnahme hervorzurufen. Obwohl der Grad der Bitterkeit den kritischen Wert anscheinend nicht übersteigt und man so von der noch bittereren Gallenflüssigkeit verschont bleibt, lässt er den Körper geradezu in Abgestoßenheit erstarren.

Ich habe sonst nichts gegen Bier, aber wenn man Apfelsaft erwartet, ist dieses eine wirklich herbe Enttäuschung. Man sollte also keine voreiligen Schlüsse darüber ziehen, was sich in dem Glas auf dem Tisch befindet. Es gibt Vieles, womit man nicht rechnen würde.

Johanne Carl

Um diese Methodenkompetenz zu vermitteln, sind bestimmte *Übungen* erforderlich. Man kann dabei mit jeder Methode anfangen und jede andere Methode daran anschließen, ohne eine bestimmte Reihenfolge einhalten zu müssen. Folgende Schritte haben sich in der Unterrichtspraxis bewährt: Nachdem die Methode einer philosophischen Denkrichtung erläutert worden ist, erhalten die Schülerinnen und Schüler die Aufgabe, das kennen gelernte Verfahren selbstständig zu praktizieren, indem sie nach dieser Vorlage eigene Essays schreiben. Daraufhin werden die selbst verfassten Texte im Unterricht gelesen und kommentiert. Bei der Beurteilung und Leistungsbewertung leitet das Kriterium der methodischen Stringenz. Zwar spielen Originalität und Kreativität eine große Rolle, aber eben auch die handwerkliche Präzision bei der Anwendung bestimmter Methoden. Auf diese Weise wird das Methodenlernen zu einem integralen Bestandteil des Philosophie- und Ethikunterrichts.

5. Didaktische Transformation

Mein Konzept der *didaktischen Transformation* sollte nicht mit »Abbilddidaktik« verwechselt werden, weil keineswegs der philosophische Kontext allein determiniert, welche Methoden im Unterricht verwendet werden. Selbst in den bekannten Prinzipien der »Didaktischen Reduktion« oder »Elementarisierung« scheint mir ein solches Primat des Faches fortzuleben.[74] Denn dort herrscht die Illusion, als ob es einen objektiven Kanon gäbe, der ein für allemal festlegte, was jeweils »elementar« oder »kompliziert« sei, oder als ob es eine allgemeingültige Hierarchie gäbe, innerhalb derer das vermeintlich höhere Wissen – in einem hier *nicht* gemeinten Sinn – lediglich »herunter zu transformieren« oder zu »reduzieren« wäre.

Der Mythos der Reduzierung und Elementarisierung verschwindet hingegen, wenn man von der *Strategie* des *didaktischen Diskurses* ausgeht, welcher die Auswahl und Modifikation des Übertragenen bestimmt. Was in der akademischen Philosophie als grundlegend gilt (z. B. formale Logik), kann in der Unterrichtspraxis eine untergeordnete Rolle spielen. Was umgekehrt in der Philosophie als besonders speziell gilt (etwa bestimmte Methoden), kann im Unterricht zum elementaren Verfahren mutieren. Und was schließlich für Universitätsphilosophen als bloß marginal gilt (bestimmte Textgattungen außer den üblichen Traktaten), kann in der Schule ins Zentrum rücken. Nach diesem Modell der Transformation werden die philosophischen Karten fortwährend neu gemischt.

Das wissenschaftliche Profil einer so verstandenen Fachdidaktik besteht darin, aus didaktischer Perspektive die akademische Philosophie nach unterrichtspraktischen Potentialen zu durchforsten. Wie ein Jäger und Sammler sucht der Philosophiedidaktiker im historischen und sys-

---

74 Vgl. Klafki (1961); ders. (1963); Flitner (1965); Spranger (1962).

tematischen Bestand seines Faches nach solchen Praktiken, die sich an gewünschte Lernziele und zu vermittelnde Kompetenzen anbinden lassen. Als Jäger formt er die »großen« Theorien in didaktische Konzepte um, als Sammler findet er am Rande ausgetretener Pfade marginale Gattungen, unbekannte Texte, methodische Einfälle, schlagende Beispiele, graphische Darstellungen usw., die neue Impulse für die Unterrichtspraxis geben können.

Literatur

Dege, Martina: Selbstbestimmung – Denkversuche als Schreibversuche. In: Zeitschrift für Didaktik der Philosophie und Ethik 1 (1995) S. 27–36.
– Montaignes ›Essais‹ – der Versuch, schreibend die Balance zu halten. In: Zeitschrift für Didaktik der Philosophie und Ethik 2 (1999) S. 116–128.
Engels, Helmut: Plädoyer für das Schreiben von Primärtexten. In: Zeitschrift für Didaktik der Philosophie und Ethik 4 (1993) S. 250–257.
Flitner, Wilhelm: Grundlegende Geistesbildung. Heidelberg 1965.
Heckmann, Gustav: Das sokratische Gespräch. Hannover 1981.
Jacobi, Klaus (Hrsg.): Gespräche lesen. Philosophische Dialoge im Mittelalter. Tübingen 1999.
Klafki, Wolfgang: Die didaktischen Prinzipien des Elementaren, Fundamentalen und Exemplarischen. In: Alfred Blumenthal [u. a.] (Hrsg.): Handbuch für Lehrer. Bd. 2. Gütersloh 1961.
– Das pädagogische Problem des Elementaren und die Theorie der kategorialen Bildung. Weinheim 1963.
Langebeck, Klaus: Verfahren der Texterschließung im Philosophieunterricht. In: Zeitschrift für Didaktik der Philosophie und Ethik 4 (1985) S. 3–11.
Martens, Ekkehard: Dialogisch-pragmatische Philosophiedidaktik. Hannover 1979.
– Methodik des Philosophie- und Ethikunterrichts. Philosophieren als elementare Kulturtechnik. Hannover 2003.
Nelson, Leonard: Die sokratische Methode. In: L. N.: Gesammelte Schriften. Bd. 1. Hamburg 1970. S. 269–316.

Raupach-Strey, Gisela: Sokratische Didaktik. Münster 2002.

Rehfus, Wulff D.: Der Philosophieunterricht. Stuttgart-Bad Cannstatt 1986. S. 121–138.

Rentsch, Thomas: Phänomenologie als methodische Praxis. In: Johannes Rohbeck (Hrsg.): Denkstile der Philosophie. Dresden 2002. S. 11–28.

Rentsch, Thomas / Rohbeck, Johannes: Essays schreiben – aber mit Methode. In: Johannes Rohbeck (Hrsg.): Hochschuldidaktik Philosophie. Dresden 2007. S. 75–81.

Ridder, Lothar: Textarbeit im Philosophieunterricht aus hermeneutisch-intentionalistischer Sicht. In: Zeitschrift für Didaktik der Philosophie und Ethik 2 (2000) S. 124–132.

Rohbeck, Johannes: Montaigne überschreiben. In: Zeitschrift für Didaktik der Philosophie und Ethik 2 (1999) S. 86–91.

– Didaktik der Philosophie und Ethik. Dresden 2008.

Runtenberg, Christa: Didaktische Ansätze einer Ethik der Gentechnik. Produktionsorientierte Verfahren im Philosophieunterricht. Freiburg i. Br. 2001.

Schulthess, Peter / Imbach, Ruedi: Die Philosophie im lateinischen Mittelalter. Zürich/Düsseldorf 1996.

Spranger, Eduard: Pädagogische Perspektiven. Heidelberg 1962.

Steenblock, Volker: Hermes und die Eule der Minerva. Zur Rolle der Hermeneutik in philosophischen Bildungsprozessen. In: Johannes Rohbeck (Hrsg.): Philosophische Denkrichtungen. Dresden 2001. S. 81–115.

Ausgewählte Literatur

1. Zu den Texten der Klassiker

Platon/Sokrates

Brickhouse, Thomas / Smith, Nicholas: Socrates on Trial. Princeton 1990.

Cooper, John M.: Socrates and Philosophy as a Way of Life. In: Dominic Scott (Hrsg.): Maieusis: Essays in Ancient Philosophy in Honour of Myles Burnyeat. Oxford 2007.

Erler, Michael: Platon. München 2006.

Horn, Christoph: Antike Lebenskunst. Glück und Moral von Sokrates bis zu den Neuplatonikern. München 1998.

Martens, Ekkehard: Sokrates. Eine Einführung. Stuttgart 2004.

– Platon. Grundwissen Philosophie. Stuttgart 2009.

Morrison, Donald R. (Hrsg.): The Cambridge Companion to Socrates. New York 2011.

Reeve, C. D. C.: Socrates in the Apology. An Essay on Platon's *Apology of Socrates*. Indianapolis 1989.

Wolf, Ursula: Philosophie und die Frage nach dem guten Leben. Reinbek 1999.

Aristoteles

Cooper, John: Reason and Human Good in Aristotle. Indianapolis 1986.

Detel, Wolfgang: Aristoteles. Grundwissen Philosophie. Stuttgart 2005.

Hardie, William F. R.: Aristotle's Ethical Theory. Oxford 1981.

Kraut, Richard: Aristotle on the Human Good. Princeton 1991.

Höffe, Otfried (Hrsg.): Aristoteles. Die Nikomachische Ethik. Berlin 1995.

Lear, Gabriel R.: Happy Lives and the Highest Good: An Essay on Aristoteles' »Nikomachean Ethics«. Princeton 2004.

Rorty, Amélie O. (Hrsg.): Essays on Aristotle's Ethics. Berkeley 1980.

Urmson, James O.: Aristotles' Ethics. Oxford 1988.

Wolf, Ursula: Aristoteles' »Nikomachische Ethik«. Darmstadt 2002.

Epikur

Annas, Julia: The Morality of Happiness. Oxford / New York 1993.

Gosling, Justin C. B. / Taylor, Christopher C. W.: The Greeks on Pleasure. Oxford 1982.

Hossenfelder, Malte: Epikur. München 2006.

Long, Anthony A.: From Epicurus to Epictetus. Studies in Hellenistic and Roman Philosophy. Oxford 2006.

Mitsis, Phillip: Epicurus' Ethical Theory. The Pleasures of Invulnerability. Ithaca/London 1988.

Müller, Reimar: Die epikureische Ethik. Berlin 1991.

Warren, James: Facing Death. Epicurus and His Critics. Oxford 2006.

Hume

Baier, Annette: The Pursuits of Philosophy. An Introduction to the Life and Thought of David Hume. Cambridge 2011.

Garrett, Don: Hume. London / New York 2009.

– Hume's Conclusions in »Conclusion of this Book«. In: Saul Traiger (Hrsg.): The Blackwell Guide to Hume's Treatise. Oxford 2006, S. 151–175.

Kemp Smith, Norman: The Philosophy of David Hume. With a New Introduction by Don Garrett. London 2005.

Kulenkampff, Jens: David Hume. München 2003.

Norton, David Fate: David Hume. Skeptical Metaphysician, Common-sense Moralist. Princeton 1982.

Norton, David Fate / Taylor, Jacqueline (Hrsg.): The Cambridge Companion to Hume. Cambridge 2008.

Stroud, Barry: Hume. London / New York 1977.

Kant

Bird, Graham (Hrsg.): A Companion to Kant. Oxford 2006.

Guyer, Paul (Hrsg.): The Cambridge Companion to Kant. Cambridge 1992.

Henning, Tim: Kants Ethik. Eine Einführung. Stuttgart 2016.

Höffe, Otfried: Kant. München 2007.

Schnädelbach, Herbert: Kant. Stuttgart 2005.

Scruton, Roger / Singer, Peter / Janaway, Christopher / Tanner, Michael: German Philosophers: Kant, Hegel, Schopenhauer, Nietzsche. Oxford 2001.

Stolzenberg, Jürgen (Hrsg.): Kant in der Gegenwart. Berlin / New York 2007.

Tetens, Holm: Kants »Kritik der reinen Vernunft«. Ein systematischer Kommentar. Stuttgart 2006.

Wood, Allen: Kant. Oxford 2004.

Hegel

Emundts, Dina / Horstmann, Rolf-Peter: Georg Wilhelm Friedrich Hegel. Eine Einführung. Stuttgart 2002.

Pippin, Robert: Hegel's Idealism: The Satisfaction of Self-Consciousness. Cambridge 1989.

Rohbeck, Johannes: Hegels Didaktik der Philosophie. In: Bernhard Heidtmann (Hrsg.): Hegel: Perspektiven seiner Philosophie heute. Bonn 1981 (Dialektik 2) S. 122–137.

Siep, Ludwig: Der Weg der Phänomenologie des Geistes. Ein einführender Kommentar zu Hegels »Differenzschrift« und »Phänomenologie des Geistes«. Frankfurt a. M. 2000.

Taylor, Charles: Hegel. Frankfurt a. M. 1983.

Westphal, Kenneth R.: Hegel's Epistemological Realism. Dordrecht 1989.

Nietzsche

Ansell-Pearson, Keith: How to Read Nietzsche. London 2005.

Babich, Babette E.: Nietzsche's »Gay« Science. In: Keith Ansell-Pearson (Hrsg.): A Companion to Nietzsche. Oxford 2006. S. 97–114.

Bittner, Rüdiger: Nietzsches Begriff der Wahrheit. In: Nietzsche-Studien 16 (1987) S. 70–90.

Brusotti, Marco: Die Leidenschaft der Erkenntnis. Philosophie und ästhetische Lebensgestaltung bei Nietzsche von *Morgenröthe* bis *Also sprach Zarathustra*. Berlin / New York 1997.

Colli, Giorgio: Distanz und Pathos. Einleitungen zu Nietzsches Werken. Hamburg 1993.

Gerhard, Volker: Friedrich Nietzsche. München 1992.

Montinari, Mazzino: Friedrich Nietzsche. Eine Einführung. Berlin / New York 1991.

Russell

Blackwell, Kenneth: The Spinozistic Ethics of Bertrand Russell. London 1985.

Griffin, Nicholas (Hrsg.): The Cambridge Companion to Bertrand Russell. Cambridge 2003.

Hylton, Peter: Propositions, Functions, and Analysis: Selected Essays on Russell's Philosophy. Oxford 2005.

Irvine, Andrew D. (Hrsg.): Bertrand Russell: Critical Assessments. Bd. 4. London 1999.

Mormann, Thomas: Bertrand Russell. München 2007.

Russell, Bertrand: My Philosophical Development. With an Introduction by Thomas Baldwin. London / New York 1995.

Russell, Bertrand / Schilpp, Paul (Hrsg.): The Philosophy of Bertrand Russell. Evanston/Chicago 1944.

2. Didaktik der Philosophie

Bertram, Georg (Hrsg.): Philosophische Gedankenexperimente. Ein Lese- und Studienbuch. Stuttgart 2012.

Birnbacher, Dieter / Krohn, Dieter (Hrsg.): Das sokratische Gespräch. Stuttgart 2002.

Birnbacher, Dieter / Siebert, Joachim / Steenblock, Volker (Hrsg.): Philosophie und ihre Vermittlung. Ekkehard Martens zum 60. Geburtstag. Hannover 2003.

Blackburn, Simon: Denken. Die großen Fragen der Philosophie. Darmstadt 2001.

Brüning, Barbara: Ethikunterricht in Europa. Traditionen, Konzepte und Perspektiven. Leipzig 1999.

– Philosophieren in der Sekundarstufe. Methoden und Medien. Weinheim 2003.

– (Hrsg.): Ethik/Philosophie Didaktik. Praxishandbuch für die Sekundarstufe I und II. Berlin 2016.

– / Martens, Ekkehard (Hrsg.): Anschaulich Philosophieren: Mit Märchen, Bildern, Fabeln und Filmen. Weinheim/Basel 2007.

Burckhart, Holger / Sikora, Jürgen (Hrsg.): Praktische Philosophie – Philosophische Praxis. Darmstadt 2005.

Cohen, Martin: 99 philosophische Rätsel. München 2007.

Curren, Randall (Hrsg.): A Companion to the Philosophy of Education. Oxford 2003.

Engels, Helmut: »Nehmen wir an ...«. Das Gedankenexperiment in didaktischer Absicht. Weinheim 2004.

Euringer, Martin: Vernunft und Argumentation. Metatheoretische Analysen zur Fachdidaktik Philosophie. Darmstadt 2008.

Fröhlich, Michael / Langebeck, Klaus / Ritz, Eberhard: Philosophieunterricht. Eine situative Didaktik. Göttingen 2014.

Gefert, Christian: Didaktik des theatralen Philosophierens. Untersuchungen zum Zusammenspiel argumentativ-diskursiver und theatral-präsentativer Verfahren bei der Texteröffnung in philosophischen Bildungsprozessen. Dresden 2002.

Geiß, Paul Georg: Fachdidaktik Philosophie. Opladen, Berlin, Toronto 2017.

Halstead, J. Mark / McLaughlin, Terence (Hrsg.): Education in Morality. London 1999.

Heckmann, Gustav: Das sokratische Gespräch. Erfahrungen in philosophischen Hochschulseminaren. Frankfurt a. M. 1993.

Hügli, Anton / Chiesa, Curzio (Hrsg.): Philosophie und Bildung. Bildung durch Philosophie. Basel 2006.

Hügli, Anton / Thurnherr, Urs (Hrsg.): Ethik und Bildung. Frankfurt a. M. 2006.

Kminek, Helge / Thein, Christian / Torkler, René (Hrsg.): Zwischen Präskription und Deskription – zum Selbstverständnis der Philosophiedidaktik. Opladen/Berlin/Toronto 2017.

Köck, Peter: Handbuch des Ethikunterrichts. Fachliche Grundlagen, Didaktik und Methodik, Beispiele und Materialien. Leipzig 2002.

Leeuw, Karel v. d. / Mostert, Pieter: Philosophieren lehren. Delft 1988.

Lipman, Matthew / Sharp, Ann Margaret / Oscanyan, Frederick S.: Philosophy in the Classroom. Philadelphia 1980.

Lipman, Matthew: Thinking in Education. Cambridge 1991.

Martens, Ekkehard: Einführung in die Didaktik der Philosophie. Darmstadt 1983.

– Didaktik der Philosophie. In: Schnädelbach, Herbert / Martens,

Ekkehard: Philosophie. Ein Grundkurs. Bd. 2. Reinbek 1991, S. 748–780.

– Methodik des Ethik- und Philosophieunterrichts. Philosophieren als elementare Kulturtechnik. Hannover 2003.

Martens, Ekkehard / Gefert, Christian / Steenblock, Volker (Hrsg.): Philosophie und Bildung. Beiträge zur Philosophiedidaktik. Münster 2005.

Matthews, Gareth B.: Die Philosophie der Kindheit. Wenn Kinder weiter denken als Erwachsene. Berlin 2002.

Mertin, Andreas / Wendt, Karin: Mit zeitgenössischer Kunst unterrichten. Religion, Ethik, Philosophie. Göttingen 2004.

Nelson, Leonhard: Die sokratische Methode. Kassel 1987.

Nida-Rümelin, Julian / Spiegel, Irina / Tiedemann, Markus (Hrsg.): Handbuch Philosophie und Ethik. Bd. 1: Didaktik und Methodik. Bd. 2: Disziplinen und Themen. Paderborn 2017.

Peters, Jörg / Peters, Martina / Rolf, Bernd: Philosophie im Film. Bamberg 2006.

Peters, Richard Stanley: Moral Development and Moral Education. London 1981.

Pfeifer, Volker: Didaktik des Ethikunterrichts: Bausteine einer integrativen Wertevermittlung. Stuttgart 2008.

Pfister, Jonas: Fachdidaktik Philosophie. 2., korr. und akt. Auflage. Bern/Stuttgart/Wien 2014.

– / Zimmermann, Peter (Hrsg.): Neues Handbuch des Philosophie-Unterrichts. Bern 2016.

Raters, Marie-Luise (Hrsg.): Werte in Religion und Ethik. Modelle des interdisziplinären Werteunterrichts in Deutschland und der Schweiz. Dresden 2011.

Raupach-Strey, Gisela: Sokratische Didaktik. Die didaktische Bedeutung der Sokratischen Methode in der Tradition von Leonard Nelson und Gustav Heckmann. Münster 2002.

Rehfus, Wulff D. / Becker, Horst (Hrsg.): Handbuch des Philosophie-Unterrichts. Düsseldorf 1986.

Rehfus, Wulff D.: Didaktik der Philosophie. Grundlagen und Praxis. Düsseldorf 1980.

Reis, Burkhard (Hrsg.): Zwischen PISA und Athen – Antike Philosophie im Schulunterricht. Göttingen 2006.

Richter, Philipp (Hrsg.): Professionell Ethik und Philosophie unterrichten: Ein Arbeitsbuch. Stuttgart 2016.

Rösch, Anita: Kompetenzorientierung im Philosophie- und Ethikunterricht: Entwicklung eines Kompetenzmodells für die Fächergruppe Philosophie, Praktische Philosophie, Ethik, Werte und Normen. Wien/Berlin/Münster 2009.

Rohbeck, Johannes (Hrsg.): Jahrbuch für Didaktik der Philosophie und Ethik. 17 Bde. Dresden 2000–2017. [Hrsg. ab 2017 von Markus Tiedemann.]

– (Hrsg.): Praktische Philosophie. Hannover 2003.

– Didaktik der Philosophie und Ethik. Dresden 2008.

Rosenberg, Jay: Philosophieren. Ein Handbuch für Anfänger. Frankfurt a. M. 1986.

Runtenberg, Christa: Didaktische Ansätze zu einer Ethik der Gentechnik. Produktionsorientierte Verfahren im Unterricht. München 2001.

– Philosophiedidaktik. Paderborn 2016.

Schürmann, Eva / Spanknebel, Sebastian / Witter, Héctor (Hrsg.): Formen und Felder des Philosophierens. Konzepte, Methoden, Disziplinen. Freiburg/München 2017.

Soentgen, Jens: Selbstdenken! 20 Praktiken der Philosophie. Weinheim 2007.

Sprod, Tim: Philosophical Discussion in Moral Education. London / New York 2001.

Steenblock, Volker: Philosophische Bildung. Einführung in die Philosophiedidaktik und Handbuch: Praktische Philosophie. Münster 2000.

– Praktische Philosophie / Ethik. Ein Studienbuch. Münster 2001.

Tetens, Holm: Philosophisches Argumentieren. Eine Einführung. München 2006.

Thein, Christian: Verstehen und Urteilen im Philosophieunterricht. Opladen/Berlin/Toronto 2016.

Tichy, Matthias: Die Vielfalt des ethischen Urteils. Grundlinien einer Didaktik des Faches Ethik / Praktische Philosophie. Bad Heilbrunn 1998.

Tiedemann, Markus: Ethische Orientierung für Jugendliche. Münster 2004.

Zeitschriften

Ethik und Unterricht. Velber 1990 ff.

Journal of Didactics of Philosophy. 2017 ff.

Journal of Philosophy in Schools. 2014 ff.

Teaching Philosophy. Cincinnati 1976 ff.
Zeitschrift für Didaktik der Philosophie und Ethik. Hannover 1979 ff.
Ethik und Unterricht. Velber 1990 ff.

Fortlaufend ergänzte Bausteine für den Philosophie- und Ethikunterricht inkl. didaktischer Kommentare: www.philovernetzt.de

Textnachweise

46–51 Aristoteles: Nikomachische Ethik. Nach der Übersetzung von Eugen Rolfes bearbeitet von Günther Bien. Hamburg 1995. S. 246–251. – © 1995 Felix Meiner Verlag, Hamburg.

52–57 Epikur: Brief an Menoikeus. In: E.: Briefe, Sprüche, Werkfragmente. Übersetzt von Hans-Wolfgang Krautz. Stuttgart 1985. S. 41–51.

76–82 Hegel, Georg Wilhelm Friedrich: Über den Vortrag der Philosophie auf Gymnasien. In: G. W. F. H: Werke. Bd. 4. Nürnberger und Heidelberger Schriften (1808–1817). Frankfurt a. M. 1970. S. 410–416.

58–62 Hume, David: Ein Traktat über die menschliche Natur. Erstes Buch: Über den Verstand. Übersetzt von Theodor Lipps. Bd. 1. Hamburg 1904. S. 349–352.

63–70 – Ein Traktat über die menschliche Natur. Zweites Buch: Über die Affekte. Übersetzt von Theodor Lipps. Bd. 2. Hamburg 1904. S. 188–194.

71–75 Immanuel Kants Nachricht von der Einrichtung seiner Vorlesungen in dem Winterhalbenjahre von 1765–1766. In: Kant's Werke. Bd. 2. Hrsg. von der Königlich Preußischen Akademie der Wissenschaften. Berlin 1905. S. 305–308.

83–91 Nietzsche, Friedrich: Die fröhliche Wissenschaft. Stuttgart 2000. S. 7–14.

43–45 Platon: Apologie des Sokrates. In: Curt Woyte (Hrsg.): Apologie des Sokrates. Kriton. Übersetzt von Friedrich Schleiermacher. Stuttgart 1951. S. 31–34.

92–100 Russel, Bertrand: Probleme der Philosophie. Übersetzt von Eberhard Bubser. Frankfurt a. M. 1970. S. 135–142. – © 1970 Suhrkamp Verlag, Frankfurt am Main.